对外汉语系列教材

成语300例

主　编　杨莉莉　王美玲　马春燕
副主编　冯　潇　杨　杨　李馨郁　李逢国

西安交通大学出版社
XI'AN JIAOTONG UNIVERSITY PRESS
国家一级出版社
全国百佳图书出版单位

图书在版编目(CIP)数据

成语300例 / 杨莉莉,王美玲,马春燕主编. — 西安 :
西安交通大学出版社, 2020.11
ISBN 978-7-5693-1617-9

Ⅰ. ①成… Ⅱ. ①杨… ②王… ③马… Ⅲ. ①汉语-成语-对外汉语教学-教材 Ⅳ. ①H195.4

中国版本图书馆CIP数据核字(2020)第067640号

书　　名 成语300例
主　　编 杨莉莉　王美玲　马春燕
责任编辑 李逢国

出版发行 西安交通大学出版社
(西安市兴庆南路1号　邮政编码710048)
网　　址 http://www.xjtupress.com
电　　话 (029)82668357　82667874(发行中心)
(029)82668315(总编办)
传　　真 (029)82668280
印　　刷 西安日报社印务中心

开　　本 700mm×1000mm　1/16　**印张** 19.375　**字数** 484千字
版次印次 2020年11月第1版　2020年11月第1次印刷
书　　号 ISBN 978-7-5693-1617-9
定　　价 59.80元

发现印装质量问题,请与本社发行中心联系、调换。
订购热线:(029)82665248　(029)82665249
投稿热线:(029)82664840
读者信箱:xj_rwjg@126.com

前言
FOREWORD

《成语 300 例》是专门为来华留学生编写的学习汉语成语的教材。

成语具有一般词语无法替代的语素集约性和意义的丰富性，蕴含了中华民族悠久的人文历史文化内涵。从对外汉语教学来看，成语教学存在于各种课型、各级水平的汉语教学中，是词汇教学的重要部分。从成语教学的效果来看，留学生在中高级阶段的汉语学习中，遇到了大量的成语，因为对成语意义的理解不够全面、语法功能混淆、搭配不明确，所以在使用成语时就出现了不少偏误。为了给中高级阶段的汉语学习者提供成语学习方面的帮助，我们结合教学实际，从学生"学"的角度出发，以成语教学理论为指导，编写了这本书。

本教材比较适用于 HSK 四级及以上水平的外国留学生，这些学生已经掌握了基础语法和 2000 个词汇，学习汉语约在一年半或两年以上，本教材的目的是扩大学生的词汇量，拓展他们的知识面，了解中国语言文化的各个方面，掌握和学会使用常用或经典成语，从而提高留学生的汉语阅读能力和表达能力。

本教材有以下特点：

1. 成语覆盖范围广。主要选录成语的来源有《新 HSK 词汇等级大纲》《汉语水平词汇与汉字等级大纲》《高等学校外国留学生汉语教学大纲(长期进修)》，一共编选入册的有 300 条成语。

2. 对成语词条的释义全面。在语义方面，着重解释重点语素，对成语的本义及比喻义都有详尽解释；在语法方面，列出了成语的语法结构、在句子中的语法功能；在语用方面，进一步指明成语的使用范畴、感情色彩、常用搭配。

3. 例句丰富。每条成语均有情景例句，还原成语使用语境，并附有充分展示成语语法功能的例句，且不少于三条。

4. 配有针对性的练习。练习的形式多样，不仅有传统的识记类练习，也有针对学生使用偏误的选择题，更有以情境为主引导学生在现实生活中使用的题目；同时还有一些从社会文化角度切入的思考及讨论的题目。

本教材主要按照音序排列成语条目，方便师生查找，但是在教学时，建议教师可以做相应的取舍或分类。同时，我们也附上了分类目录，以便学生在学习时分类记忆。主要编排以成语词条的释义和语法功能为主，每条成语有相应的练习，一词一练，巩固记忆，这样做主要是想通过提供较多的练习，让留学生在学习后，通过使用习得成语的用法。对于故事成语，也补充了故事成语的阅读材料，是供教师和学生参考，教师可以在课堂上讲解，学生也可以在课后自学，希望可以加深学生对成语的理解和记忆，也能对成语所包含的文化含义和哲学含义有所领悟。

在本书的编写过程中，我们借鉴了一些专家关于留学生成语教学的研究成果论文，也得到了学院的支持，在此表示衷心的感谢。

作为对外汉语教师，我们的教材编写还处于起步阶段，我们也是在教学的基础上进行了浅显的尝试，不足之处，恳请各位专家、学者、老师及同学们批评指正。

编　者

2020 年 10 月

目录
CONTENTS

N

P

Q

R

S

T

爱不释手 ài bù shì shǒu

学一学

【语义解释】 释:放下。很喜欢,舍不得放手。

【语法解释】 1.语法功能:在句子中作谓语、状语、宾语;2.语法结构:补充式。

【感情色彩】 含褒义。

【语用解释】 表达对东西的喜爱,一般是小的物品,可以拿到手中。常用在肯定句中。搭配:对……爱不释手;让人爱不释手。

【近义成语】 爱不忍释。

【反义成语】 不屑一顾。

情景例句

(在手机店,售货员给顾客推荐新手机)

售货员:这是我们的新款手机,功能强大,拍照清晰,一定会让你爱不释手!

顾客:真的吗? 让我试一试。

用一用

1.这孩子对他的玩具熊爱不释手,到哪儿都要带着。

2.这是一本让人爱不释手的书,不仅故事情节吸引人,书里的图片也很美。

3.有的人收到朋友礼物的时候,出于礼貌,会做出爱不释手的表情。

练一练

1.“爱不释手”中的“释”的意思是(　　)。

A.释放　　B.解释　　C.放下

2.以下不适合用“爱不释手”的是(　　)。

A.收到的礼物　　B.新买的手机　　C.可爱的孩子

3.请判断下面句子的对错,错的请改正。

(1)我真爱不释手我的新手表。(　　)

改正:____。

(2)他对这个美丽的地方爱不释手。(　　)

改正:____。

4.讨论:你对什么东西“爱不释手”?

爱憎分明 ài zēng fēn míng

学一学

【语义解释】 憎:恨。爱和恨的立场和态度十分鲜明。

【语法解释】 1.语法功能:在句子中作谓语、定语、状语;2.语法结构:主谓式。

【感情色彩】 中性义。

【语用解释】 表示对人和事物的喜爱与厌恶非常清楚和强烈,表现自己的立场、观点与人生追求。一般用在肯定句中。搭配:爱憎分明的人;对……爱憎分明。

【近义成语】 是非分明。

【反义成语】 黑白不分。

情景例句

(小陈和小张聊天)

小李:大家都说他不是好人,你怎么还跟他做朋友呢?

小陈:以前我对人爱憎分明,现在才发现并不是那样,他也有很多优点。

用一用

1. 爷爷是个爱憎分明、疾恶如仇的人。

2. *The Lord of the Rings* 里,The Hobbit 矮人的性格非常爽朗,爱憎分明,但是特别爱喝酒。

3. 在孩子的故事书里,好人和坏人很清楚,所以孩子们总是爱憎分明。

4. 狗爱护它们的朋友,咬它们的敌人,这一点和人有很大的不同,人没有如此爱憎分明,并且总是把爱和恨混在一起。

练一练

1. 请选择正确的汉字,完成成语"爱(　　)分明"。

A. 曾　　B. 憎　　C. 赠

2. "AB分明"的成语中,"A"和"B"是反义词,"分明"的意思是"十分清楚",请按照这样的提示解释以下成语。

(1)是非分明:____________________

(2)奖惩分明:____________________

3. 讨论:你认为在生活中需要"爱憎分明"的态度吗?为什么?

安分守己 ān fèn shǒu jǐ

学一学

【语义解释】 安分:本分。规矩老实,守自己的本分,不做特别的或违法的事。

【语法解释】 1. 语法功能:在句子中作谓语、状语、定语;2. 语法结构:联合式。

【感情色彩】 中性义。

【语用解释】 指人的一种生活状态。不能用来形容一个人的工作和学习。因为如果把安分守己用到工作和学习上,那就含有贬义,意为保守。搭配:安分守己地生活;安分守己的人。

【近义成语】 循规蹈矩。

【反义成语】 惹是生非。

情景例句

(小王和爸爸聊工作的事)

小王:爸,我想辞职和朋友合开公司,一起创业,怎么样?

爸爸:你们没有经验,还是安分守己地做好现在的工作吧。

用一用

1. 爷爷一辈子规规矩矩地生活,是个安分守己的农民。

2. 老王是个安分守己的老实人,从来没有做过伤害别人的事。

3. 经过这次教训以后,小明终于能够安分守己了。

练一练

1. 请选择正确的成语(　　)。

A. 安分守已　　B. 安分守己　　C. 安份守己　　D. 按分守己

2. 以下哪些情况不属于"安分守己"的做法(　　)。

A. 经常换工作　　B. 认真做自己的事　　C. 过稳定的生活　　D. 遵守规定

3. 讨论:你认可"安分守己"的生活态度吗? 为什么?

安居乐业 ān jū lè yè

学一学

【语义解释】 安:安定;乐:喜爱,愉快;业:职业。指安定、愉快地生活和劳动。

【语法解释】 1. 语法功能:在句子中作谓语、定语;2. 语法结构:联合式。

【感情色彩】 含褒义。

【语用解释】 形容在一个地方工作和生活都很好,有一个稳定而满意的生活。常用在肯定句中。

【近义成语】 国泰民安。

【反义成语】 民不聊生。

情景例句

(两个毕业生在聊毕业后找工作的情况)

李明:你打算去哪个城市工作?

王刚:我不想去北、上、广这样的大城市,压力太大了,我觉得回老家更适合安居乐业。

用一用

1. 越来越多的年轻人选择在西安安居乐业,因为这个城市的发展为大家提供了更多的机会。
2. 只有解决了贫困问题,才能让所有人都能安居乐业。
3. 新中国成立后,中国人民安居乐业,过上了好日子。

练一练

1. 成语"安居乐业"的意思是______________________________________。

2. 请用成语"安居乐业"完成下面的句子。

(1)和平的目标是____。

(2)有的人喜欢在生活中挑战机遇,__________________________________。

(3)那个村子的人生活得很幸福,___________________________________。

3. 讨论:你认为"安居乐业"的生活是什么样子的?请说出三种以上。

按图索骥 àn tú suǒ jì

学一学

【语义解释】 索:找;骥:良马。按照画像去寻求好马。比喻用生硬的理论标准和规范办事;也比喻按照线索的指导办事情,容易成功。

【语法解释】 1.语法功能:作谓语、定语、状语;2.语法结构:偏正式。

【感情色彩】 含贬义。

【语用解释】 以前比喻人按死方法做事,不能灵活变通。现在常常正面表达,指人根据信息就能达到目的。

【近义成语】 照本宣科,刻舟求剑。

情景例句

（游客来到博物馆问服务人员）

游客：请问我按什么路线参观最好呢？

服务人员：您只要带着我们博物馆的解说器和导览图，就可以按图索骥地参观了。

用一用

1. 现在出门不认识路没关系，手机上的地图 App 把所有地点标示得一清二楚，直接按图索骥就可以了。

2. 词典中目录的作用，能让人按图索骥，很快找到自己所要的信息。

3. 警察根据监控信息，按图索骥，很快就找到了坏人。

4. 他老用按图索骥的办法来处理事情，怎么能处理好所有问题呢？

典故

春秋时秦国人伯乐是中国古代最著名的“相马专家”（观察判断马的好坏）。据说，伯乐把自己丰富的相马经验，编写成一本《相马经》，在书上，他写了各种各样的千里马的特征，并画了不少插图，供人们参考。伯乐的儿子拿着《相马经》，根据书里“额头高、眼睛亮、蹄（tí）子大，就是好马”的说法，去找好马。走了不远，他看到一只大青蛙，回去告诉他父亲说：“我找到了一匹好马，其他条件都符合你写的特征，就是蹄子不够大！”伯乐看着儿子手上的大青蛙，又气又笑，说：“你抓的‘马’太爱跳了，不能骑啊！”

——《艺林伐山》

练一练

1.“按图索骥”中的“索骥”的意思是（　　）。

A. 搜索路线　　B. 寻找好马　　C. 寻找路线　　D. 搜索坏马

2. 用成语“按图索骥”完成下面的句子。

（1）古书里的知识需要活用，____________________。

（2）这个美食 App 有很多饭店信息，____________________。

(3)只要你按照说明书来安装这台机器，______。

(4)他在上山的路上留下了标记，下山的时候就可以按标记安全返回了。

改写：______。

3. 讨论：你身边的人了解"按图索骥"的故事吗？向他们讲一讲。

按部就班 àn bù jiù bān

学一学

【语义解释】 按：依照；部：门类，部门；就：归于；班：次序。指按照一定的顺序、规矩办事。

【语法解释】 1. 语法功能：在句子中作谓语、定语、状语；2. 语法结构：联合式。

【感情色彩】 中性义。

【语用解释】 形容人按照老规矩办事，缺乏创新精神。搭配：按部就班地工作。

【近义成语】 循规蹈矩。

【反义成语】 勇往直前。

情景例句

(两个老朋友见面聊最近的情况)

A：你最近过得怎么样？

B：马马虎虎，所有的事都按部就班地进行，没有任何变化。

用一用

1. 在学习上，没有近路，我们只有按部就班、循序渐进，才能取得好成绩。
2. 新学期开始后，学校的教学及各项活动又按部就班地开展起来了。
3. 按部就班不是不对，但只遵守陈规旧章、拒绝创新就错了。

练一练

1. 请选择正确的汉字，完成成语"按(　　)就班"。

A. 步　　B. 不　　C. 卜　　D. 部

2. 请用成语"按部就班"改写下面的句子。

(1)要想生产一件合格的产品，必须严格按照生产规定，一步一步地进行。

改写：______。

(2)城市的白领们每天都在按规定完成着自己的工作。

改写：______。

(3)大家一定要按照计划完成所有的工作，让大会顺利举行。

改写：______。

3. 讨论：你觉得"按部就班"的生活态度怎么样？解释自己的观点。

拔苗助长 bá miáo zhù zhǎng

【语义解释】 比喻违反事物发展的客观规律，着急地追求成功，反而得到了失败的结果。

【语法解释】 1.语法功能：在句子中作谓语；2.语法结构：连动式。

【感情色彩】 含贬义。

【语用解释】 比喻不切实际地办事，想很快成功，却达不到目的。搭配：不要拔苗助长；拔苗助长的方法。

【近义成语】 揠苗助长，急功近利。

情景例句

（老师和家长聊孩子的学习问题）

家长：为了让孩子全面发展，我给孩子报了很多课外辅导班。

老师：教育孩子不能太心急，不能拔苗助长，否则会让孩子失去学习的兴趣。

用一用

1. 父母希望孩子健康可以理解，可是给孩子吃太多的营养品，是一种拔苗助长的做法。
2. 现在的中国家长恨不得让孩子什么都学，这真是一种拔苗助长的做法。
3. 教育不能拔苗助长，反而应该让孩子们自然地发展。
4. 不论是工作还是学习，都不能犯拔苗助长的错误。

典故

宋国有个人觉得他种的禾苗长得不高，于是到地里去用手把它们一株一株地拔高，回到家里，对他家里人说："今天累死我了，不过，我总算让禾苗一下子就长高了。"他的儿子急忙跑去看，禾苗已全部干死了。

——《孟子·公孙丑上》

练一练

1. 请选择正确的汉字，完成成语"(　　)苗助长"。

A. 把　　B. 拨　　C. 扒　　D. 拔

2. 下面句子正确的排列顺序是(　　)。

A. 加重他们的学习任务　　B. 为了孩子能够成功

C. 最后的结果只能是拔苗助长　　D. 有些父母

3. 讨论：你认为"拔苗助长"的教育方式有哪些？请举例说明。

百花齐放 bǎi huā qí fàng

【语义解释】 百花：泛指各种花；齐：同时。形容百花盛开，丰富多彩。

【语法解释】 1. 语法功能：在句子中作谓语；2. 语法结构：主谓式。

【感情色彩】 含褒义。

【语用解释】 比喻鼓励不同流派和风格的艺术形式自由发展，也形容艺术界的繁荣景象。常与"百家争鸣"连用，比喻艺术及科学的不同派别及风格自由发展与争论。

【近义成语】 百家争鸣。

【反义成语】 一枝独秀。

情景例句

(两个朋友聊中国电影)

A：现在大家都喜欢走进电影院，好电影也越来越多了。

B：对啊，中国电影正进入了一个百花齐放、繁荣发展的阶段。

用一用

1. 春天是一个浪漫的季节，微风细雨，百花齐放，让人觉得特别美好。
2. 在教学方法上，不能按照死规定，需要提倡百花齐放，采用多种教学方法。
3. 美术展览会上展出了许多新作品，真是百花齐放、各具风格。
4. 中国汽车市场上有进口品牌、合资品牌、自主品牌，各种车型百花齐放，也使竞争更加激烈。

练一练

1. "百花齐放"中"齐"的意思是(　　)。

A. 整齐　　B. 同时　　C. 完全

2. 请用成语"百花齐放"完成下面的句子。

(1) 随着网络技术的发展，各种手机 App ____________________。

(2) 美术展会上展出了许多新作品，____________________。

(3)世界文明是多种多样的，________________________________。

3. 讨论：请说一说现实生活中体现“百花齐放”的人和事。

百家争鸣 bǎi jiā zhēng míng

学一学

【语义解释】 百家：持有某种观点的人或者各种学术派别；鸣：发表见解。指各种学术流派的自由争论、互相批评，也指不同意见的争论。

【语法解释】 1. 语法功能：在句子中作谓语、宾语、定语；2. 语法结构：主谓式。

【感情色彩】 中性义。

【语用解释】 百家后指各种政治、学术派别，比喻允许各种学术流派发表意见。书面语。

【近义成语】 各抒己见。

【反义成语】 一家之言。

情景例句

（李老师参加教学会议回来）

张老师：李老师，你上周参加的教学会议怎么样？

李老师：大家都表达了自己的观点，讨论得很热烈，出现了百家争鸣的场面。

用一用

1. 中国先秦时期百家争鸣，其中影响最大的是儒、墨、道、法四家。

2. 没有百家争鸣，就没有科学的繁荣和理论的发展。

3. 学术上有不同见解，应当允许百家争鸣，不能唯我独尊。

练一练

1. “百家争鸣”中“鸣”的意思是（　　）。

A. 叫声　　B. 鸟叫　　C. 发表见解

2. 成语“百家争鸣”的正确解释是（　　）。

A. 一百家人争着发表见解　　B. 一百家争取发出声音

C. 很多学术流派争着发表见解　　D. 很多学术流派都不能发表见解

3. 以下哪些情况可以用“百家争鸣”来说（　　）。

A. 学术会议上，学者们发表自己的观点　　B. 开会时，大家发表自己的意见

C. 网络上，大家都发表自己的看法　　D. 生活中，每个人都有自己的生活方式

百折不挠 bǎi zhé bù náo

学一学

【语义解释】 百:多;折:挫折;挠:弯曲、退缩。无论受到多少困难都不退缩。

【语法解释】 1.语法功能:在句中作谓语、宾语、定语;2.语法结构:主谓式。

【感情色彩】 含褒义。

【语用解释】 形容人的意志坚定,做事情坚持到底,有一种不服输的精神。书面语,常用来评价或赞扬。搭配:百折不挠的精神。

【近义成语】 不屈不挠。

【反义成语】 知难而退。

情景例句

(大家在谈论一个快递员考上大学的新闻)

A:他曾经是个快递员,现在居然考上了大学。

B:我觉得没有百折不挠的精神,他是做不到的。

用一用

1.许多科学家在科学实验中,虽然失败了很多次,但百折不挠,终于获得成功。

2.要登上世界最高的山峰,需要百折不挠的毅力。

3.经过我们百折不挠的努力,终于把这个艰巨的任务按时完成了。

练一练

1.“百折不挠”中“挠”的意思是(　　)。

A.弯曲　　B.用手抓　　C.围绕

2.请用成语“百折不挠”改写下面的句子。

(1)他以坚强的意志,获得了世界比赛的冠军。

改写:____。

(2)登山是一个需要意志力的运动,要有遇到困难不放弃的勇气。

改写:____。

(3)做一件事如果没有坚强的精神,就很难取得最后的成功。

改写:____。

3.讨论:你周围有“百折不挠”的人吗?举例说一说。

半途而废 bàn tú ér fèi

学一学

【语义解释】 废:停止。指做事不能坚持到底,中途停止,有始无终。

【语法解释】 1.语法功能:在句子中作谓语、状语、定语、补语;2.语法结构:偏正式。

【感情色彩】 含贬义。

【语用解释】 含有中途停止、没有做到最后的意思。偏重在工作已做了不少,但没有坚持到底。常常用在事业、工作、学习和研究上,并带有惋惜(可惜)的意思。搭配:不能半途而废。

【近义成语】 有始无终。

【反义成语】 坚持不懈。

情景例句

(一个学生因为学习太忙打算放弃学习钢琴)

学生:老师,我今年就要高考了,学习很忙,我不想学钢琴了。

钢琴老师:你学得很好,如果现在半途而废,很可惜呀。

用一用

1.老师告诉我们,做事要认真,可不能半途而废。

2.我暗下决心:以后做事一定要有毅力,不再半途而废。

3.跑马拉松是个巨大的挑战,有的人跑到一半就开始走了,有的人跑得很慢,有的人直接半途而废。

练一练

1.与“半途而废”意义相反的成语是(　　)。

A.前功尽弃　　B.有始无终　　C.坚持不懈

2.请用成语“半途而废”完成下面的句子。

(1)做事情要有始有终,不能____________________。

(2)马克无论学习什么知识都很认真,____________________。

(3)汉语虽然是很难的一种语言,____________________。

3.讨论:假如你在学习或生活中遇到了困难,你会半途而废还是坚持到底?

半真半假 bàn zhēn bàn jiǎ

学一学

【语义解释】 一半真情，一半假意。不是完全真实的。

【语法解释】 1. 语法功能：在句子中作谓语、宾语、定语；2. 语法结构：联合式。

【感情色彩】 中性义。

【语用解释】 形容人不是真心实意的态度，也可以用在不确定的信息时。搭配：半真半假地说；态度半真半假；半真半假的信息。

【近义成语】 半信半疑。

【反义成语】 拒人千里。

情景例句

（一个男孩问他的女朋友）

男孩：你什么时候愿意嫁给我？

女朋友半真半假地说："你要考上博士，我就嫁给你。"

用一用

1. 为了找工作，他简历里的信息半真半假。

2. 他说的话都是半真半假。

3. 他的态度半真半假，让人很难相信。

练一练

1. 成语"半真半假"中互为反义词的是________和________。

2. 请用成语"半真半假"完成下面的句子。

(1)________________________________，所以我心里有些半信半疑。

(2)他像是很认真，又像是在开玩笑的表情让我有些困惑。

改写：________________________________。

(3)小说里的故事常常是一些真真假假的事情。

改写：________________________________。

(4)在和朋友交往的过程中，要坦诚相待，不能一半真一半假。

改写：________________________________。

3. 讨论：你在生活中经历了"半真半假"的人或事吗？说说看。

暴风骤雨 bào fēng zhòu yǔ

学一学

【语义解释】 暴:突然、猛烈的;骤:急速。又猛又急的大风大雨,发展得急速而猛烈。

【语法解释】 1.语法功能:在句子中作主语、宾语;2.语法结构:联合式。

【感情色彩】 中性义。

【语用解释】 常比喻声势浩大、发展迅速的运动、活动等。常用"像暴风骤雨一样"来比喻。

【近义成语】 急风骤雨。

【反义成语】 和风细雨。

情景例句

(公司的两个同事在聊老板)

A:千万别让老板生气。

B:是呀,他发起脾气来就像暴风骤雨一样可怕。

用一用

1. 老船长驾驶着船,勇敢地在暴风骤雨中坚持了下来。
2. 这里天气多变,昨晚还是暴风骤雨,今天就阳光灿烂。
3. 这场战争像暴风骤雨一样摧毁了这个城市。

练一练

1."暴风骤雨"的近义成语是(　　)。

A. 狂风暴雨　　B. 微风细雨　　C. 秋雨连绵

2. 选择正确的选项。

(1)一阵暴风骤雨过后,花园里的花儿(　　)。

A. 更鲜艳了　　B. 花瓣落了一地　　C. 一点都没变

(2)生活有时像湖水一样风平浪静,(　　)。

A. 有时像河流　　B. 有时像暴风骤雨一样猛烈

C. 有时很困难

3. 请用成语"暴风骤雨"改写下面的句子。

(1)他因为工作上的失误,被老板严厉地批评过一次。

改写:____。

(2)夏天的天气变化很快,雷雨常常让人来不及反应。

改写:____。

(3)如果你没做完作业的话,那就请你迎接妈妈激烈批评吧!

改写:____。

不可思议 bù kě sī yì

【语义解释】 指事情或现象让人无法想象,难以理解。

【语法解释】 1.语法功能:在句子中作谓语、定语、补语;2.语法结构:偏正式。

【感情色彩】 含褒义。

【语用解释】 常用来表示一种惊讶、难以相信的感觉。书面语,可用副词搭配。

【近义成语】 不可捉摸,神乎其神。

【反义成语】 一目了然,通俗易懂。

情景例句

(两位朋友在聊关于一架飞机的新闻)

A:你看新闻了吗? MH370飞机居然消失了。

B:我看了,真是太不可思议了。

用一用

1.人生真是有点不可思议,许多事情之后回想起来总是那么神奇。

2.古埃及人用什么方法建起金字塔,至今仍让人不可思议。

3.以他们的篮球水平,居然赢得了这次比赛,真是不可思议啊。

4.环世界旅行不像听上去那么美好,只有当你归来之后,回忆旅途中一些不可思议的见闻,才觉得它又是最美好的。

练一练

1.请选择正确的汉字,完成成语"不可思(　　)"。

A.亿　　B.仪　　C.义　　D.议

2.以下哪个是"不可思议"的反义成语?(　　)

A.难以想象　　B.可想而知　　C.不可想象

3.请用成语"不可思议"完成下面的句子。

(1)他的愚昧无知,真让人____!

(2)他平时不认真听课,____!

4.讨论:请讲述让你觉得不可思议的事情。

饱经沧桑 bǎo jīng cāng sāng

学一学

【语义解释】 饱：充分；沧桑：沧海变桑田的简化，泛指世间万事的变化。经历过多次的世事变化，形容人的生活经历极为丰富。

【语法解释】 1.语法功能：在句子中作谓语、定语；2.语法结构：动宾式。

【感情色彩】 含褒义。

【语用解释】 形容一个人生活经历丰富，一般用于阅历深、生活经历丰富的人。搭配：饱经沧桑的一生。

【近义成语】 初出茅庐。

【反义成语】 饱经风霜。

情景例句

（两位同学在聊专业）

小张：古建筑专业学习什么？

小王：我们主要学习怎么保护和修复饱经沧桑的古老建筑，比如长城。

（游客参观西安大雁塔）

游客：大雁塔有多少年历史？

导游：已经有1358年的历史了，大雁塔饱经沧桑，在这里向大家展示着历史的变迁。

用一用

1.这位老人度过了饱经沧桑的一生。

2.中国的历史就是一部饱经沧桑的历史，经历风风雨雨，终于迎来了新的繁荣。

3.犹太民族是一个饱经沧桑的民族。

4.在一座饱经沧桑的老房子下，住着一位年过七十的老人，老人那饱经沧桑的脸上始终是慈祥的微笑。

5.长城上的每一块砖背后都有一个饱经沧桑的故事。

练一练

1.“饱经沧桑”中“饱”和“沧桑”的意思分别是（　　）。

A.吃饱　经过　　B.充分　经历　　C.吃饱　经历

2.以下搭配不对的是（　　）。

A.饱经沧桑的老人　B.饱经沧桑的大树　C.饱经沧桑的脸　D.饱经沧桑的经验

3.请判断下面句子的对错，错的请改正。

（1）他是一位饱经沧桑的婴儿。（　　）

改正：____。

(2)马克生活得非常饱经沧桑。(　　)

改正：____。

(3)爷爷的一生饱经沧桑。(　　)

改正：____。

4.请用成语“饱经沧桑”改写下面的句子。

(1)我的爷爷经历了太多的事情,他常常用自己的经验教育我们。

改写：____。

(2)这座经历了百年历史的小镇如今成了游客最喜欢的古镇。

改写：____。

(3)回家看到妈妈经历岁月的脸,我才发现她老了。

改写：____。

别具一格 bié jù yī gé

学一学

【语义解释】 别:另外。另有一种独特的风格。

【语法解释】 1.语法功能:在句子中作谓语、定语;2.语法结构:动宾式。

【感情色彩】 中性义。

【语用解释】 用于文学、艺术、书法等艺术领域,指风格独特。搭配:别具一格的风格;文章别具一格。

【近义成语】 别出心裁。

【反义成语】 千篇一律。

情景例句

(小王想租房子,朋友带他看房子)

朋友:你喜欢这套房子吗?

小王:我挺喜欢的,装修别具一格,是我喜欢的风格。

用一用

1.春天的校园很美,但秋天的校园也有别具一格的美。

2.丽江古城的街道两边,是别具一格的民族建筑。

3.他设计的服装别具一格,引领了潮流。

4.他别具一格的嗓音使他的歌声特别动听。

练一练

1.“别具一格”中“格”的意思是(　　)。

A. 另有一种独特的风格　　B. 别的格式　　C. 别的方法

2. 请判断下面句子的对错,错的请改正。

(1)这个画家的人物画别具一格。(　　)

改正:________________。

(2)他的声音别具一格地好听。(　　)

改正:________________。

3. 请用成语“别具一格”改写下面的句子。

(1)他的书法作品和其他人的完全不同,有自己鲜明的风格。

改写:________________。

(2)这家酒店的设计很特别。

改写:________________。

4. 讨论:你喜欢别具一格的事物吗? 为什么?

薄利多销 bó lì duō xiāo

学一学

【语义解释】 薄利:利润很少;多销:增加销量。通过降低商品的利润来增加销售数量。

【语法解释】 1. 语法功能:在句子中作谓语;2. 语法结构:动宾式。

【感情色彩】 中性义。

【语用解释】 常用来说商家的一种市场促销(销售)方法。搭配:薄利多销的销售原则。

【反义成语】 囤积居奇。

情景例句

(顾客在购买前与售货员沟通)

顾客:这产品没问题吧,怎么这么便宜?

售货员:您放心,我们的产品没问题,价格优惠是为了薄利多销。

用一用

1. 要想提高销售量,就得薄利多销。

2. 上个月公司实行的薄利多销政策非常成功,使产品销量增加了一倍。

3. 这家超市以薄利多销为销售原则,吸引了很多顾客。

练一练

1.“薄利多销”中“薄”的正确读音是(　　)。

A. báo　　B. bō　　C. bò　　D. bó

2. 请选择对成语“薄利多销”解释正确的一项(　　)。

A. 产品没有利润　　B. 产品利润多,卖的少

C. 产品没有销售　　D. 产品利润少,卖的多

3. 讨论:商家经常采取哪些薄利多销的方式?你觉得哪种方式最好?

波涛汹涌 bō tāo xiōng yǒng

学一学

【语义解释】 汹涌:水势腾涌的样子。形容波浪又大又急。

【语法解释】 1. 语法功能:在句子中作谓语、定语;2. 语法结构:主谓式。

【感情色彩】 中性义。

【语用解释】 一般形容大江、大海的波浪又大又急。有时也可以比喻人复杂、激烈的情感。

【近义成语】 波涛滚滚,惊涛骇浪。

【反义成语】 风平浪静,纹丝不动。

情景例句

(在海边度假的朋友)

A:你为什么喜欢到海边度假?

B:我喜欢看波涛汹涌的大海,能让人感受到一种大自然的力量。

用一用

1. 大海是奇妙的,一会儿风平浪静,一会儿波涛汹涌。

2. 在离别之际,我们的心情波涛汹涌。

3. 暴风雨来了,船在波涛汹涌的海上缓慢吃力地航行。

4. 就要离开了中国了,她心中的情感波涛汹涌,起伏不定。

练一练

1.“波涛汹涌”的反义成语是(　　)。

A. 惊涛骇浪　　B. 纹丝不动　　C. 大风大浪

2. 请用成语“波涛汹涌”完成下面的句子。

(1)毕业那天,迈克的内心十分激动,________________。

(2)渔民都喜欢平静的大海,而不是________________。

3. 下面句子正确的排列顺序是(　　)。

A. 命运就像在大海上行船　　B. 有时风平浪静

C. 我们常常会遇到许多困难　　D. 有时波涛汹涌

博大精深 bó dà jīng shēn

学一学

【语义解释】 博:广,多。形容人的思想和学识广博高深。

【语法解释】 1. 语法功能:在句子中作谓语、定语;2. 语法结构:联合式。

【感情色彩】 含褒义。

【语用解释】 一般用给人或者文化、思想、艺术。书面语。

【近义成语】 博学多才。

【反义成语】 才疏学浅,不学无术。

情景例句

(一位中国朋友问留学生为什么学习汉语)

中国朋友:你为什么要学汉语呢?

留学生:老子的哲学思想博大精深,我对他的思想很感兴趣。

用一用

1. 这位老先生研究了一生的中国诗词,他的学问博大精深。
2. 在西方世界,哲学是一门博大精深的学问。
3. 中华民族传统文化源远流长,博大精深,是人类共同拥有的宝贵财富。
4. 书法作为中国源远流长、博大精深的艺术,具有丰富的文化内涵。

练一练

1. 请选择正确的汉字,完成成语"博大(　　)深"。

A. 静　　B. 晶　　C. 京　　D. 精

2. 请判断下面句子的对错,错的请改正。

(1)少林功夫博大精深。(　　)

改正:________________

(2)迈克喜欢吃博大精深的北京烤鸭。(　　)

改正:________________

(3)孔子是一个博大精深的人。(　　)

改正:________________

3. 讨论:你知道哪些博大精深的文化或思想,请举列说明。

不卑不亢 bù bēi bù kàng

学一学

【语义解释】 卑:低微、自卑;亢:高傲。指对人有恰当的分寸,既不低声下气,也不傲慢自大。

【语法解释】 1.语法功能:在句子中作谓语、定语;2.语法结构:联合式。

【感情色彩】 含褒义。

【语用解释】 指对人的态度彬彬有礼、有分寸,泛指人的品格,现在外交场合的使用频率较高。常和"态度""举止"搭配。

【近义成语】 有礼有节。

【反义成语】 唯唯诺诺。

情景例句

(经理对员工进行培训)

员工:我们怎样才能服务好顾客呢?

经理:我们对自己的产品有信心,对客户的态度要诚恳,不卑不亢。

用一用

1.在谈判桌前,这位外交官不卑不亢地表达了我方观点,语言得体,表现出了应有的风度。

2.在求职面试的时候,无论是自我介绍,还是回答问题,都要面带微笑,不卑不亢,举止大方。

3.不管是给领导汇报工作,还是给员工布置任务,一定记住,你要给人留下不卑不亢的印象。

练一练

1."不卑不亢"中"亢"的正确读音是(　　)。

A. kàng　　B. kāng　　C. gāng　　D. háng

2."不卑不亢"中"卑"和"亢"的意思分别是＿＿＿＿＿＿＿＿、＿＿＿＿＿＿＿＿。

3.请用成语"不卑不亢"完成下面的句子。

(1)这位销售人员＿＿＿＿＿＿＿＿,语言得体,展现了他良好的职业素养。

(2)在毕业论文答辩时,无论是自我介绍,还是回答问题,他都做到了＿＿＿＿＿＿＿＿。

4.讨论:不卑不亢是怎样的一种品质?试着举出其他赞扬人品质的成语。

不辞而别 bù cí ér bié

学一学

【语义解释】 辞:告辞;别:离别。没有告辞就离开了,或悄悄溜走了。

【语法解释】 1.语法功能:在句子中作谓语、宾语、状语;2.语法结构:偏正式。

【感情色彩】 中性义。

【语用解释】 指不打招呼就离开,常用来说没有礼貌或者有特别的原因而匆忙离开。

【近义成语】 溜之大吉。

【反义成语】 不速之客。

情景例句

(两个朋友在生日会结束第二天见面)

A:昨天晚上你怎么不辞而别呢?

B:不好意思,家里打电话有急事找我,我来不及说再见就走了。

用一用

1.大家一起聊天,聊着聊着他有些不高兴,竟然不辞而别了。

2.生命中的诸多告别,比不辞而别更让人难过的,是说一句再见之后,就再也没见。

3.叔叔批评了他几句,他就不辞而别,跑回家大哭了一场。

练一练

1.请选择正确的汉字,完成成语"不(　　)而别"。

A.词　　B.辞　　C.磁　　D.此

2."不辞而别"中"辞"和"别"的意思分别是＿＿＿＿＿＿、＿＿＿＿＿＿。

3.对成语"不辞而别"的正确解释是(　　)。

A.无法用言语辨别　　B.告诉别人,然后离开

C.可以用言语辨别　　D.没有告辞就离开

4.请用成语"不辞而别"改写下面的句子。

(1)小明受到批评之后,竟然没有告辞就走了。

改写:＿＿＿＿＿＿＿＿＿＿＿＿＿＿＿＿＿＿＿＿。

(2)他没有告辞就走了,谁也不知道为什么。

改写:＿＿＿＿＿＿＿＿＿＿＿＿＿＿＿＿＿＿＿＿。

不屑一顾 bù xiè yī gù

学一学

【语义解释】 不屑:不值得,不愿意;顾:看。认为不值得一看。形容极端轻视。

【语法解释】 1.语法功能:作谓语、定语;2.语法结构:动宾式。

【感情色彩】 含贬义。

【语用解释】 表示蔑视、小看的意思,认为不值得看而不看。常用的句式有"对……不屑一顾"。

【近义成语】 不足挂齿,嗤之以鼻。

【反义成语】 刮目相看。

情景例句

(在一个商场的经理办公室)

顾客:经理,我想投诉你的售货员。

经理:为什么?

顾客:我想买东西,可是她对我不屑一顾。

用一用

1.姐姐没有太大的变化,总是表现出对一切都不屑一顾的样子

2.他太骄傲了,对别人的批评不屑一顾。

3.有的明星自认为高人一等,总是以不屑一顾的态度对待身边的工作人员。

4.那位领导对员工的意见不屑一顾。

练一练

1.与"不屑一顾"意义相反的成语是(　　)。

A.不足挂齿　　B.嗤之以鼻　　C.举足轻重

2.请用成语"不屑一顾"改写下面的句子。

(1)马克非常傲慢,看不起身边的同学。

改写:______________________________。

(2)大卫坚持自己的想法,拒绝接受别人给他提出的意见。

改写:______________________________。

3.下面句子正确的排列顺序是(　　)。

A.他们自己的生活很好　　B.对饱受饥饿的人不屑一顾

C.比较自以为是　　D.很多人身在福中不知福

不相上下 bù xiāng shàng xià

学一学

【语义解释】 分不出高低好坏，形容水平相当。

【语法解释】 1. 语法功能：在句子中作谓语、定语、补语；2. 语法结构：偏正式。

【感情色彩】 含褒义。

【语用解释】 可表示分不出高低、好坏、大小、轻重、长短和强弱等情况，但一般双方水平都不低，可以用来比较人或物品。搭配：A 和 B 不相上下。

【近义成语】 不分伯仲。

【反义成语】 天差地远。

情景例句

（小张想买手机，问朋友的意见）

小张：我要买个新手机，你觉得这两个品牌的手机，哪个好？

小王：我觉得不相上下，都不错。

用一用

1. 他们兄弟俩年龄相当，身高也不相上下。
2. 这位老人经常锻炼，体能很好，跑起来和年轻人不相上下。
3. 德国足球队和阿根廷的实力简直是不相上下，最后是以点球大战分胜负。
4. 我和她的期终考试成绩不相上下。

练一练

1. 以下哪个不是“不相上下”的近义成语？（　　）

A. 平起平坐　　B. 相差无几　　C. 不分伯仲　　D. 七上八下

2. 请用成语“不相上下”完成下面的句子。

（1）从以往比赛的成绩来看，这两支球队____________________。

（2）他们俩的汉语水平____________________，可以说是平分秋色。

（3）这两种饮料____________________。

3. 判断下面句子的对错，错的请改正。

（1）这两部电影都不好看，真是不相上下。（　　）

改正：____________________

（2）你唱歌水平和他相比，真是不相上下。（　　）

改正：____________________

不以为然 bù yǐ wéi rán

学一学

【语义解释】 然：是，对。不认为是对的。

【语法解释】 1. 语法功能：在句子中作谓语、定语、状语；2. 语法结构：动宾式。

【感情色彩】 含贬义。

【语用解释】 表示不同意或否定，有轻视、看不起、不重视的态度和意思。搭配：不以为然的态度；不以为然地说。

【近义成语】 嗤之以鼻。

【反义成语】 五体投地。

情景例句

（妻子提醒身体不好的丈夫）

妻子：你得注意饮食，少喝酒和饮料，少吃油炸食品。

丈夫不以为然地说："不能吃我喜欢的东西，生活还有什么意思。"

用一用

1. 妈妈说吃苹果一定要削皮，我不以为然。

2. 老师告诉那对年轻的父母要多陪孩子，可是他们不以为然，表示自己很忙，没有时间陪孩子。

3. 大家都认为这次考试很重要，可他不以为然地说："我觉得无所谓。"

练一练

1. 请选择正确的汉字，完成成语"不以为（　　）"。

A. 染　　B. 冉　　C. 然　　D. 燃

2. "不以为然"的"然"意思是（　　）。

A. 然而　　B. 错误　　C. 果然　　D. 正确

3. 以下哪个不是"不以为然"的近义成语（　　）。

A. 满不在乎　　B. 置若罔闻　　C. 嗤之以鼻　　D. 理所当然

4. 请用成语"不以为然"改写下面的句子。

(1) 他对我的观点不在乎，还是坚持己见。

改写：____。

(2) 我劝他不要旷课，要好好学习，可他不听。

改写：____。

不言而喻 bù yán ér yù

学一学

【语义解释】 喻：了解，明白。不用说话就能明白，形容道理很明显。
【语法解释】 1. 语法功能：在句子中作谓语、宾语、定语；2. 语法结构：偏正式。
【感情色彩】 中性义。
【语用解释】 指不用多说或多看，强调不用说就明白了。书面语，不能和副词连用。
【近义成语】 显而易见。
【反义成语】 扑朔迷离。

情景例句

（参观博物馆的时候，游客问讲解员）
游客：甲骨文的价值是什么？
讲解员：这是汉字的早期形式，距今约有 3600 多年的历史，所以它的文化价值不言而喻。

用一用

1. 读书的益处不言而喻。
2. 人应该珍惜时间，这个道理是不言而喻的。
3. 家庭教育对孩子的影响是不言而喻的。

练一练

1. “不言而喻”中“喻”的意思是____________________。
2. 请选择“不言而喻”反义成语（　　）。
A. 一目了然　　B. 显而易见　　C. 模棱两可
3. 请用成语“不言而喻”改写下面的句子。
(1)人应该珍惜健康，珍爱生命这个道理不用说都明白。
改写：____________________。
(2)环保问题是当今的重要课题，其重要性不用说都知道。
改写：____________________。
4. 讨论：说一说“不言而喻”和“显而易见”这两个成语的异同。

不由分说 bù yóu fēn shuō

学一学

【语义解释】 由：听从、顺随；分说：辩白、解说。不容人分辩、解释。

【语法解释】 1.语法功能:在句子中作状语、谓语、分句;2.语法结构:动宾式。

【感情色彩】 中性义。

【语用解释】 指不容人分辩或解释就做什么事。搭配:不由分说地批评。

【近义成语】 不容置疑。

【反义成语】 强词夺理。

情景例句

(在舞会上)

朋友:快来一起跳舞啊!

我:我摇头表示不会,可他不由分说地把我拉了起来。

用一用

1.一看儿子考试才得了30分,爸爸不由分说地把儿子拉过来就打。

2.他不小心踩到了旁边的小伙子,没等他道歉,那个小伙子不由分说地推了他一下。

3.两个孩子在打架,老师不由分说地先把他们分开了。

练一练

1.请选择正确的汉字读音,完成成语"不由分说(　　)"。

A. shuì　　B. shuō　　C. yuè　　D. shuò

2."不由分说"中"分说"的意思是________。

3.对成语"不由分说"解释正确的一项是(　　)。

A.情不自禁地说话　　B.不容人分辨、解释

C.不由自主地分别说话　　D.让别人分别解释

4.请用成语"不由分说"改写下面的句子。

(1)小明回家晚了,爸爸不听他解释,打了他一顿。

改写:________。

(2)一个保安拉住那个男人的胳膊,不听他解释,便将他赶了出去。

改写:________。

不约而同 bù yuē ér tóng

学一学

【语义解释】 约:约定;不约:没有约定;同:在一起。事先没有约定而行动或大家的意见一致。

【语法解释】 1.语法功能:在句子中作状语;2.语法结构:紧缩式。

【感情色彩】 中性义。

【语用解释】 指大家的言论、动作相同，特别强调没有商量就做出同样的行为或说了同样的话。

【近义成语】 不谋而合，异口同声。

【反义成语】 众说纷纭。

情景例句

（在足球比赛赛场，两个队的球员正在场上激烈地抢球。）

A：这场比赛太精彩了！太令人兴奋啦！

B：是啊！你看现场的观众都不约而同地大喊："加油，加油！"

用一用

1. 看到乘客招手，好几辆出租车不约而同地停了下来。
2. 看到他可笑的样子，大家不约而同地笑了。
3. 春暖花开的季节到了，人们不约而同地到郊外游玩。
4. 他的精彩演讲刚一结束，大家不约而同地鼓起掌来。

练一练

1. 请选择正确的汉字，完成成语"不约而（　　）"。

A. 通　　B. 童　　C. 同　　D. 彤

2. "不约而同"中"约"的意思是________________。

3. 以下哪个不是"不约而同"的近义成语（　　）。

A. 不约而合　　B. 不期而同　　C. 不谋而合　　D. 众说纷纭

4. 请用成语"不约而同"改写下面的句子。

（1）同学们事前没有商量，一起来到了这家咖啡厅。

改写：________________。

（2）新老师刚进教室，同学们便一同鼓起掌来。

改写：________________。

（3）我和朋友都想到了这个好办法。

改写：________________。

不择手段 bù zé shǒu duàn

学一学

【语义解释】 择：选择。指为了达到目的，什么方法都使用。

【语法解释】 1. 语法功能：作谓语、定语、状语；2. 语法结构：动宾式。

【感情色彩】 含贬义。

【语用解释】 这里的“手段”不是指具体方法，而是指“不正当的方法”，有批评的态度。搭配：为了……不择手段。

【近义成语】 弄虚作假。

【反义成语】 无所用心。

情景例句

（儿子告诉老父亲）

儿子：爸，你知道吗？新闻说这种药是假的，不能买。

老父亲：真气人，这些人为了赚钱真是不择手段啊。

用一用

1. 有些人会不择手段地得到他想要的东西。
2. 受经济利益驱使，有些人不择手段地捕杀珍贵野生动物。
3. 有些企业为了追求高利润不择手段地破坏着周围的环境。
4. 他为了达到自己的目的，做事是不择手段的。

练一练

1.“不择手段”中“择”的意思是____________________________________。

2. 请判断下面句子的对错，错的请改正。

(1)他不择手段地发了一笔大财。(　　)

改正：____

(2)为了帮助生病的奶奶，迈克不择手段地照顾她。(　　)

改正：____

3. 讨论：“只要值得，不择手段达到目的是合理的”，你同意这个观点吗？

不自量力 bù zì liàng lì

学一学

【语义解释】 量：估量、估计。指人不能正确估计自己的力量或能力。

【语法解释】 1. 语法功能：在句子中作谓语、定语、状语；2. 语法结构：偏正式。

【感情色彩】 含贬义。

【语用解释】 意思是人把自己的能力估计得太高了，做超过自己能力的事。用于别人有批评和嘲笑、看不起等含义，用于自己有自卑的意思。搭配：简直不自量力；真是不自量力；太不自量力了。

【近义成语】 螳臂挡车。

【反义成语】 自知之明。

情景例句

（公司正在组织员工报名参加比赛）

小张：你为什么不报名参加比赛呢？

小王：我很想参加，可我是新员工，我怕别人笑我不自量力。

用一用

1. 愚公想要把大山搬走，在外人看来是不自量力的行为。
2. 以公司目前的实力，去和大企业竞争，简直是不自量力。
3. 你想和他比运动能力，就像拿鸡蛋碰石头，真是不自量力！

练一练

1. 请选择正确的汉字读音，完成成语“不自量（　　）力”。

A. liāng　　B. liáng　　C. liǎng　　D. liàng

2. 以下哪个是“不自量力”的反义成语？（　　）

A. 量体裁衣　　B. 以卵击石　　C. 自己知彼　　D. 自知之明

3. 请用成语“不自量力”完成下面的句子。

(1)拿鸡蛋碰石头，真是________________！

(2)这么重要的工作你能完成吗？________________。

(3)有只小老鼠想打倒一只大象，它________________。

不足为奇 bù zú wéi qí

学一学

【语义解释】 足：值得。不值得奇怪。指某种事物或现象很平常，没有什么奇怪的。

【语法解释】 1. 语法功能：在句子中作谓语、定语；2. 语法结构：动宾式。

【感情色彩】 中性义。

【语用解释】 指这样的事情很常见，很普遍。搭配：不足为奇的事；……不足为奇。

【近义成语】 司空见惯。

【反义成语】 大惊小怪。

情景例句

（两位孩子的妈妈在聊天）

A：现在很多家长都把七八岁的孩子送到国外去读书。

B：这一点不足为奇，大家的生活好了，当然想给孩子更好的教育。

用一用

1. 他平时不认真学习，高考失败，当然不足为奇。
2. 现在大家都用手机支付，身上有时会出现没有一分钱现金的情况不足为奇。
3. 每到节日，各大旅游景点人山人海的现象不足为奇。

练一练

1. “不足为奇”中“奇”的正确读音是（　　）。

A. jī　　B. jí　　C. qī　　D. qí

2. “不足为奇”中“足”的意思是＿＿＿＿＿＿＿＿＿＿＿＿＿＿＿＿＿＿＿＿。

3. 以下哪个不是“不足为奇”的近义成语（　　）。

A. 司空见惯　　B. 习以为常　　C. 大惊小怪　　D. 家常便饭

4. 请用成语“不足为奇”完成下面的句子。

(1)这道题很简单，他能做对，根本＿＿＿＿＿＿＿＿＿＿＿＿＿＿＿＿＿＿。

(2)他已经游历过世界各地，对这种现象＿＿＿＿＿＿＿＿＿＿＿＿＿＿＿＿。

(3)随着科技的迅猛发展，＿＿＿＿＿＿＿＿＿＿＿＿＿＿＿＿＿＿＿＿＿＿。

不知不觉 bù zhī bù jué

学一学

【语义解释】 知：知道；觉：觉察。没有意识到，没有觉察到。现多指没有注意。

【语法解释】 1. 语法功能：在句子中作谓语、定语；2. 语法结构：联合式。

【感情色彩】 中性义。

【语用解释】 指没有意识到就发生什么事，也可指人过于认真、投入，没注意，常用来指时间过得很快。搭配：时间不知不觉地过去了；不知不觉地睡着了。

【近义成语】 无声无息。

【反义成语】 先知先觉。

情景例句

（孩子上大学之前的晚上）

爸爸：时间过得真快啊！

妈妈：是啊，孩子不知不觉地就长大了，我们也不知不觉地老了。

用一用

1. 父母的兴趣爱好都不知不觉地影响了孩子。
2. 不知不觉，我已经离开家半年时间了。

3. 他们一起边说边走，不知不觉就走了很远。

练一练

1. 请选择正确的汉字，完成成语“不知不（　　）”。

A. 绝　　B. 决　　C. 觉　　D. 掘

2. “不知不觉”中“知”和“觉”的意思分别是＿＿＿＿＿＿＿＿、＿＿＿＿＿＿＿＿。

3. 请用成语“不知不觉”改写下面的句子。

(1)时间过得真快，没有察觉，一年又过去了。

改写：＿＿＿＿＿＿＿＿＿＿＿＿＿＿＿＿＿＿＿＿＿＿＿＿＿＿＿＿＿＿。

(2)我们认真地听老师讲中国历史，没有察觉，一节课过去了。

改写：＿＿＿＿＿＿＿＿＿＿＿＿＿＿＿＿＿＿＿＿＿＿＿＿＿＿＿＿＿＿。

(3)时光飞逝，不经意间十年已经过去了。

改写：＿＿＿＿＿＿＿＿＿＿＿＿＿＿＿＿＿＿＿＿＿＿＿＿＿＿＿＿＿＿。

(4)一路上，他们有说有笑，很快就到了目的地。

改写：＿＿＿＿＿＿＿＿＿＿＿＿＿＿＿＿＿＿＿＿＿＿＿＿＿＿＿＿＿＿。

层出不穷 céng chū bù qióng

学一学

【语义解释】 层：重复；穷：尽，停止。接连不断地出现，没有停止。

【语法解释】 1. 语法功能：在句子中作谓语、定语；2. 语法结构：偏正式。

【感情色彩】 中性义。

【语用解释】 表示事情或情况连续不断地出现，可以是好事，也可以是坏事。搭配：层出不穷的问题；层出不穷的新产品。

【近义成语】 屡见不鲜。

【反义成语】 寥寥无几。

情景例句

（两个朋友聊网上的骗子）

A：最近又有一种在网上骗人的方法，你得小心啊！

B：是啊，网上骗人的花样层出不穷，千万不能相信。

用一用

1. 他层出不穷的想象或许适合于艺术，但却与现实生活相距甚远。

2. 世界千变万化，疑问层出不穷，答案也同样是丰富多彩的。

3. 现代社会发展很快，新名词、新事物层出不穷。

练一练

1.“层出不穷”中“穷”的意思是______________________________。

2.判断下面句子中的对错，错的请改正。

(1)马克有层出不穷的汉语书。(　　)

改正：______________________________。

(2)他是一个伟大的科学家，他的发明层出不穷。(　　)

改正：______________________________。

(3)我们要用层出不穷的爱心去帮助老人。(　　)

改正：______________________________。

3.用成语“层出不穷”完成下面的句子。

(1)中国的发展非常快，______________________________。

(2)随着网络自媒体时代的到来，______________________________。

(3)在巨大的精神压力下，现代人______________________________。

称心如意 chèn xīn rú yì

学一学

【语义解释】 形容心满意足，事情的发展完全符合人的心意。

【语法解释】 1.语法功能：作谓语、宾语、定语；2.语法结构：联合式。

【感情色彩】 中性义。

【语用解释】 含有“如意、满意”的意思，指涉及的人、事、物都符合心意。可以作祝语。搭配：称心如意的工作。

【近义成语】 心满意足，如愿以偿。

【反义成语】 大失所望，事与愿违。

情景例句

(两个朋友聊找工作的事)

A：听说你的新工作很不错呀！

B：其实这份工作并不称心如意，虽然工资不错，但是老板的要求很高。

用一用

1.如果旅游时碰上什么称心如意的东西，就买下吧。

2.食堂的饭菜很难让每个人称心如意。

3.愿你今天的梦想甜美，祝你这一年称心如意。

练一练

1. 与"称心如意"意义相反的成语是(　　)。

A. 心满意足　　　　B. 如愿以偿　　　　C. 大失所望

2. 用成语"称心如意"完成下面的句子。

(1)小丽刚大学毕业,________________________________。

(2)希望你在新的一年能够________________________________。

3. 讨论:说说你在中国称心如意的事。

成千上万 chéng qiān shàng wàn

学一学

【语义解释】 成:达到一定数量;上:达到一定程度或数量。累计成千,达到上万。形容数量极多。

【语法解释】 1. 语法功能:在句子中作定语、状语;2. 语法结构:联合式。

【感情色彩】 中性义。

【语用解释】 表示事物的数量很多。做定语时需要量词或者"的"。搭配:成千上万个人;成千上万的鱼。

【近义成语】 不计其数。

【反义成语】 寥寥无几。

情景例句

(导游带游客参观一个湖)

游客:这个湖太美了。

导游:对,特别是春天,成千上万只鸟飞来的时候更美。

用一用

1. 黄山的风景很美,每年都吸引了成千上万的游客。

2. 你会遇到成千上万个人,却没人能让你动心,直到你遇到一个爱的人,生命变得充实而有意义。

3. 从猴子变成人需要成千上万年,从人变回猴子只需要一瓶酒。

练一练

1. 用成语"成千上万"改写下面的句子。

(1)近些年来,许许多多的外国留学生来到中国学习。

改写:________________________________。

(2)每到秋天都有数量特别多的候鸟飞向南方。

改写：________________。

(3)人们都说"不到长城非好汉"，所以每年有很多人去长城游玩。

改写：________________。

2.讨论：你还能写出哪些带"千"和"百"的数字的成语？

________、________、________。

成群结队 chéng qún jié duì

学一学

【语义解释】 成：成为，变成；结：集合。一群群人（或动物）集合在一起。

【语法解释】 1.语法功能：在句子中作谓语、定语、状语；2.语法结构：联合式。

【感情色彩】 中性义。

【语用解释】 用于人或动物，形容很多聚集在一起，也可以表示团结。搭配：成群结队的人。

【近义成语】 三五成群。

【反义成语】 形单影只。

情景例句

（两个朋友早上见面）

A：你的脸怎么了？

B：昨天晚上睡觉时忘了关窗户，我被成群结队的蚊子咬了一晚上。

用一用

1.一到放学的时候，学生们成群结队地走出校门。

2.不要怕孤独，做你自己就好，因为猛兽总是独行，牛羊才成群结队。

3.演出开始前，同学们成群结队地走进演出场地。

练一练

1.请选择正确的汉字，完成成语"成群结（　　）"。

A.对　　B.队　　C.堆

2.与"成群结队"意义相反的成语是（　　）。

A.形单影只　　B.成千上万　　C.人山人海

3.用成语"成群结队"改写下面的句子。

(1)日常生活中，我们要注意安全，去野外的时候不要自己一个人。

改写：________________。

(2)动物各有各的习性。狼喜欢单独行动，而牛羊喜欢聚集在一起。

改写：____。

(3)钟声响了，人们一起走进教堂。

改写：____。

诚心诚意 chéng xīn chéng yì

学一学

【语义解释】 诚：真实的心意。形容十分真挚、诚恳。

【语法解释】 1.语法功能：在句子中作谓语、定语、宾语；2.语法结构：联合式。

【感情色彩】 含褒义。

【语用解释】 指人做事的态度十分真挚、诚恳。搭配：诚心诚意地道歉；诚心诚意的态度。

【近义成语】 真心实意。

【反义成语】 虚情假意。

情景例句

（顾客买东西和老板讲价）

顾客：老板，我诚心诚意想买，你能再便宜点吗？

老板：好吧，看你是这么有诚意，就再便宜10块钱吧。

用一用

1.他诚心诚意地邀请你，你就不要拒绝了。

2.我诚心诚意地向你道歉："我错了，希望你原谅我。"

3.既然你答应帮朋友忙，那就诚心诚意帮到底。

练一练

1."诚心诚意"中"诚"的意思是（　　）。

A.真诚　　B.诚信　　C.诚实

2.与"诚心诚意"意义相反的成语是（　　）。

A.真心实意　　B.虚情假意　　C.一心一意

3.请用成语"诚心诚意"完成下面的句子。

(1)________________________________，别人才会接受你的帮助。

(2)A：你真的想租这个房子吗？

B：真的，________________________________，所以请你便宜点。

(3)这个问题我真的不明白，________________________________。

4.讨论：你觉得做哪些事情需要"诚心诚意"的态度？

川流不息 chuān liú bù xī

【语义解释】 川：河流；息：停止。行人、车马很多，像流水一样连续不断。

【语法解释】 1.语法功能：在句子中作谓语、定语、状语；2.语法结构：补充式。

【感情色彩】 中性义。

【语用解释】 有接连不断的意思，表示往不同的方向连续不断地前进，是一种比喻，指人、船、车、马来来往往，交通繁忙的样子。

【近义成语】 车水马龙。

【反义成语】 荒无人烟。

情景例句

（两个朋友聊职业）

A：你觉得什么工作最辛苦？

B：我觉得是交警，每天都得站在川流不息的马路上指挥交通。

用一用

1. 一年一度的春节到了，大街上人来人往，川流不息。
2. 大城市星期一的早晨，马路上的汽车川流不息。
3. 西安城内宽阔的马路横贯南北，川流不息的行人、车辆忙忙碌碌。

练一练

1. 成语“川流不息”的意思是______________________________________。

2. 判断下面句子的对错，错的请改正。

(1)上海是一个大都市，马路上的车辆川流不息。（ ）

改正：____。

(2)马克的工作很忙，经常川流不息地走在大街上。（ ）

改正：____。

(3)这条路上有很多人，非常川流不息。（ ）

改正：____。

3. 讨论：你喜欢川流不息的大城市还是偏僻安静的乡村。

垂头丧气 chuí tóu sàng qì

学一学

【语义解释】 垂头：低着头；丧气：神情沮丧。形容人因为失败或不顺利而情绪低落、心情差的样子。

【语法解释】 1.语法功能:在句子中作谓语、定语、状语;2.语法结构:联合式。

【感情色彩】 含贬义。

【语用解释】 形容人遭到失败或挫折,无精打采的样子或状态。搭配:垂头丧气的样子;垂头丧气地工作。

【近义成语】 灰心丧气。

【反义成语】 意气风发。

情景例句

(父母想了解一下孩子的考试成绩)

爸爸:你去问问孩子考得怎么样?

妈妈:不用问了,看他那垂头丧气的样子,肯定不行。

用一用

1.篮球比赛输了,队员们都垂头丧气的,很沮丧。

2.有的人,一受到表扬就得意忘形,一挨批评就垂头丧气。

3.马上要过春节了,他却丢了工作,整天垂头丧气的。

练一练

1.“垂头丧气”中“丧”的意思是____________________。

2.“垂头丧气”可以用在下面哪种情况中?( )

A.大山很想念自己远在美国的妈妈。

B.约翰的女朋友和他分手了。

C.在这次的汉语考试中,艾米又得了满分。

3.讨论:人在什么情况下会垂头丧气?

粗制滥造 cū zhì làn zào

学一学

【语义解释】 滥:过多,不加节制。写文章或做东西马虎,只求数量,不管质量。

【语法解释】 1.语法功能:在句子中作谓语、定语、宾语;2.语法结构:联合式。

【感情色彩】 含贬义。

【语用解释】 形容作品或产品做得很差,或者指工作方面不负责任。搭配:不能粗制滥造;粗制滥造的产品。

【近义成语】 粗枝大叶。

【反义成语】 精益求精。

情景例句

（小张问小李）

小张：昨天你去看的新电影怎么样？

小李：不怎么样，真是一部粗制滥造的电影，浪费了我的时间和金钱。

用一用

1. 工厂要对产品质量严格管理，不让粗制滥造的劣质产品进入市场。
2. 有些书粗制滥造，错误百出，简直没法看。
3. 有的旅游景点把一些粗制滥造的纪念品卖得很贵，真不值得买。

练一练

1.“粗制滥造”的近义成语是（　　）。

A. 偷工减料　　　　B. 精工细作　　　　C. 巧夺天工

2. 用成语“粗制滥造”完成下面的句子。

(1)你别买便宜的衣服，______________________________。

(2)有些图书，简直不值得阅读，______________________________。

(3)工厂需要对产品质量严格要求，______________________________。

3. 讨论：你认为有哪些东西是“粗制滥造”的。

大惊小怪 dà jīng xiǎo guài

学一学

【语义解释】 惊：惊讶；怪：奇怪。形容对平常的、普通的小事过分惊讶。

【语法解释】 1. 语法功能：在句子中作谓语、宾语、状语；2. 语法结构：联合式。

【感情色彩】 含贬义。

【语用解释】 常用于否定的句子中，提醒人注意，不要过度惊慌、紧张。

【近义成语】 少见多怪。

【反义成语】 司空见惯，不足不奇。

情景例句

（我切水果时，不小心受伤了，朋友看到了）

朋友：哎呀！你的手受伤了，去医院看看吧。

我：只是被刀切了一个小伤口，抹点药就好了，不用大惊小怪。

用一用

1. 人老了的好处就是遇事再也不会大惊小怪了。
2. 现在是一个多元社会，人们对待新事物的态度再也不会像以前一样大惊小怪了。
3. 与网友结婚这样的事现在很多，你不用大惊小怪。

练一练

1. 以下哪种情况可以使用“大惊小怪”这个成语？（　　）

A. 李明的妈妈生病了，他打电话问候妈妈。

B. 艾米上课时不认真听讲，被老师批评后，伤心地哭了。

C. 马克看到中国人夏天喝热水，觉得很奇怪。

2. 用成语“大惊小怪”完成下面的句子。

(1)这是一件很正常的事情，______________________________。

(2)这有什么大惊小怪的，在我们国家，______________________________。

(3)如果你见多了、习惯了，______________________________。

大公无私 dà gōng wú sī

学一学

【语义解释】 办事公平、公正，没有私心。指从集体利益出发，没有考虑个人的利益。

【语法解释】 1. 语法功能：在句子中作定语、宾语、状语；2. 语法结构：联合式。

【感情色彩】 含褒义。

【语用解释】 常用于赞扬人的行为和品德，不自私。搭配：大公无私的精神。

【近义成语】 舍已为公。

【反义成语】 自私自利。

情景例句

（两个邻居聊他们眼里的好警察）

A：张警官真是一个大公无私的好人啊，他为大家办了很多好事儿。

B：“大公”当然对大家是好的，可是“无私”的话对他的家人是不公平的。

用一用

1. 老张是个大公无私的人，大家都信任他，支持他当厂长。
2. 人民爱戴大公无私的干部，最恨以权谋私的贪官。
3. 法官一定要大公无私，要保持公平、中立，不能偏向任何一方。

练一练

1. 与“大公无私”意义相反的成语是(　　)。

A. 自私自利　　　　B. 公私分明　　　　C. 公而忘私

2. 请用成语“大公无私”完成下面的句子。

(1)张医生是一位好医生,______________________________。

(2)如果领导者想得到大家的信任,______________________________。

(3)时间是大公无私的,因为______________________________。

3. 讨论:你认为什么样的行为可以用“大公无私”来形容?请举例说说。

大同小异 dà tóng xiǎo yì

学一学

【语义解释】 异:差异。两件事物大部分相同,只有一点儿不同。

【语法解释】 1. 语法功能:在句子中作谓语;2. 语法结构:联合式。

【感情色彩】 中性义。

【语用解释】 常用于比较两种事物的时候,相互之间的差别不大。搭配:A 和 B 大同小异。

【近义成语】 相差无几。

【反义成语】 天差地别,大相径庭。

情景例句

(在手机店,小王请朋友帮他选手机)

小王:你觉得哪款手机好?

朋友:我觉得这几款都大同小异,就看你喜欢哪种颜色了。

用一用

1. 你们两个人的观点大同小异,不要再争论了。

2. 这两件衣服的款式看起来大同小异,价钱却相差很多。

3. 这两部电影虽然主角不同,故事却大同小异。

练一练

1. 成语“大同小异”的意思是(　　)。

A. 完全相同　　　　B. 有很多共同点　　　　C. 差别很大

2. 用成语“大同小异”改写下面的句子。

(1)这件裙子和那件裙子设计得差不多,但价钱却差很多。

改写：____。

(2)这两本书的内容差不多，你买一本就够了。

改写：____。

(3)一般的酒店，房间都差不多一样。

改写：____。

大有可为 dà yǒu kě wéi

学一学

【语义解释】 可为：可以做。事情有发展前途，很值得做。

【语法解释】 1.语法功能：在句子中作谓语、宾语、定语；2.语法结构：动宾式。

【感情色彩】 含褒义。

【语用解释】 比喻所做的事很有价值，很有发展前途。用于人或事业。

【近义成语】 大有作为。

【反义成语】 碌碌无为。

情景例句

(女儿带男朋友见爸爸，然后问爸爸的意见)

女儿：爸，你觉得我男朋友怎么样？

爸爸：不错，他能力很强，是个大有可为的年轻人。

用一用

1.出国留学人员回国后也是大有可为的。

2.共享经济发展得非常迅猛，这个领域大有可为。

3.如果你想学教育专业，我一定支持你，因为你有这个能力，在这方面将大有可为。

练一练

1.成语"大有可为"的意思是____

2.用成语"大有可为"完成下面的句子。

(1)李刚要做一名网络销售员，他觉得______________________________________。

(2)要想在餐饮行业大有可为，____。

(3)这是一个网络信息时代，年轻人____。

3.讨论：你认为当代有哪些行业是大有可为的？说明理由。

当务之急 dāng wù zhī jí

学一学

【语义解释】 当务：指应当办理的事。当前任务中最急切要办的事。

【语法解释】 1. 语法功能：在句子中作主语、宾语；2. 语法结构：偏正式。

【感情色彩】 中性义。

【语用解释】 偏重在“当务”，也就是“现在马上”，强调当前最急需做的事。常用于判断语句中。

【近义成语】 燃眉之急。

【反义成语】 遥遥无期。

情景例句

（年轻父母因为找不到孩子在吵架。）

妈妈：都怪你，只看手机，孩子丢了都不知道。

路人：你们别吵了，现在的当务之急是找到孩子。

用一用

1. 要知道我们只有一个地球，保护环境是全人类的当务之急。
2. 作文教学的当务之急是引导学生关注现实，热爱生活，内心生成表达与交流的需要。
3. 对毕业生来说，当务之急是找到工作。

练一练

1.“当务之急”中“务”的意思是（　　）。

A. 任务　　B. 家务　　C. 劳务　　D. 办理

2.“当务之急”的反义成语是（　　）。

A. 十万火急　　B. 遥遥无期　　C. 燃眉之急

3. 请用成语“当务之急”改写下面的句子。

（1）工作那么忙，应该先办最要紧、最急需办的大事。

改写：______________________________。

（2）现在我的首要任务是学习，充实自己，提高自己。

改写：______________________________。

4. 讨论：你自己或你的国家有没有“当务之急”的事？

得不偿失 dé bù cháng shī

学一学

【语义解释】 偿:抵得上。得到的利益抵偿不了损失掉的。

【语法解释】 1.语法功能:在句子中作谓语、宾语、定语;2.语法结构:主谓式。

【感情色彩】 含贬义。

【语用解释】 表示不值得做这件事。口语也多用。有劝告的语气。搭配:得不偿失的做法。

【近义成语】 因小失大。

【反义成语】 事半功倍。

情景例句

(比赛前,运动员和教练在沟通)

运动员:我的脚有点儿不舒服,不过我觉得可以参加比赛。

教练:算了吧,你别为了一场比赛影响了身体健康,这得不偿失。

用一用

1.你这样一直赌博下去是得不偿失的。

2.这种药物虽然可以缓解疼痛,但也可能破坏人的神经功能,真是得不偿失。

3.为了发展经济而破坏环境,这样的做法是得不偿失的。

4.这份工作收入是挺高,可是为此放弃大学生活,你这样做太得不偿失了。

练一练

1.“得不偿失”中“偿”的意思是____________________。

2.请选择正确的汉字,完成成语“得不(　　)失”。

A.常　　B.尝　　C.偿　　D.长

3.以下哪种情况可以用“得不偿失”?(　　)

A.为了赚钱加班,身体出现问题

B.放弃稳定的生活,选择更喜欢的生活方式

C.为了孩子的教育,放弃自己的事业

4.讨论:你觉得生活中还有哪些做法是“得不偿失”的?请列举三种以上。

得天独厚 dé tiān dú hòu

学一学

【语义解释】 天:天然,自然;厚:优越。所处的环境特别好,具备的条件特别优越。

【语法解释】 1.语法功能:在句子中作谓语、定语、状语;2.语法结构:联合式。

【感情色彩】 含褒义。

【语用解释】 多用来说一个地方或地区的环境条件很好,也可以用来说一个人的某些方面条件好。搭配:得天独厚的资源;得天独厚的条件。

【近义成语】 天时地利,地利人和。

【反义成语】 先天不足。

情景例句

(两个朋友被这个地方的美景吸引)

A:这个地方有山有水,风景优美,有着得天独厚的旅游资源。

B:是呀,所以政府决定在这儿开发旅游。

用一用

1.他有一副好嗓子,学唱歌真是得天独厚。

2.成功不一定需要得天独厚的条件,坚持和努力是不可缺少的。

3.相比农村的孩子,大城市的孩子拥有得天独厚的教育资源。

练一练

1.“得天独厚”中“厚”的意思是________________________。

2.请用成语“得天独厚”改写下面的句子。

(1)小张的乐感很强,是个学习音乐的好苗子。

改写:________________________。

(2)西安是古城,有着非常优越的历史文化资源。

改写:________________________。

3.下面句子正确的排列顺序是(　　)。

A.当选了校学生会主席

B.英语专业非常适合他

C.尤其是他的口语有着得天独厚的优势

D.所以大学四年一帆风顺

顶天立地 dǐng tiān lì dì

学一学

【语义解释】 头顶青天，脚踏大地。形容人的形象高大，气概豪迈。

【语法解释】 1. 语法功能：在句子中作定语、补语；2. 语法结构：联合式。

【感情色彩】 含褒义。

【语用解释】 常用来形容男人做事勇敢、公正、光明磊落的高大形象。常用于英雄或男性。

【近义成语】 气概不凡。

【反义成语】 卑躬屈膝。

情景例句

（小王做生意失败了，很痛苦）

小王：这次失败对我的打击太大了，我坚持不下去了，我想放弃。

父亲：男子汉大丈夫要顶天立地，一次失败怕什么，怎么能放弃呢？

用一用

1. 做一个顶天立地的人，必须有坚强的心。

2. 根据中国的传说，人类的祖先叫盘古，他是一个顶天立地的巨人。

3. 几年不见，那个爱哭的小男孩已经成长为一个顶天立地的男子汉。

练一练

1. 用成语“顶天立地”完成下面的句子。

(1) 男孩子从小就要立志，长大________________________________。

(2) 我的父亲很有责任感，____________________________________。

(3) 这座大山非常壮美，就好像________________________________。

2. 讨论：你还能写出哪些含有“天”或“地”字的成语呢？至少三个。

丢三落四 diū sān là sì

学一学

【语义解释】 不是丢了这个，就是忘了那个。形容做事马虎粗心。

【语法解释】 1. 语法功能：在句子中作宾语；2. 语法结构：联合式。

【感情色彩】 含贬义。

【语用解释】 形容人办事情马虎、粗心或者记忆力不好。搭配：干活丢三落四；经常丢三落四。

【近义成语】 马马虎虎，粗枝大叶。

【反义成语】 谨小慎微，一丝不苟。

情景例句

（两个朋友聊自己的缺点）

A：我每次旅行都会丢三落四，不是忘了这个，就是丢了那个。

B：那你每次出门前多检查几次，就不会丢三落四了。

用一用

1. 老年人记忆力衰退，做事常常丢三落四，年轻人应理解。

2. 我很粗心，我的女朋友也粗心，我们经常丢三落四。

3. 妈妈不喜欢干家务，但却绝对不是个丢三落四的人。

练一练

1.“丢三落四”的反义成语是(　　)。

A. 一丝不苟　　　　B. 粗枝大叶　　　　C. 马马虎虎

2. 请用成语“丢三落四”改写下面的句子。

(1)他做事情一直很马虎，总是弄得自己手忙脚乱。

改写：____。

(2)时间太紧张的时候，人难免会忙乱，或忘带东西。

改写：____。

3. 讨论：请你说说自己或别人“丢三落四”的经历。

东张西望 dōng zhāng xī wàng

学一学

【语义解释】 张，望：看。形容到处看。

【语法解释】 1. 语法功能：在句子中作谓语、状语；2. 语法结构：联合式。

【感情色彩】 含贬义。

【语用解释】 指人不专心、不专注，或因为别的原因四处张望。

【近义成语】 左顾右盼。

【反义成语】 目不转睛。

情景例句

（考试以前，老师提醒学生）

老师：考试的时候不能拿手机，也不能东张西望。

学生：能上厕所吗？

用一用

1. 他的小狗很活泼，一路上东张西望。
2. 开车的时候，一定不要东张西望，要集中注意力、注意安全。
3. 那个女孩拉着箱子，在机场门外东张西望，却看不见接她的人。

练一练

1.“东张西望”的近义成语是（　　）。

A. 左顾右盼　　B. 目不转睛　　C. 目不斜视

2. 请用成语“东张西望”改写下面的句子。

（1）他每次上课的时候都不认真，喜欢四处张望。

改写：＿＿＿＿＿＿＿＿＿＿＿＿＿＿＿＿＿＿＿＿＿＿＿＿＿＿＿＿＿＿。

（2）第一次去别人家，别到处乱看，这样没礼貌。

改写：＿＿＿＿＿＿＿＿＿＿＿＿＿＿＿＿＿＿＿＿＿＿＿＿＿＿＿＿＿＿。

3. 以下不能用成语“东张西望”的是（　　）。

A. 在火车站接朋友的时候

B. 人在观察周围的时候

C. 和朋友聊天的时候

东奔西走 dōng bēn xī zǒu

学一学

【语义解释】 到处走，奔波。指为生活所迫或为某一目的四处奔走活动。

【语法解释】 1. 语法功能：在句子中作定语、谓语；2. 语法结构：联合式。

【感情色彩】 含褒义。

【语用解释】 指人为了达到一个目的，到处辛苦奔波。常用在肯定句中。

【近义成语】 东跑西颠。

【反义成语】 安家落户。

情景例句

（两位同学在聊班上的另一个同学）

A：他很省钱，从来不去外面吃饭，只在食堂吃饭。

B：你不知道，他上大学的生活费全是靠自己东奔西走赚来的，所以花钱很省。

用一用

1. 爸爸这些年为了我的病东奔西走，不知道去过多少医院了。
2. 他的工作得经常出差，常年东奔西走，不能照顾家人。
3. 为了给孩子看病，她最近东奔西走，四处借钱。

练一练

1.“东奔西走”的近义成语是（　　）。

A. 东躲西藏　　B. 东奔西跑　　C. 安居乐业

2. 用成语“东奔西走”改写下面的句子。

(1)李老板的公司出现了严重的问题，他最近忙着处理这些事情。

改写：________________________________。

(2)他为了写好这篇报道去了很多地方，采访了很多当事人。

改写：________________________________。

(3)他因为工作忙碌，整天满世界跑，难得有时间回家。

改写：________________________________。

3. 讨论：生活中，人们还会为了哪些事情“东奔西走”，请举例说明。

东施效颦 dōng shī xiào pín

学一学

【语义解释】 效：模仿，仿效；颦：皱眉头。东施：越国的丑女，代指丑妇。比喻盲目模仿别人，不但模仿不好，反而出丑。

【语法解释】 1. 语法功能：作谓语、定语、宾语；2. 语法结构：主谓式。

【感情色彩】 含贬义。

【语用解释】 比喻盲目模仿，效果很差。也可以表示谦虚，表示自己基础差，学别人的长处没有学好。

【近义成语】 生搬硬套。

【反义成语】 择善而从。

情景例句

（丽娜做了新的发型）

妈妈：你的头发怎么这么难看？

丽娜：这种发型很流行，我的偶像也有这样的发型。

妈妈：你不适合这种发型，做成这样的头发，真是东施效颦。

用一用

1. 有的同学刚刚开始学写文章就想模仿作家的手法，结果是东施效颦，弄巧成拙。
2. 她喜欢穿得跟电影明星一样，那种东施效颦的感觉，让人觉得可笑。
3. 她的歌喉并不好，却喜欢模仿明星唱歌，真是东施效颦。
4. 只有缺乏自信的人，才会去盲目地学习别人，我们可不能学这种东施效颦的行为。

典故

西施是中国历史上的四大美女之一，是春秋时期越国人，她的一举一动都十分吸引人，只可惜她的身体不好，有心痛的毛病。胸口疼痛，所以她常常用手捂住胸口，皱着眉头。虽然她的样子非常难受，但是见到她的人却都在称赞，说她这样比平时更美丽。同村有位名叫东施的女孩，她长得并不好看，看到村里的人都夸赞西施用手捂住胸口的样子很美丽，于是也学着西施的样子捂住胸口，皱着眉头，在人们面前慢慢地走过，以为这样就会有人称赞她。她本来就长得丑，再加上刻意地模仿西施的动作，装腔作势，让人更加厌恶。有些人看到她后，赶紧关上大门；有些人看到她后，躲得远远的。人们比以前更加瞧不起东施了。

——《庄子·天运》

练一练

1.“东施效颦”的主人公是（　　）。

A. 东施　　B. 南施　　C. 西施　　D. 北施

2.“东施效颦”中“效”的意思是（　　）。

A. 效果　　B. 效率　　C. 仿效

3. 用成语“东施效颦”改写下面的句子。

(1)每个人自有特质，不必胡乱模仿。

改写：________________。

(2)不要盲目模仿别人，否则不但没有进步，还会失去自我。

改写：________________。

4. 讨论：你怎么评价东施的行为。

断断续续 duàn duàn xù xù

学一学

【语义解释】 不连续的，没有条理的、不连贯的。

【语法解释】 1. 语法功能：在句子中作谓语、定语、状语；2. 语法结构：联合式。

【感情色彩】 含褒义。

【语用解释】 指不连贯，可以用来形容说话时，或者一件事情发展或进行得不流畅。

【近义成语】 时断时续。

【反义成语】 连续不断。

情景例句

(小张想继续学习英语)

英语老师：你学英语多长时间了？

小张：我利用工作之余断断续续学了四年。

用一用

1. 她从外面又急又慌地跑进来，说话断断续续。

2. 这个大楼的信号不好，打电话时，声音断断续续。

3. 近五六年来我一直断断续续地写这本书，现在终于写完了。

练一练

1. 成语“断断续续”的意思是(　　)。

A. 持续地做一件事情

B. 时而中断，时而继续

C. 做事情时中途被打断

2. “断断续续”的反义成语是(　　)。

A. 时断时续　　B. 连续不断　　C. 绵绵不断

3. 用成语“断断续续”改写下面的句子。

(1)她并不是每天跑步，有时候跑，有时候不跑，这样持续了一年。

改写：____。

(2)这场雨一会停，一会儿下，下了三天。

改写：____。

(3)因为他刚开始学钢琴，手指不灵活，所以弹一会儿，停一会儿。

改写：____。

对症下药 duì zhèng xià yào

学一学

【语义解释】 症：病症；下药：用药。医生针对病人的病症特点用药。

【语法解释】 1. 语法功能：在句子中作定语、谓语、状语；2. 语法结构：偏正式。

【感情色彩】 含褒义。

【语用解释】 比喻找到问题原因，才能采取有效的办法去解决。搭配：对症下药地治疗。

【近义成语】 有的放矢。

【反义成语】 生搬硬套。

情景例句

(一个男生请朋友帮他想办法)

男生：我怎么才能追到我喜欢的女孩呢？

朋友：我认为要想追到一个女孩，必须要知道她喜欢什么，这样才能对症下药！

用一用

1. 看病得先接受全面检查，否则医生如何对症下药？
2. 问题出在哪儿，现在还不能下结论，得仔细了解症状，才好对症下药。
3. 遇到困难，只要找准原因，对症下药，就一定可以将它解决。

练一练

1. 成语“对症下药”中“症”的意思是(　　)。

A. 病症　　　　B. 生病　　　　C. 疾病

2. 请用成语“对症下药”改写下面的句子。

(1)心理医生必须找到生病的原因，才能为病人提供有针对性的治疗。

改写：____。

(2)他拆开电脑，找到坏的地方，一下子就修好了。

改写：____。

(3)要想解决问题，一定要找到原因，才能处理好。

改写：____。

3.讨论：找出汉语课堂上存在的问题，对症下药，给出你的建议。

发愤图强 fā fèn tú qiáng

学一学

【语义解释】 发愤：决心努力；图：谋求。下定决心，努力谋求强盛或进步。

【语法解释】 1.语法功能：作定语、谓语；2.语法结构：连动式。

【感情色彩】 含褒义。

【语用解释】 常用来指人下定决心，追求进步。搭配：发愤图强的学生；为……发愤图强。

【近义成语】 奋发图强。

【反义成语】 无所作为。

情景例句

（考试以后，两个同学拿着成绩单）

同学：我考得太差了，下次再考得不好，我可能失去奖学金。

朋友：那你该发愤图强了。

用一用

1.为了让家人得到安全感，他艰苦创业，发愤图强。

2.奥地利心理学家阿德勒认为，自卑感是一种动力，一个人如果感到自卑，就会发愤图强，取得成功。

3.时光如流水一般，匆匆而过，有的人无所作为，有的人发愤图强。

练一练

1.“发愤图强”中“发愤”的意思是____。

2.“发愤图强”的近义成语是（　　）。

A.得过且过　　B.自暴自弃　　C.励精图治

3.用成语“发愤图强”改写下面的句子。

(1)我们要学习科学家刻苦钻研的精神，下决心努力学习。

改写：____。

(2)失败不一定是坏事，失败会让人更加努力，追求进步。

改写：____。

发人深省 fā rén shēn xǐng

学一学

【语义解释】 发:启发;省:醒悟,明白。启发人深刻思考,让人清楚、明白。

【语法解释】 1.语法功能:在句子中作定语、谓语;2.语法结构:兼语式。

【感情色彩】 含褒义。

【语用解释】 用于讲话或文章,引发人的思考。搭配:发人深省的问题;这本书发人深省。

【近义成语】 发人深思。

【反义成语】 执迷不悟。

情景例句

(两个朋友聊看书的爱好)

A:你喜欢看什么书?

B:我喜欢看历史方面的书,因为历史总是发人深省。

用一用

1.这个发人深省的故事清楚地告诉我们,父母的一言一行都会对孩子产生影响。

2.梅森认为,她在耶鲁大学管理学院度过的时光激励人心并且发人深省。

3.这本书向人们提出一个发人深省的问题:人应该追求什么?

练一练

1.“发人深省”中“发”的意思是(　　)。

A.发现　　B.启发　　C.发展

2.用成语“发人深省”改写下面的句子。

(1)大家准备得很充分,可为什么最后失败了,这个结果值得每个人好好思考。

改写:____。

(2)这部电影让我们看到了生活中的问题,让人想到很多。

改写:____。

3.下面句子正确的排列顺序是(　　)。

A.王老师讲课善于引导

B.让我们学着独立思考

C.我们都很喜欢她的课

D.经常提出一些发人深省的问题

发扬光大 fā yáng guāng dà

学一学

【语义解释】 发扬:发展,提倡;光大:辉煌而盛大。使优秀的事物、精神、传统等不断发展和提高,从而更加完善。

【语法解释】 1. 语法功能:在句子中作谓语、宾语;2. 语法结构:联合式。

【感情色彩】 含褒义。

【语用解释】 多用于讲话或演讲中,鼓励和提倡一种精神和作风,常用作口号语。搭配:把……精神发扬光大。

【近义成语】 踵事增华。

情景例句

(两个朋友聊起了一位医生)

A:听说李医生是位名医,是吗?

B:对,他的父亲以前是远近闻名的中医,他继承了父亲的职业,将父亲的医术发扬光大,成了名医。

用一用

1. 我们中华民族勤劳、勇敢、智慧,我们要把这些美德发扬光大。

2. 两国要办好青年交流活动,鼓励年青一代积极传承两国传统友谊,将其发扬光大。

3. 中国的茶文化历史悠久,我们要通过茶文化把中华文化发扬光大。

练一练

1.“发扬光大”中“发扬”的意思:________________________________。

2. 用成语“发扬光大”改写下面的句子。

(1)前面谈了那么多,一句话概括一下,就是我们要继续努力,尽快充实并发展自己。

改写:________________________________。

(2)东方的哲学将会在世界舞台上熠熠生辉。

改写:________________________________。

3. 下面句子正确的排列顺序是(　　)。

A. 因为这个名字,“中国功夫”得以发扬光大,闻名于全世界

B. 一提起中国功夫,很多人都想到一个名字,那就是——李小龙(Bluce Lee)

C. 也是因为这个名字,外文字典和词典里出现了一个新词:“功夫(Kungfu)”

翻天覆地 fān tiān fù dì

学一学

【语义解释】 覆：翻过来。形容变化巨大而彻底，也形容事情闹得很凶，很厉害。

【语法解释】 1. 语法功能：在句子中作定语、宾语；2. 语法结构：联合式。

【感情色彩】 含褒义。

【语用解释】 指情况或事情的变化很大、很彻底，一般指社会的变化。

【近义成语】 沧海桑田。

【反义成语】 一成不变。

情景例句

（两个朋友聊网络对人们生活的影响）

A：网络时代发展得太快了！

B：是呀，网络给人们的生活方式带来了翻天覆地的变化。

用一用

1. 改革开放给中国带来了翻天覆地的变化。

2. 或许我们不能做出惊天动地的壮举，也不能使自己的生活发生翻天覆地的变化，但我们能通过自己的方式，做最好的我们。

3. 孩子在青春期，生理和心理都会发生翻天覆地的变化。

练一练

1. 与“翻天覆地”意义相反的成语是（　　）。

A. 一成不变　　B. 翻江倒海　　C. 改天换地

2. 下面句子正确的排列顺序是（　　）。

A. 老百姓日常生活发生了翻天覆地的变化

B. 进入 20 世纪 90 年代

C. 随着商品经济的发展

3. 用成语“翻天覆地”改写下面的句子。

(1)今天，人们的生活发生了极大的变化。

改写：____。

(2)妈妈半天不在家，双胞胎弟弟在家里吵得非常厉害。

改写：____。

翻来覆去 fān lái fù qù

学一学

【语义解释】 形容一次又一次。也形容来回翻动身体。

【语法解释】 1.语法功能：在句子中作谓语、状语；2.语法结构：联合式。

【感情色彩】 中性义。

【语用解释】 指人的动作、语言或想法多次反复。搭配：翻来覆去地想；翻来覆去地睡不着。

【近义成语】 辗转反侧。

【反义成语】 稳如泰山。

情景例句

（妈妈想了解一下儿子的想法）

妈妈：你怎么不愿意和妈妈沟通呢？

儿子：你每天翻来覆去都说一样的话，我都听烦了。

用一用

1.高考前一晚，他在床上翻来覆去，很久不能入睡。

2.老师翻来覆去讲了好几遍，他还是没有听懂。

3.他拿着地图，翻来覆去也没找到那个地方。

4.他把白天发生的事翻来覆去地想了一夜。

练一练

1.“翻来覆去”中“覆”的意思是＿＿＿＿＿＿＿＿＿＿＿＿＿＿＿＿＿＿＿＿。

2.“翻来覆去”的近义成语是（　　）。

A.辗转反侧　　B.颠来倒去　　C.屡教不止

3.以下哪下情况不能用“翻来覆去”？（　　）

A.经常看望朋友

B.把一句重要的话说很多遍

C.把一个好玩的视频看很启遍

D.反复看一本特别喜欢的书

4.用成语“翻来覆去”改写下面的句子。

(1)他把白天发生的事情来回想了不下十遍。

改写：＿＿＿＿＿＿＿＿＿＿＿＿＿＿＿＿＿＿＿＿＿＿＿＿。

(2)每次遇到难一点的语法，老师总是很耐心地给我讲好几遍，直到我们都听懂为止。

改写：____。

(3)为了减少感染病毒，他洗手的时候洗很多遍。

改写：____。

方兴未艾 fāng xīng wèi ài

学一学

【语义解释】 方：正在；兴：起始，兴起；艾：停止，完结。意为事物正在发展，尚未达到止境。

【语法解释】 1.语法功能：在句子中作谓语、定语；2.语法结构：联合式。

【感情色彩】 含褒义。

【语用解释】 指事物发展得正好，没有停止或结束，形容新生事物正在蓬勃发展。

【近义成语】 方兴未已。

【反义成语】 大势已去。

情景例句

（两位年轻的朋友在聊网络小视频）

A：拍摄小视频是近来网络上方兴未艾的现象，你拍小视频吗？

B：对，我见到过很多做小视频的网站，不过我只看不拍。

用一用

1.随着经济的快速发展，广告业方兴未艾，人们利用各种形式、各种媒介做广告，广告真是无处不在。

2.绿色食品是一项新兴事业，近年来国内外绿色食品事业方兴未艾。

3.随着全民健康运动的开展，马拉松比赛在各地方兴未艾，吸引了很多人参加。

练一练

1.“方兴未艾”中“艾”的意思是____。

2.“方兴未艾”的近义成语是(　　)。

A.江河日下　　B.日暮途穷　　C.蒸蒸日上

3.下面句子正确的排列顺序是(　　)。

A.云逛街、云导购、云定制等各类“云经济”方兴未艾

B.随着网络信息技术的发展

C.满足了人们的消费新需求

4.讨论：现代社会有哪些“方兴未艾”的事情？

废寝忘食 fèi qǐn wàng shí

学一学

【语义解释】 废:停止;寝:休息;忘:忘记;食:吃饭。意为顾不得睡觉,忘记了吃饭,形容十分刻苦并专心致志。

【语法解释】 1.成语词性:在句子中作谓语、定语、状语;2.语法结构:联合式。

【感情色彩】 含褒义。

【语用解释】 形容人学习工作或做一件事专心、刻苦、努力的状态。搭配:为……废寝忘食。

【近义成语】 兢兢业业,夜以继日。

【反义成语】 无所事事。

情景例句

(爷爷生病了,妈妈问女儿情况)

妈妈:谁在医院照顾爷爷呢?

女儿:是我爸,他最近废寝忘食地守在爷爷身边照顾他呢。

用一用

1.高考前姐姐废寝忘食地复习,终于以优异的成绩考上了名牌大学。

2.我有一个球迷爸爸,他为了看球赛,都到了废寝忘食的地步。

3.他为了早日完成学位论文,真是废寝忘食。

4.为了准备比赛,他每天废寝忘食地训练。

练一练

1.“废寝忘食”中“寝”和“食”的意思是(　　)。

A.卧室 食物　　　　B.睡觉 食物

C.卧室 吃饭　　　　D.睡觉 吃饭

2.用成语“废寝忘食”改写下面的句子。

(1)科学家们做实验,常常顾不上睡觉吃饭。

改写:＿＿＿＿＿＿＿＿＿＿＿＿＿＿＿＿＿＿＿＿＿＿＿＿。

(2)中国古代伟大的思想家孔子,因为每天专心致志地学习,后来才取得了如此大的成就。

改写:＿＿＿＿＿＿＿＿＿＿＿＿＿＿＿＿＿＿＿＿＿＿＿＿。

3.讨论:你曾经为了哪些“废寝忘食”的事情?

奋不顾身 fèn bù gù shēn

学一学

【语义解释】 奋:振奋精神,鼓起干劲。奋勇向前,不考虑个人安危。

【语法解释】 1.语法功能:在句子中作谓语、定语、状语;2.语法结构:偏正式。

【感情色彩】 含褒义。

【语用解释】 指人不顾危险、勇往直前,是一种勇敢的精神。搭配:奋不顾身地救人。

【近义成语】 舍生忘死。

【反义成语】 贪生怕死。

情景例句

(女友想知道男友爱不爱自己)

女友:如果遇到危险,你会救我吗?

男友:我爱你胜过自己,不管发生什么危险,我一定会奋不顾身地保护你。

用一用

1.面对熊熊大火,消防队员个个奋不顾身地上前灭火。

2.人一生之中至少要有两次冲动,一次为奋不顾身的爱情,一次为说走就走的旅行。

3.看到掉到河里的小女孩,他奋不顾身地跳入河中,救起了落水的小女孩。

练一练

1.“奋不顾身”中“奋”的意思是________________________________。

2.“奋不顾身”的近义成语是(　　)。

A.贪生怕死　　B.舍生忘死　　C.畏缩不前

3.下面哪种情况符合“奋不顾身”的意思?(　　)

A.抢别人的东西　　B.母亲保护孩子　　C.辛苦上班

4.讨论:请列举你听到过的“奋不顾身”的故事。

丰衣足食 fēng yī zú shí

学一学

【语义解释】 丰:丰富;足:够。穿的和吃的都丰富、充足。

【语法解释】 1.语法功能:在句子中作谓语、定语;2.语法结构:联合式。

【感情色彩】 含褒义。

【语用解释】 指在生活上衣服、食物都很富足，形容人的生活富裕。常用搭配：丰衣足食的生活。

【近义成语】 锦衣玉食。

【反义成语】 饥寒交迫。

情景例句

（姐妹俩人回家发现妈妈不在家，家里也没有饭吃）

妹妹：妈妈还不回来做饭，我都快饿死了。

姐姐：咱们还是自己动手，丰衣足食吧。

用一用

1. 现在孩子们从小过着丰衣足食的生活，根本不知道什么是贫穷。
2. 他从小过着丰衣足食的生活，根本不知道珍惜目前的生活。
3. 现代人的物质生活可以说是丰衣足食，不过精神生活却显得相对贫乏。

练一练

1.“丰衣足食”的反义成语是（　　）。

A. 饱食暖衣　　B. 家给人足　　C. 饥寒交迫

2. 下面句子正确的排列顺序是（　　）。

A. 在生活艰难的年代，面对村里的物资紧缺

B. 他们垦荒种地、纺纱织布

C. 不到两年时间就做到了丰衣足食

D. 自力更生，自给自足

3. 讨论：你认为每个国家“丰衣足食”的标准一样吗？请列举你所知道的三种。

风言风语 fēng yán fēng yǔ

学一学

【语义解释】 毫无根据的议论，带有讽刺性或恶意中伤的言论。也指私下议论或暗中透露、散布某种说法。

【语法解释】 1. 语法功能：在句子中作主语、宾语、状语；2. 语法结构：联合式。

【感情色彩】 含贬义。

【语用解释】 指没有根据的传言、谣言，不可相信。

【近义成语】 流言蜚语。

【反义成语】 义正言辞。

情景例句

（小王听说朋友要辞职，去另一家公司，他问朋友）

小王：不知哪来的风言风语，我听说你要跳槽，是真的吗？

朋友：没有的事儿，我干得好好的，怎么会跳槽呢？

用一用

1. 面对周围人的风言风语，她完全不理会，依旧我行我素。
2. 总有一些人喜欢把没根据的风言风语在网上散播。
3. 别理他的风言风语，自正不怕影子斜，只要做好自己就可以了。

练一练

1. “风言风语”中“风”的意思是________________。

2. 请用成语“风言风语”改写下面的句子。

对于一些没有根据的话，他总是漠然置之，毫不理会。

改写：________________。

3. 请用成语“风言风语”完成下面的句子。

(1)事情都已经解决了，请不要再纠结外界对这件事的那些________________。

(2)她这一身打扮和行为举止，引起________________。

4. 讨论：面对生活或工作中的风言风语，你会如何处理？

风土人情 fēng tú rén qíng

学一学

【语义解释】 风土：山川风俗、气候等的总称；人情：人的性情、习惯。

【语法解释】 1. 语法功能：作宾语；2. 语法结构：联合式。

【感情色彩】 中性义。

【语用解释】 指地方习俗，也就是一个地方特有的自然环境和风俗、礼节、习惯的总称。搭配：领略风土人情；体验风土人情；感受风土人情。

【近义成语】 风俗人情。

情景例句

（两位同事聊工作中的出差）

A：你为什么喜欢出差？

B：我觉得出差可以到很多地方去，可以看到不同的风景，感受各地的风土人情。

用一用

1. 我想到西安去，感受一下西安的人文历史和风土人情。

2. 各地的风景名胜、文物古迹、风土人情、自然环境、气候特点、风俗习惯，都可以激发孩子的学习兴趣。

3. 每到一地，总要找介绍当地的资料阅读，了解当地的历史文化和风土人情。

练一练

1. 以下哪个是“风土人情”的近义成语？（　　）

A. 风平浪静　　B. 风言风语　　C. 风和日丽　　D. 风俗人情

2. 请用成语“风土人情”完成下面的句子。

(1)旅行不光能让人欣赏到美丽的风景，也能____________________。

(1)他是土生土长的本地人，所以____________________。

3. 讨论：你的家乡有哪些风土人情？

改邪归正 gǎi xié guī zhèng

学一学

【语义解释】 邪：不正当、不正派；归：回到。从邪路上回到正路上来，不再做坏事。

【语法解释】 1. 语法功能：作谓语、宾语；2. 语法结构：连动式。

【感情色彩】 含褒义。

【语用解释】 指从头开始，重新做人。常用于改正错误或下决心。

【近义成语】 洗心革面。

【反义成语】 死不悔改。

情景例句

（丈夫喜欢赌博，他想改掉这个毛病，告诉妻子）

丈夫：我不赌博了，这次我一定改邪归正，给我最后一次机会吧。

妻子：我再也不相信你了。

用一用

1. 她以前是个小偷，通过警察的教育，现在已改邪归正了。

2. 对于曾经犯过错的人，我们应该鼓励他，帮助他洗心革面，改邪归正。

3. 虽然他从前做了不少坏事，但如今已经改邪归正了。

4. 一个坏人如果能改邪归正，我们应该给他改过自新的机会。

练一练

1.“改邪归正”中“邪”和“正”的意思分别是________________、________________。

2. 以下哪个不是“改邪归正”的近义成语？(　　)

A. 去邪归正　　B. 洗心革面　　C. 改过自新　　D. 邪不压正

3. 请用成语“改邪归正”完成下面的句子。

(1)虽然他从前做了不少坏事，________________________________。

(2)我以前不懂道理，做错了很多错事，以后________________________。

格格不入 gé gé bù rù

学一学

【语义解释】 格格：阻碍，隔阂；入：融合，融洽。形容彼此不协调，不相容。

【语法解释】 1. 语法功能：作谓语、宾语、定语；2. 语法结构：偏正式。

【感情色彩】 中性义。

【语用解释】 常用于形容人的思想感情、观点等有差异，彼此不同。常用句式：A 和 B 格格不入。

【近义成语】 针锋相对，水火不容。

【反义成语】 融为一体。

情景例句

(两位朋友聊在西安的生活)

A：五年前，刚来到西安的时候，我总觉得和这里的生活格格不入。

B：那现在呢？

A：现在习惯了这里的生活，终于觉得自己是个“西安人”了。

用一用

1. 这次会议上，他的观点与会议主题格格不入。

2. 他和她约会了几次，总觉得两人的兴趣、爱好格格不入，都不喜欢。

3. 她穿着牛仔裤参加这么重要的晚会，真是显得格格不入。

练一练

1.“格格不入”中“格格”的意思是(　　)。

A. 特别　　B. 格式　　C. 隔阂

2. 以下哪个不是“格格不入”的近义成语？(　　)

A. 水火不容　　B. 针锋相对　　C. 一拍即合　　D. 格不相入

3. 以下可以使用"格格不入"的情况是(　　)。

A. 团聚和春节　　B. 猫和老鼠　　C. 面包和黄油　　D. 音乐和舞蹈

4. 请用成语"格格不入"改写下面的句子。

(1)他忧郁的情绪和热闹的晚会一点儿都不协调。

改写:________________。

(2)这个现代雕塑和那个古建筑真是完全不搭配呀!

改写:________________。

(3)他的音乐风格和其他人不一样,很特别。

改写:________________。

5. 讨论:你怎么看待"格格不入"的人或事?

各行各业 gè háng gè yè

学一学

【语义解释】 泛指所有的人所从事的各种行业。

【语法解释】 1. 语法功能:作谓语、宾语、定语;2. 语法结构:偏正式。

【感情色彩】 中性义。

【语用解释】 一般指人们从事的各种行业。

情景例句

(两位女生在聊男女平等的话题)

A:现在提倡男女平等,女性的社会地位提高了很多。

B:是啊,女性在各行各业都展示了自己的优秀能力。

用一用

1. 改革开放以来,各行各业都呈现了繁荣发展的气象。
2. 当代社会,科技发展迅速,各行各业都要与时俱进,否则就会被淘汰。
3. 同学们毕业后,在自己的岗位上认真努力,成了各行各业的专家。
4. 中国的各行各业都需要关注环境保护的问题。

练一练

1. 成语"各行各业"的意思是________________。

2. 请用成语"各行各业"改写下面的句子。

(1)三百六十行,行行出状元。

改写:________________。

(2)每个行业都有每个行业的规定。

改写：____。

3. 除了“各行各业”，请你再写出两个 ABAC 式的成语。

________、________。

各行其是 gè xíng qí shì

学一学

【语义解释】 行：做，办；是：对的；其是：他自己以为对的。按照各自认为对的去做。

【语法解释】 1. 语法功能：作谓语、宾语；2. 语法结构：主谓式。

【感情色彩】 含贬义。

【语用解释】 常用于大家按自己的想法去做事，不团结。多用于否定句。搭配：不要各行其是；反对各行其是。

【近义成语】 各自为政。

【反义成语】 同心协力。

情景例句

（在公司的会议上）

经理：我们是一个集体，所以我们反对各行其是，大家要互相帮助。

员工：我们会一起努力的。

用一用

1. 这个公司管理混乱，人人各行其是，根本不团结。
2. 现代都市，每个人都忙忙碌碌、各行其是，都在努力追寻自己梦想。
3. 大家吃饱喝足了以后，都回到自己的工作岗位上各行其是了。
4. 飞机上，人们都各行其是，互不打扰。

练一练

1. 请选择正确的汉字，完成成语“各行其（　　）”。

A. 事　　B. 是　　C. 世　　D. 式

2. “各行其是”中“是”的意思是________________________________。

3. 以下哪个不是“各行其是”的近义成语？（　　）

A. 各执一词　　B. 各自为政　　C. 自行其是　　D. 同心协力

4. 请用成语“各行其是”完成下面的句子。

（1）要管理好一家公司，________________________________。

（2）这家企业的管理制度很乱，________________________________。

（3）每个周末，家里人都很放松，________________________________。

各式各样 gè shì gè yàng

学一学

【语义解释】 指许多不同的样式、种类或方式。

【语法解释】 1.语法功能:在句子中作定语;2.语法结构:联合式。

【感情色彩】 含褒义。

【语用解释】 指种类特别多,一般用于物品。搭配:各式各样的商品。

【近义成语】 各种各样。

情景例句

(顾客和营业员)

营业员:您好!我们柜台里有各式各样的珠宝,您想选什么样的呢?

顾客:我来帮我太太选一款,你帮我推荐几款。

用一用

1.在那家商店可以买到各式各样的礼物。

2.人生就像一盒各式各样的巧克力,你永远不知道下一块将会是什么口味。

3.男孩喜欢各式各样的汽车玩具,就像女孩喜欢各式各样的公主玩具一样。

4.海滩上,人们穿着各式各样的泳衣。

练一练

1.以下哪个不是"各式各样"的近义成语?(　　)

A.各种各样　　B.许许多多　　C.形形色色　　D.一式一样

2.请用成语"各式各样"改写下面的句子。

(1)商场柜台上,摆满了很多商品。

改写:________________________________。

(2)正月十五的灯会上有很多花灯,五颜六色,特别漂亮。

改写:________________________________。

各抒己见 gè shū jǐ jiàn

学一学

【语义解释】 抒:抒发,发表。各人充分发表自己的意见。

【语法解释】 1.语法功能:作谓语;2.语法结构:动宾式。
【感情色彩】 含褒义。
【语用解释】 指每个人都充分发表自己的意见,常用在开会或商量的时候。
【近义成语】 各持己见。
【反义成语】 众口一词。

情景例句

(开会的时候)
经理:我们今天讨论一下这个问题,大家都要各抒己见,说说自己的想法。
员工:那我们就开始了。

用一用

1.讨论会上,大家各抒己见,气氛热烈。
2.对这场比赛,同学们有什么看法?请各抒己见。
3.我要鼓励同学们在课堂上大胆发言,让他们各抒己见。
4.老师让学生们对此发表自己的看法,学生们各抒己见。

练一练

1.请选择正确的汉字,完成成语“各抒(　　)见”。
A.已　　B.巳　　C.己　　D.巴
2.“各抒己见”中“抒”的意思是____________________。
3.以下哪个不是“各抒己见”的近义成语?(　　)
A.众说纷纭　　B.各书所见　　C.百家争鸣　　D.随声附和
4.请用成语“各抒己见”改写下面的句子。
(1)讨论会上,大家发表自己的意见,争论不休。
改写:____________________。
(2)欢迎同学们发表言论,谈谈各自的看法。
改写:____________________。
(3)对于一些问题,应该让大家发表自己的意见和见解。
改写:____________________。

根深蒂固 gēn shēn dì gù

学一学

【语义解释】 蒂:花或瓜果的柄,与枝茎连接;固:结实,坚固,稳固。植物的根深深地扎在地下,花朵或瓜果牢牢地长在枝茎上,比喻基础深厚,很难动摇或改变。

【语法解释】 1.语法功能:在句子中作谓语;2.语法结构:联合式。

【感情色彩】 中性义。

【语用解释】 多用来说旧势力、旧思想、旧制度在人的头脑中不容易改变,有时也指好的思想感情不能改变。搭配:根深蒂固的思想;根深蒂固的观念;根深蒂固的思维方式。

【近义成语】 坚不可摧。

【反义成语】 摇摇欲坠。

情景例句

(两个年轻妈妈在聊天)

A:我生了女孩,不是男孩,所以孩子的奶奶不太高兴。

B:奶奶也太重男轻女了。

A:是啊,她重男轻女的思想根深蒂固。

用一用

1. 中国的历史太悠久了,人们的封建观念根深蒂固。
2. 传统习俗根深蒂固,依然占据着人们的头脑。
3. 许多人对于蛇有一种根深蒂固的恐惧。
4. 我劝他在坏习惯变得根深蒂固之前把它改掉。

练一练

1. 请选择正确的汉字,完成成语"根深(　　)固"。

A. 地　　B. 低　　C. 第　　D. 蒂

2. "根深蒂固"中"蒂"的意思是____________________。

3. 请用成语"根深蒂固"改写下面的句子。

(1)他的坏习惯很难改变。

改写:____________________。

(2)某些老观念不能轻易根除。

改写:____________________。

4. 讨论:对于某些根深蒂固的传统观念,你怎样看?你的国家有哪些根深蒂固的传统思想?

供不应求 gōng bù yìng qiú

学一学

【语义解释】 供:供给,供应;求:需求,需要。供应不能满足需求。

【语法解释】 1.语法功能:作谓语;2.语法结构:主谓式。

【感情色彩】 含褒义。

【语用解释】 常用来说“人才”或“商品”，是市场经济现象的常用语。

【近义成语】 粥少僧多。

【反义成语】 供过于求。

情景例句

（两个朋友在聊房价）

A：最近的房价又涨了。

B：是啊，听说房子供不应求，所以涨了。

用一用

1. 目前这种商品在市场上供不应求，需要调整计划，增加生产。
2. 清华大学的毕业生近年来一直供不应求。
3. 目前这个城市的商品房正出现供不应求的市场形势。

练一练

1. 对成语“供不应求”的正确解释是（　　）。

A. 供应的量大于需求的量　　B. 供应能满足需求

C. 供应的量与需求的量平衡　　D. 供应不能满足需求

2. 请用成语“供不应求”完成下面的句子。

（1）他们厂的产品远销国外，________________________________。

（2）目前这种商品________________________________，需要增加生产。

3. 讨论：一种产品供不应求的原因有哪些？

顾全大局 gù quán dà jú

学一学

【语义解释】 顾全：顾及，使不受损害；大局：全盘，整体。指从整体的利益着想，使整体的利益不受损害。

【语法解释】 1. 语法功能：作分句；2. 语法结构：偏正式。

【感情色彩】 含褒义。

【语用解释】 指做事考虑集体或国家利益。书面语，用在评价或要求人时。搭配：为了顾全大局。

【近义成语】 各行其是，各自为政。

【反义成语】 不识大体。

情景例句

（两个球迷朋友在聊足球。）

小张：我不喜欢那个球员。

小王：为什么？

小张：我觉得他踢球只顾自己，不会顾全大局。

用一用

1. 做事情要顾全大局，不要只考虑自己的利益得失。
2. 为了顾全大局，他放弃了自己的计划。
3. 那位司机突然觉得不舒服，为了顾全大局，他忍着疼，把车停到了安全的地方。
4. 当国家利益和民族利益受到危害时，大家都要顾全大局。

练一练

1. “顾全大局”中“顾”的意思是______________________________。

2. 请用成语“顾全大局”完成下面的句子。

(1)做事情不能只考虑自己，______________________________。

(2)只要工作需要，他从来不挑肥拣瘦，______________________________。

(3)公司最近很忙，为了顾全大局，______________________________。

3. 请选出以下不是“顾全大局”的情况（　　）。

A. 为了减少病毒传播，尽量呆在家里不出门

B. 为了自己的利益，不考虑公司的需要

C. 在单位需要的时候，放弃自己休息时间

4. 讨论：你认为顾全大局是一种怎样的做事态度？你做事情会顾全大局吗？请举例说明。

归根到底 guī gēn dào dǐ

学一学

【语义解释】 归结到根本上。

【语法解释】 1. 语法功能：在句子中作状语、分句；2. 语法结构：动宾式。

【感情色彩】 含褒义。

【语用解释】 一般用在劝说或解释原因的时候。搭配：归根到底是因为……

【近义成语】 归根结底。

【反义成语】 弃本逐末，舍本逐末。

情景例句

（父母和儿子在沟通）

儿子：爸、妈，你们能不能让我自己决定自己的事，别管太多了。

父母：儿子，我们这么做，归根结底都是为了你好呀！

用一用

1. 一切财富归根到底来源于人类的劳动。
2. 中美两国之间尽管存在分歧，但归根到底中美关系是往好的方向走的。
3. 企业之间的竞争，归根到底就是人才的竞争。
4. 孩子们，世界是你们的也是我们的，但归根到底是属于你们的。

练一练

1. 请选择正确的汉字，完成成语"归（　　）到底"。

A. 更　　B. 艮　　C. 跟　　D. 根

2. 以下哪个不是"归根到底"的近义成语？（　　）

A. 归根结底　　B. 归根结蒂　　C. 总而言之　　D. 斗争到底

3. 下列句子的正确顺序是（　　）。

A. 归根结底是你们的　　B. 世界是我们的　　C. 也是你们的　　D. 毛主席曾说过

4. 请用成语"归根到底"改写下面的句子。

（1）这件事到底是你的错。

改写：________________________________。

（2）他取得这样的好成绩，是他努力的结果。

改写：________________________________。

（3）不论怎样争吵，但最后还是要凭事实说话。

改写：________________________________。

邯郸学步 hán dān xué bù

学一学

【语义解释】 邯郸：战国时赵国的首都；学步：学习走路。比喻模仿人不到家，反把原来自己会的东西忘了。

【语法解释】 1. 语法功能：作谓语、宾语、分句；2. 语法结构：偏正式。

【感情色彩】 含贬义。

【语用解释】 比喻死学习，只模仿别人。用来劝告或提醒，否定句常用。搭配：千万不能邯郸学步。

【近义成语】 东施效颦。
【反义成语】 标新立异。

情景例句

（留学生阿力想学书法）
阿力：我觉得中国很多种书法字体都很漂亮，我都想学。
书法老师：你应该选择一种字体好好学习，不能邯郸学步，否则最后什么都写不好。

用一用

1. 别人的好方法是别人的，我们可以参考，如果邯郸学步，只能一事无成。
2. 我们做任何事情，都要有自己的主见，不要邯郸学步，否则绝不会成功！
3. 小米总爱邯郸学步，看到别人做什么自己就学什么，一会儿学小张，一会学小李，结果都没学好。

典故

相传在两千年前，燕国有一位少年，很不自信，他觉得自己走路的姿势太笨，听别人说邯郸人走路姿势很美。他就跑到遥远的邯郸学走路去了。一到邯郸，看到小孩走路，他觉得活泼，看见老人走路，他觉得稳重，看到妇女走路，他觉得多姿……就这样，他见一个，学一个。结果呢他什么走路姿势都没学会，连自己原先是如何走路的都忘记了，只好爬着回家去了。

——《庄子·秋水》

练一练

1. “邯郸学步”的意思是（　　）。
A. 要学习美的走路姿势　　B. 不要学习美的走路姿势
C. 不能机械地模仿别人　　D. 自己走路的姿势最美
2. 下面哪种情况属于“邯郸学步”（　　）。
A. 让孩子学大人说话、化妆、穿衣　　B. 小城市学大城市发展工业

C. 学习先进技术　　　　D. 向前辈学习经验

3. 请用成语“邯郸学步”完成下面的句子。

(1)我们应该主动向别人学习,但是________________。

(2)A:你们广告公司为什么不拍广告要拍小视频呢?

B:唉,公司想学别人的做法,________________。

(3)我们要有自信,能看到自己的优点,________________。

4. 讨论:请举出一些“邯郸学步”的例子。

合情合理 hé qíng hé lǐ

学一学

【语义解释】 合:符合。指符合情理。

【语法解释】 1. 语法功能:在句子中作谓语、状语、宾语;2. 语法结构:联合式。

【感情色彩】 含褒义。

【语用解释】 指符合人情和事理的情况。一般不能和副词“很”“非常”等连用,不常用于否定句中。搭配:合情合理的解释;合情合理的做法。

【近义成语】 入情入理。

【反义成语】 不合情理。

情景例句

(小张上班迟到了)

小张:对不起,老板,我迟到了。

老板:又迟到了,你最好给我一个合情合理的解释!

用一用

1. 衬衫的价格合情合理,因为它的质量极好。
2. 任何年龄阶段的爱情都是合情合理的。
3. 我觉得他这样做是合情合理的。
4. 客人的要求合情合理,我们要想办法满足。

练一练

1.“合情合理”的近义成语是(　　)。

A. 蛮不讲理　　B. 无法无天　　C. 毫无道理　　D. 入情入理

2. 以下不能视为“合情合理”的情况是(　　)。

A. 多劳多得　　B. 有错就改　　C. 无事生非　　D. 欠债还钱

3. 请判断以下句子的对错,错的请改正。

(1)这个东西质量很好,价钱合情合理不高。(　　)

改正:____。

(2)欠了别人的钱就应该还,这是合情合理的道理。(　　)

改正:____。

4.讨论:你能举出与“合情合理”相反的例子吗?

横七竖八 héng qī shù bā

学一学

【语义解释】 有的横,有的竖,杂乱无章。

【语法解释】 1.语法功能:作谓语、定语、状语;2.语法结构:联合式。

【感情色彩】 含贬义。

【语用解释】 形容把东西放得很乱,毫无规律,可用于物也可用于人。搭配:横七竖八地放着。

【近义成语】 杂乱无章。

【反义成语】 井井有条。

情景例句

(公园里,老张看到有几个年轻人躺在椅子上)

老张:你们横七竖八地躺在这儿,别人都没有地方坐了。

年轻人:不好意思,我们太累了。

用一用

1.地铁站、公交车站到处横七竖八地停放着很多自行车。

2.一场台风过后,大树被刮得横七竖八地倒在地上。

3.他们今天搬家,院子里横七竖八地堆放着各种家具。

4.几个朋友一起喝酒,地上全是横七竖八的酒瓶。

练一练

1.请选择下面的汉字,正确填写以下与“七、八”有关的成语。

糟、下、横、上、乱、竖

七____八____、____七____八、____七八____。

2.请选出“横七竖八”的反义成语(　　)。

A.乱七八糟　　B.井井有条　　C.七零八落　　D.杂乱无章

3.请用成语“横七竖八”完成下面的句子。

(1)这个停车场无人管理,____。

(2)他从来不整理衣服，____。

轰轰烈烈 hōng hōng liè liè

学一学

【语义解释】 轰轰：象声词，形容巨大的声响；烈烈：火焰旺盛的样子。形容事业的兴旺。也形容声势浩大、气势宏伟。

【语法解释】 1.语法功能：在句子中作宾语、定语、状语；2.语法结构：联合式。

【感情色彩】 含褒义。

【语用解释】 形容事情进行得声势浩大。一般可以搭配事业、爱情、活动等。搭配：轰轰烈烈的爱情；轰轰烈烈的事业。

【近义成语】 声势浩大。

【反义成语】 冷冷清清。

情景例句

（毕业前，老师问学生）

老师：毕业后你有什么打算？

学生：我想轰轰烈烈地开创自己的事业。

用一用

1.他认为，日子可以过得平平常常，但爱情却要轰轰烈烈。

2.生活没必要轰轰烈烈，平平淡淡就好。

3.有的人一生默默无闻，有的人一生轰轰烈烈，甚至能让大家永远记着他。

4.一场盛大的比赛轰轰烈烈地拉开了序幕。

练一练

1.请用成语“轰轰烈烈”搭配短语。

轰轰烈烈的爱情、________________、________________。

2.你还学过哪些AABB式的成语？请至少写出三个。

________________、________________、________________。

3.请用成语“轰轰烈烈”完成下面的句子。

(1)平平淡淡的生活当然很稳定，但是______________________________________。

(2)每年10月，西安就会举行一场隆重的国际城墙马拉松比赛。

改写：____。

后继有人 hòu jì yǒu rén

学一学

【语义解释】 继:继承。有后人继承前人的事业。

【语法解释】 1.语法功能:在句子中作谓语、宾语、定语;2.语法结构:主谓式。

【感情色彩】 含褒义。

【语用解释】 形容家族或事业有接班人。书面语。

【近义成语】 后来居上。

【反义成语】 后继无人。

情景例句

(在中医学院,老中医对学生们说)

老中医:为了让传统中医后继有人,我今年要多收几个学生。

学生:我们一定跟老师好好学习。

用一用

1.戏曲学校学生的表演十分精彩,看到中国传统戏剧后继有人,实在让人高兴。

2.中国乒乓球运动员这次夺得了七项冠军,再次显示出乒乓球运动人才辈出、后继有人的良好局面。

3.张先生的儿子年轻有为,张家的事业后继有人了。

练一练

1.“后继有人”中“继”的意思是______________________________。

2.根据“后继有人”写出它的反义成语:______________________________。

3.以下不能用“后继有人”来形容的情形是(　　)。

A.家里生了儿子　　B.师傅找了一个徒弟

C.公司换了一个CEO　　D.找了一个新朋友

4.请判断下面句子的对错,错的请改正。

(1)他帮我完成工作,我后继有人。(　　)

改正:______________________________。

(2)年轻人愿意学习传统艺术,传统艺术就能后继有人了。(　　)

改正:______________________________。

后顾之忧 hòu gù zhī yōu

学一学

【语义解释】 顾:回头看。来自后方的忧患。指在前进过程中,担心后方发生问题。
【语法解释】 1.语法功能:在句子中作宾语;2.语法结构:偏正式。
【感情色彩】 含褒义。
【语用解释】 常用在人有顾虑的时候。书面语。搭配:解决后顾之忧;有后顾之忧。
【近义成语】 后顾之虞,后顾之患,后顾之虑。
【反义成语】 无忧无虑。

情景例句

(销售员给顾客介绍照相机)
顾客:我担心以后如果出现问题怎么办?
销售员:您放心,我们的照相机保修三年,您不用有后顾之忧。

用一用

1.这个游乐场设施十分安全,让孩子在这里玩儿,父母没有任何后顾之忧。
2.为了解决家长的后顾之忧,学校提供了校车接送学生的服务。
3.他没有家人,所以就没有后顾之忧,可以经常到各地出差。
4.本公司为 iPad 设计的密码防盗锁能让你无论是上班还是逛街都没有后顾之忧。

练一练

1.“后顾之忧”中“顾”的意思是(　　)。
A.看见　　B.担心　　C.回头看
2.以下有“后顾之忧”的是(　　)。
A.担心不能通过考试
B.担心工作忙不能陪家人
C.担心事业可能失败
3.请用成语“后顾之忧”完成下面的句子。
(1)如果一个人有后顾之忧,______________________________。
(2)我们公司的保险业务特别全面,______________________________。
(3)学校要给孩子们提供安全、营养的午餐,______________________________。

胡说八道 hú shuō bā dào

学一学

【语义解释】 没有根据或没有道理地瞎说。

【语法解释】 1.语法功能:在句子中作谓语、宾语、定语;2.语法结构:联合式。

【感情色彩】 含贬义。

【语用解释】 指别人说话没有根据,没有道理,不是事实。常用在否定句中,批评时在口语中使用。

【近义成语】 信口开河。

【反义成语】 引经据典。

情景例句

(两个同事聊老王)

B:我最近怎么没见到老王呢?

A:小张说老王工作出错了,要被老板开除了。

B:你别听他胡说八道,不可能。

用一用

1.对于不知道的事,就不要胡说八道。

2.别胡说八道了,我在说正经话。

3.他说这家公司快要破产了,简直是胡说八道。

练一练

1.对成语“胡说八道”的正确解释是(　　)。

A.能说出八个方法　　B.能说会道

C.不符合实际地瞎说　　D.胡说八条道路

2.请用成语“胡说八道”改写下面的句子。

(1)请不要乱讲话,以免让别人笑话。

改写:________________。

(2)这件事大家都看到了,你不能乱讲话,颠倒黑白。

改写:________________。

胡思乱想 hú sī luàn xiǎng

学一学

【语义解释】 指没有根据、不切实际的瞎想。

【语法解释】 1. 语法功能：在句子中作谓语、宾语、定语；2. 语法结构：联合式。

【感情色彩】 含贬义。

【语用解释】 形容人毫无意义地乱想，常用在否定句和口语中，表示劝告。

【近义成语】 痴心妄想。

【反义成语】 引经据典。

情景例句

（小张找了份工作，不太满意，告诉朋友小王）

小张：这个工作很不错，就是离家人太远了，可是如果不去，又怕再没有这样的好机会。

小王：你别胡思乱想了，你和家人商量一下再决定吧。

用一用

1. 一旦开始工作就要只考虑工作，不要胡思乱想，这样做才能在工作上取得成绩。
2. 男友出国留学后，她每天胡思乱想，害怕他爱上别的女孩。
3. 深夜睡不着是一件很难受的事情，人总避免不了会胡思乱想。

练一练

1. 以下哪个是“胡思乱想”的近义成语？（　　）

A. 朝思暮想　　B. 冥思故想　　C. 异想天开　　D. 奇思妙想

2. 请用成语“胡思乱想”完成下面的句子。

(1) 他晚上睡不着，________________。

(2) 她失恋后，________________。

(3) 女儿很晚都没回家，电话也打不通，________________。

3. 讨论：你曾因为什么事情“胡思乱想”过？

胡言乱语 hú yán luàn yǔ

学一学

【语义解释】 指没有根据、不符实际的瞎说、乱说。

【语法解释】 1.语法功能：在句子中作主语、谓语、宾语；2.语法结构：联合式。

【感情色彩】 含贬义。

【语用解释】 一般是在无意识时说的话，比如喝醉或不清醒时，或者故意说空话，乱说话，口语词，常用在否定句中。搭配：别胡言乱语。

【近义成语】 胡说八道。

【反义成语】 有凭有据。

情景例句

（小张在网上发了一条视频，他看到评论以后很生气）

小张朋友：别生气，网上的人都是胡言乱语，他们不了解你。

小张：可是他们的胡言乱语伤害了我，我怎么能不生气呢！。

用一用

1.他一喝多了酒，就胡言乱语，胡说八道。

2.他在发烧时不停地胡言乱语。

3.有的人说话没有根据，满嘴胡言乱语，让人讨厌。

练一练

1.成语“胡言乱语”中包括哪两对近义词：__________和__________，__________和__________。

2.请用成语“胡言乱语”完成下面的句子。

(1)他在胡言乱语，______________________________。

(2)如果你不清楚情况，______________________________。

(3)她的儿子生病去逝后，她整日______________________________。

3.讨论：什么情况下人会胡言乱语？

画蛇添足 huà shé tiān zú

学一学

【语义解释】 画蛇时给蛇添上脚。比喻做了多余的事，非但无益，反而不合适。

【语法解释】 1.语法功能：在句子中作宾语；2.语法结构：紧缩式。

【感情色彩】 含贬义。

【语用解释】 比喻人做了多余而且不恰当的事，反而把事情弄糟了；也比喻虚构事实，无中生有。常用在否定句中。

【近义成语】 徒劳无功，多此一举。

【反义成语】 画龙点睛，恰到好处。

情景例句

（学生找老师想让老师修改他的文章）

学生：老师，请您帮我改一下这篇文章。

老师：你这篇文章写得很完美，不需要改了，再改就画蛇添足了。

用一用

1. 这事我建议你就别说了，你要说的话，搞不好会画蛇添足。

2. 这部电影的精华都在前半段，后面全是画蛇添足。

3. 对一个漂亮的女孩来说，化妆有些画蛇添足。

典故

古代楚国有个贵族，祭过祖宗以后，把一壶酒赏给来帮忙的门客。门客们互相商量说："这壶酒大家都喝的话不够，一个人喝又多余。咱们在地上比赛画蛇，谁先画好，谁就喝这壶酒。"有一个人最先把蛇画好了。他端起酒壶正要喝，却得意洋洋地左手拿着酒壶，右手继续画蛇，说："我还能够再给它添上几只脚呢！"可是没等他把脚画完，另一个人已把蛇画成了。那人把壶抢过去，说："蛇本来是没有脚的，你怎么能给它添脚呢！"说完，便把壶中的酒喝了。

——《战国策·齐策》

练一练

1. 成语"画蛇添足"的意思是________________。

2. "画蛇添足"中"添"的意思是（　　）。

A. 多余　　B. 添加　　C. 去掉

3. 请用成语"画蛇添足"完成下面的句子。

(1)你说清楚就好了，________________。

(2)这个地方本来不需要英文标志牌，可是现在有，而且还是错的。

改写：____。

4.讨论：生活中还有哪些“画蛇添足”的情况？请举例。

恍然大悟 huǎng rán dà wù

学一学

【语义解释】 恍然：猛然清醒的样子；悟：理解、明白。形容人一下子明白过来。

【语法解释】 1.语法功能：在句子中作谓语、定语、状语；2.语法结构：偏正式。

【感情色彩】 含褒义。

【语用解释】 常用在人突然理解、明白的时候。书面语。搭配：终于恍然大悟。

【近义成语】 如梦初醒，茅塞顿开。

【反义成语】 大惑不解。

情景例句

（小王问同学明天为什么不上课）

小王：明天为什么没课呢？

同学：因为明天是国庆节，学校放假。

小王恍然大悟地说：噢，你不说我都忘了。

用一用

1.开始我并不赞成他的做法，但经过他解释之后，我才恍然大悟。

2.听了老师的解释，我们不禁恍然大悟。

3.死亡可以教会一切，当危险已经发生的时候，人们才恍然大悟，但为时已晚。

练一练

1.“恍然大悟”中“悟”的意思是（　　）。

A.明白　　B.感悟　　C.思考

2.以下可以使用“恍然大悟”的情境是（　　）。

A.看了很多遍以后　　B.经过朋友提醒以后

C.经历过以后　　D.想象中

3.请判断下面句子的对错，错的请改正。

(1)我恍然大悟了老师的意思。（　　）

改正：____。

(2)打开邮件，他才恍然大悟明白了。（　　）

改正：____。

祸不单行 huò bù dān xíng

学一学

【语义解释】 祸:灾难;行:发生。指不幸的事接二连三地发生。

【语法解释】 1.语法功能:在句子中作宾语、分句;2.语法结构:主谓式。

【感情色彩】 含贬义。

【语用解释】 指不幸的事不断发生,多于两件以上的事,常与“福无双至”连用。

【近义成语】 多灾多难。

【反义成语】 双喜临门。

情景例句

(小刘去医院看朋友)

小刘:听说你只得了感冒啊,怎么这么严重,都住院了!

朋友:先是得了感冒,后来又发现心脏有问题,真是祸不单行啊。

用一用

1.他妹妹发烧住院,他弟弟又让汽车撞伤了,真是祸不单行啊!

2.我刚被小偷偷了钱包,现在又被交警开了罚单,真是祸不单行啊!

3.那年冬天,祖母去世了,父亲的工作也没了,对我的家人来说,真是祸不单行。

练一练

1.“祸不单行”中“祸”的意思是(　　)。

A.车祸　　B.灾难　　C.坏处

2.“祸不单行”的反义成语是(　　)。

A.多灾多难　　B.喜事成双　　C.雪上加霜

3.以下哪种不是“祸不单行”的情况?(　　)

A.老李最近不但失业,又生了重病

B丢了钱包又找了回来

C.去医院看病时丢了钱

D.吃了不干净的东西病了

4.讨论:请举出“祸不单行”的例子。

急功近利 jí gōng jìn lì

学一学

【语义解释】 功:成功,成效,成就;近:眼前的。急于求成,贪图眼前的成效和利益。

【语法解释】 1.语法功能:在句子中作谓语、定语、分句;2.语法结构:联合式。

【感情色彩】 含贬义。

【语用解释】 看到利益就急切得想得到,常用来表达批评和否定。搭配:急功近利的思想;急功近利的做法。

【近义成语】 急于求成。

【反义成语】 深谋远虑。

情景例句

(两个朋友聊最近的电影)

A:最近的电影都特别无聊,太浪费电影票了。

B:这些商业电影都是急功近利的产物,不值得去电影院看。

用一用

1.搞学术研究需要刻苦钻研,长期努力,急功近利是不行的。

2.这件任务虽然很紧迫,然而我们不能急功近利,要保质保量地去完成它。

3.这场比赛失败的原因就是大家太急功近利了,造成了很多失误。

4.由于人类的自我中心意识和急功近利的心态越来越严重,人与自然的关系越来越恶化。

练一练

1.“急功近利”中表示“利益”的是________________,表示“接近”的是________________。

2.以下哪种不是“急功近利”的做法?(　　)

A.只和对自己有好处的人来往

B.为了赚钱,不管合不合法,什么生意都做

C.在工作和学习上很有耐心

D.想一口吃成个胖子

3.请用成语“急功近利”完成下面的句子。

(1)他是一个____________________,所以他就没有真正的朋友。

(2)如果在工作上急功近利,____________________。

(3)老师这份职业需要足够的耐心,____________________。

4. 讨论：你身边急功近利的事有哪些？举例说明。

急于求成 jí yú qiú chéng

学一学

【语义解释】 急：急切。急着要取得成功。

【语法解释】 1. 语法功能：在句子中作谓语、宾语、定语；2. 语法结构：偏正式。

【感情色彩】 含贬义。

【语用解释】 表现一种人追求成功的急切心情。常用于否定句中。搭配：不能急于求成。

【近义成语】 迫不及待。

【反义成语】 从容不迫。

情景例句

（小花试着减肥）

小花：我每天只吃一点儿水果，天天跑步，怎么还没瘦呢？

朋友：你可不能急于求成，多锻炼身体也能减肥。

用一用

1. 做学问需要有科学的方法和踏实的工作态度，急于求成是不行的。

2. 这一切都要靠大家一步一个脚印去实现，不能急于求成。

3. 我明白了一个道理：做事不能急于求成，要一步一步地努力，才能成功。

练一练

1.“急于求成”中“成”的意思是（　　）。

A. 成功　　B. 完成　　C. 成败

2. 和“急于求成”意义相反的成语是（　　）。

A. 从容不迫　　B. 迫不及待　　C. 拔苗助长

3. 用成语“急于求成”完成下面的句子。

（1）他选择了____________________，结果很快就失败了。

（2）年轻人想成功的心情可以理解，但是____________________。

（3）针对这种病毒的疫苗（Vaccine）研制不能着急，因为之前没有过类似的研究和病例可以借鉴。

改写：____。

（4）要想把牛肉做好吃，我的秘方是一定要慢慢炖很长时间。

改写：____。

鸡毛蒜皮 jī máo suàn pí

学一学

【语义解释】 比喻无关紧要的小事情和毫无价值的东西。

【语法解释】 1.语法功能:在句子中作主语、宾语;2.语法结构:联合式。

【感情色彩】 含贬义。

【语用解释】 指生活中不值得关注的小事,有不值得、不耐烦的意思。口语常用。搭配:鸡毛蒜皮的事。

【近义成语】 鸡零狗碎。

【反义成语】 荦荦大端。

情景例句

(公司要安排员工一起吃饭)

员工:老板,公司聚会订什么菜比较好,在哪儿吃?

老板:这些鸡毛蒜皮的事你自己决定吧。

用一用

1.那天晚上,他们为一些鸡毛蒜皮的小事吵了一架。

2.很多夫妻特别容易发脾气,他们常常为鸡毛蒜皮的事大吵大闹。

3.每次回家,母亲总是给我讲家里一些鸡毛蒜皮的事。

练一练

1.“鸡毛蒜皮”的意思是(　　)。

A.厨房垃圾多　　B.事情很多　　C.小事情

2.用成语“鸡毛蒜皮”完成下面的句子。

(1)现代人的生活很忙,除了单位的工作以外,____________________。

(2)夫妻生活在一起,难免____________________。

(3)我们经理只负责大事儿,____________________。

继往开来 jì wǎng kāi lái

学一学

【语义解释】 继:继承;往:过去;开:开辟;来:未来。继承前人的事业,开辟未来的道路。

【语法解释】 1.语法功能:作谓语、定语;2.语法结构:联合式。

【感情色彩】 含褒义。

【语用解释】 继承先辈们的事业,以此开辟未来的道路,是“过去”和“未来”的承接。一般用在总结性的讲话、文章、口号中。

【近义成语】 承上启下。

【反义成语】 空前绝后。

情景例句

(公司十周年庆祝大会上)

主持人:下面请总经理给大家讲话。

总经理:虽然我们取得了一些成绩,但我们仍要继往开来,不断努力进取,创造更大的辉煌。

用一用

1.优秀的科学家应该要有继往开来的信心,绝不能满足于现在的成绩而骄傲。

2.看了古代科学展览后,我更觉得我们这一代要更加努力,才能完成继往开来的任务。

3.总结过去的经验和成绩是一种进步,是继往开来的阶梯。

练一练

1.成语“继往开来”中“继”的意思是____________,它和“开”都是动词,“开”的意思是____________。

2.请选出“继往开来”的反义成语(　　)。

A.承上启下　　B.继古开今　　C.承前启后　　D.空前绝后

3.请用成语“继往开来”完成下面的句子。

(1)他这些年的坚持和努力没有白费,目前他取得了很多成就,____________。

(2)经过一年的努力,我们公司完成了各种任务,____________。

(3)新年到了,我下了决心,____________。

家喻户晓 jiā yù hù xiǎo

学一学

【语义解释】 喻:明白;晓:知道。家家户户都知道。

【语法解释】 1.语法功能:在句子中作谓语、定语、宾语;2.语法结构:联合式。

【感情色彩】 含褒义。

【语用解释】 强调各家各户都知道,形容消息广为流传,一般指积极的消息。搭配:家喻户晓的故事;家喻户晓的节日。

【近义成语】 众所周知。

【反义成语】 默默无闻。

情景例句

(中国学生小张和留学生安妮)

安妮:我想在网上买东西,你能推荐一个网站吗?

小张:当然是淘宝啦。淘宝网是中国家喻户晓的购物网站。

用一用

1.《丑小鸭》是安徒生(Hans Christian Andersen)的代表作之一,可以说是家喻户晓。

2. 贝多芬(Ludwig van Beethoven)是家喻户晓的大音乐家,在没有成名之前却没有人知道他。

3. 米老鼠(Mickey Mouse)是家喻户晓的动画形象。

练一练

1.“家喻户晓”中“喻”和“晓”是近义词,意思是(　　)。

A. 比喻、明白　　B. 比喻、知道　　C. 明白、知道

2.“家喻户晓”的近义成语是(　　)。

A. 人所共知　　B. 默默无闻　　C. 众所周知　　D. 路人皆知

3. 请用成语“家喻户晓”完成下面的句子。

(1)华为公司发展迅速,________________________________。

(2)孔子是________________________________。

(3)端午节也叫龙舟节,________________________________。

4. 讨论:请分享在你们国家“家喻户晓”的事情。

见多识广 jiàn duō shí guǎng

学一学

【语义解释】 识:知道。见过的多,知道的广。形容阅历深,经验多。

【语法解释】 1. 语法功能:在句子中作谓语、定语、宾语;2. 语法结构:联合式。

【感情色彩】 含褒义。

【语用解释】 指人的见识广、资历深、经验多,常用于口语。搭配:见多识广的人。

【近义成语】 博学多才。

【反义成语】 孤陋寡闻。

情景例句

（一个孩子总喜欢在家呆着，不喜欢出门）

孩子：这次旅行我不去了，太浪费时间和金钱了，我想多看看书。

爸爸：古人说读万卷书，行万里路，这样才能见多识广，你应该多出去走走看看。

用一用

1. 同学们给我的评价是学习成绩好，见多识广，乐于助人。
2. 我有许多兴趣爱好，特别喜欢读各种有益的书，觉得这样才能见多识广。
3. 爷爷见多识广，常常教给我很多生活常识，使我学会了很多。
4. 刘智同学见多识广，又善于用语言表达，是我们班的明星。

练一练

1.“见多识广”的反义成语是（　　）。

A. 博学多才　　B. 孤陋寡闻　　C. 博古通今

2. 以下哪种做法不能帮助人“见多识广”（　　）。

A. 看电视　　B. 看书　　C. 发呆　　D. 旅行

3. 请用成语“见多识广”改写下面的句子。

(1) 他喜欢旅行，去过很多地方，知道很多事情。

改写：____。

(2) 见得多，知道多的人一般不太会大惊小怪。

改写：____。

(3) 长辈的阅历深，经验丰富，你可以多请教。

改写：____。

见义勇为 jiàn yì yǒng wéi

学一学

【语义解释】 看到正义的事，就勇敢地去做。

【语法解释】 1. 语法功能：在句子中作谓语、定语；2. 语法结构：连动式。

【感情色彩】 含褒义。

【语用解释】 做符合正义的事情。偏重在“勇为”，即“勇敢地去做”。常用于发生危险或紧急情况时。书面语。

【近义成语】 挺身而出。

【反义成语】 袖手旁观，见利忘义。

情景例句

（两个朋友说起了帮助别人的话题）

A：如果有人遇到了危险，你会见义勇为吗？

B：我觉得我会，可是也要保护好自己的安全。

用一用

1. 这本书介绍了冉阿让(Jean Valjean)一生的命运和他乐于助人、见义勇为的事迹，读完后我印象深刻。

2. 一位好心司机见义勇为，将车祸伤者送到医院，救回了一条宝贵的生命。

3. 这个小伙子不仅有强壮的身体，更有一颗见义勇为的心。

练一练

1. 请为成语“见义（　　）为”选择正确的汉字。

A. 永　　B. 勇　　C. 咏

2. 以下情况属于“见义勇为”的是（　　）。

A. 警察帮助市民　　B. 请朋友吃饭

C. 批评不排队的人　　D. 帮助一个落水的孩子

3. 讨论：你还看过哪些“见义勇为”的事情？请互相交流。

接二连三 jiē èr lián sān

学一学

【语义解释】 意为一个接着一个，接连不断。

【语法解释】 1. 语法功能：作定语、状语；2. 语法结构：联合式。

【感情色彩】 含贬义。

【语用解释】 形容事情连续不断地发生，一般指负面的事情。搭配：接二连三地发生。

【近义成语】 连续不断。

【反义成语】 断断续续。

情景例句

（一家人开车进山里玩儿）

妻子：你开到那条路的时候得小心一点儿。

丈夫：放心吧，我的开车水平很好。

妻子：这条路很危险，听说最近接二连三地发生事故。

用一用

1. 电影快开演了，观众们接二连三地走进电影院。
2. 最近天气不好，孩子们接二连三地生病。
3. 面试的时候，面试官接二连三地问了他很多问题。
4. 接二连三的坏消息让他心情很差。

练一练

1. 选择汉字补全成语。

语　接　心　连　意　言

三____两____、____二____三、三____二____。

2. 请选出以下不适合用“接二连三”的情况（　　）。

A. 先后有好几个学生请假　　B. 前后接到了几个广告电话

C. 最近他遇到了好几个麻烦　　D. 他和女朋友分了几次手，最后分开了

3. 请用成语“接二连三”完成下面的句子。

(1) 那座山很危险，____________________。

(2) 他刚来公司，没有经验，____________________。

(3) 你迟到一次可以，但是____________________。

竭尽全力 jié jìn quán lì

学一学

【语义解释】 竭尽：用尽。用尽全部力量，做出最大的努力。

【语法解释】 1. 语法功能：作谓语、状语；2. 语法结构：动宾式。

【感情色彩】 含褒义。

【语用解释】 指人为了完成某项工作已经使尽了全部力量或能力。在评价或做保证的时候使用。搭配：一定竭尽全力；保证竭尽全力。

【近义成语】 尽心竭力。

【反义成语】 养精蓄锐。

情景例句

（一场比赛结束后，记者采访冠军）

记者：你成功的方法是什么？

冠军：只要竭尽全力地迎接挑战，一定会有好结果的。

（在医院，病人的家人问医生）

家人：他的手术怎么样？

医生：对不起，我已经竭尽全力了。

用一用

1. 每个人都要竭尽全力地去实现自己的目标。
2. 她帮过我，所以她遇到困难时，我也会竭尽全力地帮助她。
3. 作为老师，我会竭尽全力地教好我的学生。
4. 医生正在竭尽全力地抢救生命垂危的病人。
5. 在竞争激烈的现代社会，每个人要竭尽全力地去应付家庭和工作。

练一练

1. 成语“竭尽全力”的意思是________________________________。
2. 请用成语“竭尽全力”完成下面的句子。

(1)在比赛中，________________________________。

(2)如果你没有竭尽全力，________________________________。

(3)你们放心，作为医生，________________________________。

3. 讨论：还有哪些“努力”“尽力”的成语？

津津有味 jīn jīn yǒu wèi

学一学

【语义解释】 津津：兴趣浓厚的样子。指吃得很有味道或谈得很有兴趣。

【语法解释】 1. 语法功能：在句子中作谓语、宾语；2. 语法结构：偏正式。

【感情色彩】 含褒义。

【语用解释】 指人特别喜欢或享受所做事情的状态。比如品尝东西、读书、欣赏、表演等情境。搭配：……得津津有味。

【近义成语】 兴致勃勃。

【反义成语】 枯燥无味。

情景例句

（大家在看一场演出）

A：我觉得演出很无聊，你觉得呢？

B：我正看得津津有味呢，你别说话。

用一用

1. 天下的女主人都一样，你去她家吃饭，假如吃得津津有味，女主人一定很高兴。

2. 自从喜欢上漫画，他几乎每天晚上都拿着漫画书津津有味地看。
3. 谈起年轻时候的事情，爷爷总是讲得津津有味。

练一练

1. “津津有味”中“津津”的意思是（　　）。
A. 兴趣浓厚的样子　　B. 流了很多汗水的样子　　C. 流口水的样子
2. 以下搭配不正确的是（　　）。
A. 津津有味地看书　　B. 津津有味地生气
C. 津津有味地听音乐　　D. 津津有味地品尝美味
3. 请判断下面句子的对错，错的请改正。
(1) 他看手机看得非常津津有味。（　　）
改正：______________________________。
(2) 我最喜欢津津有味地听音乐了。（　　）
改正：______________________________。
(3) 她一边津津有味地喝咖啡，一边看书。（　　）
改正：______________________________。

谨小慎微 jǐn xiǎo shèn wēi

学一学

【语义解释】 谨、慎：小心，慎重；小、微：细小的事。指过分小心谨慎，缩手缩脚，不敢放手去做。

【语法解释】 1. 语法功能：在句子中作谓语、宾语、定语、状语；2. 语法结构：联合式。

【感情色彩】 含贬义。

【语用解释】 指害怕出错而过分小心，有批评和否定的语气。搭配：谨小慎微的态度；谨小慎微的样子。

【近义成语】 小心谨慎。

【反义成语】 敢作敢为。

情景例句

（两个员工在议论他们的老板）
A：我的老板对员工特别严厉，大家都很怕他，我们在办公室都谨小慎微，小心翼翼。
B：那感觉太糟了。

用一用

1. 谨小慎微的科学家既犯不了错误，但也不会有所发现。

2. 他是一个谨小慎微的人，对别人的话总要不停确认，让人受不了。
3. 如果稍有错误就对别人进行批评，会让人变得谨小慎微。

练一练

1. “谨小慎微”中“谨”和“慎”是近义词，其意思是________。
2. 请选出以下属于“谨小慎微”的人(　　)。

A. 在公司里工作很认真的人　　B. 设置简单银行卡密码的人

C. 想做什么就马上去做的人　　D. 做选择时很犹豫的人

3. 请判断下面句子的对错，错的请改正。

(1)他在老板面前特别谨小慎微地工作。(　　)

改正：________。

(2)每个人都要谨小慎微自己的密码。(　　)

改正：________。

(3)他是一个谨小慎微的人，别开他的玩笑。(　　)

改正：________。

4. 讨论：你如何看待“谨小慎微”的做事态度？

锦绣前程 jǐn xiù qián chéng

学一学

【语义解释】 锦绣：精美鲜艳的丝织品；前程：前途。形容美好的前途。

【语法解释】 1. 语法功能：在句子中作主语、宾语、定语；2. 语法结构：偏正式。

【感情色彩】 含褒义。

【语用解释】 形容前途十分美好，一般用于祝福语中。

【近义成语】 前程似锦。

【反义成语】 穷途末路。

情景例句

(大学毕业的时候)

学生：老师，我毕业了，谢谢您！

老师：祝你毕业快乐，祝你毕业后有一个锦绣前程！

用一用

1. 这份工作可能成为你锦绣前程的开始呢。
2. 那些有巨大就业压力的毕业生，谁不想有个锦绣前程呢？
3. 我们公司希望和大家一起努力，共同开创大伙儿的锦绣前程。

练一练

1. 选择正确的汉字，完成成语“前程似(　　)”。

A. 锦　　B. 棉　　C. 绵

2. 以下不能使用成语“锦绣前程”的情况是(　　)。

A. 毕业时对同学说　　B. 吃饭时对同事说

C. 过节时对家人说　　D. 公司开会时对大家说

3. 请选择合适的成语填空。

一路顺风　白头偕老　金榜题名　心想事成

(1)朋友结婚时，你祝福他们____________________。

(2)过春节时，你祝福亲人和朋友____________________。

(3)朋友旅行前，你祝福他____________________。

(4)朋友考试前，你祝福他____________________。

4. 讨论：你还能想到哪些祝福事业和生活的成语，并解释在什么情况下可以用。

精打细算 jīng dǎ xì suàn

学一学

【语义解释】 打：规划。精密地计划，详细地计算。指在使用人力、物力时计算得很精细。

【语法解释】 1. 语法功能：作谓语、宾语、定语；2. 语法结构：联合式。

【感情色彩】 含褒义。

【语用解释】 常用来表示人在生活消费方面很节约，用在口语中。

【近义成语】 克勤克俭。

【反义成语】 大手大脚。

情景例句

(妈妈对儿子说)

妈妈：你已经有自己的工作了，怎么还问我要钱？

儿子：我是月光族，不会像你一样精打细算呀。

用一用

1. 张萍是一个会过日子的女人，平时不舍得乱花钱，干什么都精打细算。

2. 我身上没多少钱，出门旅行必须精打细算。

3. 他的爸爸去世后，他们家一直精打细算地过日子。

练一练

1. 以下不需要精打细算的情况是(   )。

A. 计划减肥　　B. 节约生活费　　C. 公司节约支出

2. 请用成语"精打细算"改写下面的句子。

(1)旅行的时候需要花的钱很多,所以最好计算好,省钱很重要。

改写:____。

(2)年轻人想要在大城市买房子,一定需要节约花费,好好计划。

改写:____。

(3)这个月公司很忙,你在人员安排上得做好计划。

改写:____。

3. 讨论:请你举一些生活中"精打细算"的例子。你怎么看这种生活方式?

兢兢业业 jīng jīng yè yè

学一学

【语义解释】 兢兢:形容小心谨慎;业业:担心的样子。形容做事谨慎、勤恳。

【语法解释】 1. 语法功能:在句子中作宾语、状语;2. 语法结构:联合式。

【感情色彩】 含褒义。

【语用解释】 形容人担心出错而做事情认真、踏实,常用在学习、工作等方面。

【近义成语】 脚踏实地。

【反义成语】 敷衍了事,敷衍塞责。

情景例句

(两位员工工作的时候)

A:差不多就好了,你怎么还在做呢?

B:那不行,再小的工作,也得兢兢业业地做好,不能出错。

用一用

1. 在工作上,妈妈勤勤恳恳,兢兢业业。
2. 杨老师为了自己热爱的教育事业一直在兢兢业业地工作。
3. 为了升职,他一直兢兢业业地工作,想得到老板的赏识。
4. 他兢兢业业的工作态度,获得了大家的肯定。

练一练

1. "兢兢业业"中"兢"正确的读音是(   )。

A. jīn　　B. jīng　　C. kè

2.“兢兢业业”中“兢兢”的意思是(　　)。

A. 害怕　　B. 声音　　C. 小心谨慎

3. 以下不能用成语“兢兢业业”的情况是(　　)。

A. 工作　　B. 休息　　C. 学习　　D. 照顾家人

4. 请用成语“兢兢业业”完成下面的句子。

(1)什么人应该得到公司的奖金呢？________________。

(2)既然是你负责这个任务,________________。

(3)明代的皇帝朱元璋特别努力,________________。

精益求精 jīng yì qiú jīng

学一学

【语义解释】 精:完美,好;益:更加。已经好了还追求做得更好。

【语法解释】 1. 语法功能:在句子中作谓语、定语;2. 语法结构:紧缩式。

【感情色彩】 含褒义。

【语用解释】 表达一种不断追求更好或超越的意思,常用在祈使句或肯定句中。搭配:在……方面精益求精;对……精益求精。

【近义成语】 锦上添花。

【反义成语】 粗制滥造。

情景例句

(两个朋友在讨论一个品牌手机)

A:为什么这个品牌的手机在市场上特别受欢迎？

B:这个品牌能在市场上受欢迎,是因为它对每款产品都追求精益求精。

用一用

1. 我们公司精益求精,追求做好每一个环节,全心全意对待每一位客户。

2. 我要向老张学习,他做事一丝不苟,对工作精益求精。

3. 德国人在工作上始终遵守秩序,精益求精。

练一练

1.“精益求精”中“益”的意思是(　　)。

A. 好处　　B. 有益　　C. 利益　　D. 更加

2. 以下不能使用“精益求精”的是(　　)。

A. 医学研究　　B. 建筑设计　　C. 服务客户　　D. 休闲度假

3. 请用成语“精益求精”完成下面的句子。

(1)现在的生产商不断地开发出新的智能手机，________________。

(2)科学技术需要不断发展，________________。

(3)他们________________，让大家都很敬佩。

(4)请把你的论文多修改几遍，________________。

井底之蛙 jǐng dǐ zhī wā

学一学

【语义解释】 井底的青蛙只能看到井口那么大的一块天。比喻见识狭窄的人。

【语法解释】 1. 语法功能：作主语、宾语、定语；2. 语法结构：偏正式。

【感情色彩】 含贬义。

【语用解释】 比喻见识短浅的人。批评人的眼界狭小，常用在否定句中。

【近义成语】 坐井观天。

【反义成语】 见多识广。

情景例句

(两个朋友参加了 AI 科技展会)

朋友 A：现在的 AI 技术发展得太快了，让我大开眼界。

朋友 B：是啊，看了这些新技术产品，我发现自己原来是井底之蛙。

用一用

1. 迷惑多是因为眼界不够大，井底之蛙怎么能知道什么叫海阔天空呢？
2. 我们一定要多读书，多旅行，不要做一只井底之蛙。
3. 井底之蛙的梦想只有井口大，只有跳出来才能看到更大的世界。

典故

一口废井里住着一只青蛙。有一天，一只从海里来的大龟来到井边。青蛙就对海龟夸口说：“你看，我住在这里多快乐！高兴了，就在井边跳一跳；疲倦了，就回到井里，睡一觉，很舒适，看看别人，谁也比不上我。我是这个井的主人，自由自在，你为什么不常到井里来玩儿呢！”那海龟听了青蛙的话，想进去看看。但它的左脚还没有整个伸进去，右脚就已经卡住了。就告诉青蛙说：“你看过海吗？海有千里广，住在那样的大海里，才是真的快乐呢！”听了海龟的话，青蛙吃惊地呆在那里，再没有话可说了。

——《庄子·秋水》

练一练

1. 请为成语“井底之(　　)”选择正确的汉字。

A. 娃　　B. 蛙　　C. 洼

2. 以下哪种人不是“井底之蛙”？(　　)

A. 不看书学习的人　　B. 不经常旅行的人

C. 愿意了解社会的人　　D. 不喜欢和别人交流的人

3. 请用成语“井底之蛙”完成下面的句子。

(1)关起门来搞研究，做学问，就像________________。

(2)行业要发展不能只看眼前，________________。

(3)网络为人们提供了了解世界的窗口，________________。

4. 讨论：想一想“井底之蛙”的可悲之处在哪里？

敬而远之 jìng ér yuǎn zhī

学一学

【语义解释】 敬：尊重；远：不接近；之：指对象。尊敬对方却又不敢接近。

【语法解释】 1. 语法功能：在句子中作谓语、宾语、定语；2. 语法结构：动宾式。

【感情色彩】 含贬义。

【语用解释】 指因为内心敬畏而保持距离，不愿接近某人，有讽刺的含义。可以用于人或者事物。搭配：对(谁/什么)敬而远之。

【近义成语】 拒人千里。

【反义成语】 平易近人。

情景例句

(在一个旅游景点的寺庙前)

A：你为什么不进去看看？

B：我不相信这些，所以我对这些佛像都敬而远之。

用一用

1. 他是一个高傲自大、脾气古怪的人，很多人对他都敬而远之。

2. 小明的爸爸是个非常严肃的人，小明从小就对他敬而远之。

3. 他是一个冷若冰霜的人，别人对他都敬而远之。

练一练

1. “敬而远之”中“敬”的意思是________________。

2. 大家对以下哪种人可能会“敬而远之”?(　　)

A. 严厉的老板　　B. 亲密的好朋友　　C. 陌生人　　D. 亲人

3. 请判断下面句子的对错,错的请改正。

(1)他很严肃,我们对他敬而远之。(　　)

改正:______________________________。

(2)这个地方很危险,大家要敬而远之。(　　)

改正:______________________________。

(3)去动物园的时候,对那些危险的动物,最好敬而远之。(　　)

改正:______________________________。

救死扶伤 jiù sǐ fú shāng

学一学

【语义解释】 扶:扶助,照料。抢救生命垂危的人,照顾受伤的人。现形容医务工作者全心全意为患者服务的精神。

【语法解释】 1. 语法功能:在句子中作谓宾语、宾语、分句;2. 语法结构:联合式。

【感情色彩】 含褒义。

【语用解释】 常用于医生救治病人。有强烈的赞扬语气。

【近义成语】 治病救人。

【反义成语】 落井下石。

情景例句

(老师问高中毕业的学生在大学想学什么专业)

老师:你打算学习什么专业?

学生:医学可以救死扶伤,法学可以治国图强,我会在这两个专业中选择一个。

用一用

1. 救死扶伤是医务人员的天职。

2. 白衣天使救死扶伤的崇高精神深深感动了我们。

3. 我从小的心愿就是做一名救死扶伤的医生。

练一练

1.“救死扶伤”中“救死”的意思是(　　)。

A. 救死去的人　　B. 救人失败,死了　　C. 救快要死的人

2. 可以“救死扶伤”的职业是(　　)。

A. 心理医生　　B. 医生　　C. 警察　　D. 教师

3. 请用成语“救死扶伤”完成下面的句子。

(1) A：你想学什么专业，以后做什么工作？

B：______________________________。

(2)那位医生被选为中国最美医生，因为______________________________。

(3)虽然在疫情期间工作很辛苦，但是作为医生______________________________。

举国上下 jǔ guó shàng xià

学一学

【语义解释】 举：全。指全国上上下下、所有的人，特别用在全国的人关注或为同一件事一起努力的情况。

【语法解释】 1. 语法功能：在句子中作主语、宾语、定语；2. 语法结构：偏正式。

【感情色彩】 中性义。

【语用解释】 指全国所有人，特别用在全国的人关注或为同一件事一起努力的情况。

【近义成语】 举国一致。

情景例句

(一架飞机出事了，大家都在议论)

A：你看新闻了吗？那架飞机失事了。

B：我看了，现在举国上下都在关心这件事。

用一用

1. 当北京成功地获得了2008年奥运会主办权时，举国上下都沉浸在激动和喜悦之中。
2. 总统被谋杀后，举国上下沉浸在悲哀之中。
3. 法国举国上下都在庆祝夺得了2018年的世界杯足球赛。
4. 2020年春节开始，中国举国上下都在抗击新冠肺炎病毒。

练一练

1. 成语“举国上下”中“举国”的意思是(　　)。

A. 举一个国家的例子　B. 一个国家　　C. 整个国家

2. 请用成语“举国上下”改写下面的句子。

(1)在新中国成立70周年的喜庆节日里，全国人民都进行了欢庆活动。

改写：______________________________。

(2)2008年四川地震发生后，全国所有的人都献出爱心，帮助灾区。

改写：______________________________。

(3)中国女排连续取得比赛胜利，全国人民都为她们喝彩。

改写：____。

3. 讨论：请分享在你的国家，有过哪些“举国上下”都关注的事情。

举世闻名 jǔ shì wén míng

学一学

【语义解释】 举世：全世界。全世界都知道。形容非常著名。

【语法解释】 1. 语法功能：作谓语、宾语、定语；2. 语法结构：偏正式。

【感情色彩】 含褒义。

【语用解释】 形容非常有名，而且指好名声。一般用于名胜古迹、名人、大事等。搭配：举世闻名＋人物；举世闻名＋名胜古迹。

【近义成语】 闻名遐迩。

【反义成语】 默默无闻。

情景例句

（老师问一位留学生）

老师：你能说一个中国历史上的名人吗？

留学生：孔子。孔子是举世闻名的教育家。

（法国留学生马克第一次到西安旅游）

马克：西安最值得去的地方是哪儿？

朋友：当然是去举世闻名的兵马俑了。

用一用

1. 长城是举世闻名的中国古迹。

2. 霍金(Stephen William Hawking)是举世闻名的科学家。

3. 这位钢琴家在国际著名的比赛中得了无数大奖，并在举世闻名的演奏厅进行了表演。

4. 第一天下午，我们先来到了举世闻名的上海东方明珠塔。

5. 西安有举世闻名的大雁塔和古城墙。

练一练

1. “举世闻名”中“举世”的意思是（　　）。

A. 人的一生　　B. 全世界　　C. 一个世纪

2. 以下不可以用“举世闻名”的是（　　）。

A. 丝绸之路 (silk road)　　B. 维也纳(Vienna)

C. 中国的春节　　D. 明星的生日

3. 请用成语“举世闻名”改写下面的句子。

(1)这所大学在世界上非常有名。

改写：______________________________。

(2)中国人民创造了灿烂的中华文化，被全世界所知。

改写：______________________________。

4. 讨论：请你举一些“举世闻名”的例子。

举世瞩目 jǔ shì zhǔ mù

学一学

【语义解释】 举：整个；世：世界；瞩：注目；目：观看。全世界的人都注视着。

【语法解释】 1. 语法功能：句子中作谓语、宾语、定语；2. 语法结构：偏正式。

【感情色彩】 含褒义。

【语用解释】 指受到全世界人的关注，形容影响很大。一般用于重大的活动或取得的重大成就。搭配：举世瞩目的成就；举世瞩目的活动。

【近义成语】 引人注目，举世闻名。

【反义成语】 默默无闻。

情景例句

(2018 年世界杯足球决赛前，两个球迷在讨论)

A：下班后，咱们去酒吧看球赛吧。

B：当然，这场比赛举世瞩目，一定要看。

用一用

1. 去年暑假，我终于实现了自己的心愿，那就是登上了举世瞩目的万里长城。
2. 中国的改革开放取得了举世瞩目的成就。
3. 2008 年中国成功地举办了举世瞩目的北京奥运会。

练一练

1. 请选择正确的汉字，完成成语“举世(　　)目”。

A. 瞩　　B. 属　　C. 嘱

2. 以下可以使用成语“举世瞩目”的情况是(　　)。

A. 学校的毕业典礼

B. 世界杯足球赛

C. 公司的会议

3. 请用成语“举世瞩目”完成下面的句子。

(1)在这个举世瞩目的时刻，______________________________。

(2)经过科学家的努力，____。

(3)在万众瞩目之下，____。

举足轻重 jǔ zú qīng zhòng

学一学

【语义解释】 只要脚移动一下，就会影响两边的轻重。指处于重要地位，一举一动都足以影响全局。

【语法解释】 1.语法功能：在句子中作谓语、定语；2.语法结构：主谓式。

【感情色彩】 含褒义。

【语用解释】 用于指人的地位或者事物的作用特别重要。一般用于肯定句。搭配：举足轻重的作用；举足轻重的影响；举足轻重的意义。

【近义成语】 至关重要。

【反义成语】 无足轻重。

情景例句

(两个朋友在讨论人们生活方式的变化)

A：现在大家离开网络和手机好像就不能生活了。

B：是呀，网络在现代人的生活中起了举足轻重的作用。

用一用

1. 中国对全球经济的影响举足轻重。
2.《红楼梦》在中国文学史上具有举足轻重的地位。
3. 技术革新在人类社会的发展中起到了举足轻重的作用。
4. 设计图在施工过程中起着举足轻重的作用。

练一练

1.“举足轻重”的正确解释是(　　)。

A. 举起脚试试轻重，比喻尝试作用

B. 动一下脚就会影响轻重，比喻有重要作用

C. 一只脚轻，一只脚重，作用不同

2. 以下不正确的搭配是(　　)。

A. 有举足轻重的意义

B. 起到了举足轻重的作用

C. 产生了举足轻重的影响

D. 有举足轻重的好处

3. 请用成语“举足轻重”完成下面的句子。

(1)CEO是一家公司的关键核心人物，________________。

(2)泰国是旅游国家，旅游行业________________。

(3)心脏是人体的发动机，________________。

聚精会神 jù jīng huì shén

学一学

【语义解释】 会：集中。形容人的精神高度集中。

【语法解释】 1. 语法功能：在句子中作主语、谓语、定语、状语；2. 语法结构：联合式。

【感情色彩】 含褒义。

【语用解释】 一心一意，精神集中。适用于短暂的活动，特别是具体的动作。搭配：聚精会神地学习。

【近义成语】 专心致志，全神贯注。

【反义成语】 心不在焉，三心二意。

情景例句

(阿力回到家，发现同屋在看电视)

阿力：你在看什么呢，这么聚精会神的。

同屋：我正在看一部新电影呢。

(上课时，老师发现学生在看手机)

老师：上课时要聚精会神，别三心二意。

学生：好的，对不起，我认真听。

用一用

1. 考试前，每个同学都在图书馆聚精会神地学习。
2. 开车时必须聚精会神，不能三心二意。
3. 一群球迷正在聚精会神地看一场足球比赛。
4. 图书馆里，孩子们聚精会神地听老师讲故事。

练一练

1.“聚精会神”中“聚”和“会”的意思是(　　)。

A. 聚会　　B. 集中　　C. 一起

2.“聚精会神”的反义成语是(　　)。

A. 一心一意　　B. 三心二意　　C. 全神贯注　　D. 专心致志

3. 以下哪种情况不需要“聚精会神”？（　　）

A. 看手机　　B. 听音乐　　C. 打球　　D. 喝咖啡

4. 讨论：你做什么事的时候会聚精会神？

开门见山 kāi mén jiàn shān

学一学

【语义解释】 打开门就能看见山。比喻说话或写文章一开始就进入正题，不绕弯子。

【语法解释】 1. 语法功能：在句子中作谓语、定语、状语；2. 语法结构：连动式。

【感情色彩】 含褒义。

【语用解释】 用于说话或写文章直入主题，很直接。肯定句，口语常用。搭配：开门见山地告诉；开门见山的方式。

【近义成语】 单刀直入。

【反义成语】 旁敲侧击。

情景例句

（一位员工想给老板一些意见，又有些担心）

老板：你有什么意见，就开门见山地提出来，不要吞吞吐吐，我猜不到。

员工：那我说了你可不能生气啊。

用一用

1. 他一见到我，就开门见山地问我借钱。

2. 面试官在看了我的简历和成绩单后，开门见山地问我想要多少工资。

3. 他第一次约会见那个女孩，聊了几句就开门见山地问女孩喜不喜欢他。

练一练

1.“开门见山”是一种（　　）。

A. 客气的方式　　B. 委婉的方式　　C. 直接的方式　　D. 礼貌的方式

2. 以下属于“开门见山”方式的是（　　）。

A. 我很为难，不知道该不该告诉你

B. 我直说了吧

C. 你猜猜是好消息还是坏消息

D. 我还是不说了吧

3. 请用成语“开门见山”完成下面的句子。

(1)他性格直爽，和人沟通时________________。

(2)大家都是朋友，有什么事不用客气，________________。

（3）____，这是写作文的一种技巧。

4. 讨论：你有没有遇到过讲话“开门见山”的中国人，他们在哪些事情上会用这种方式？

开天辟地 kāi tiān pì dì

学一学

【语义解释】 辟：开辟。古代神话传说：盘古氏开辟天地，并以驱体创造了世界。后常比喻开创伟大的事业，也用来表示前所未有的事情。

【语法解释】 1. 语法功能：在句子中作谓语、定语；2. 语法结构：联合式。

【感情色彩】 含褒义。

【语用解释】 用来指开创人类的历史或以前所从来没有的情况。用于重大的事情或极少出现的事情。搭配：开天辟地头一次。

【近义成语】 史无前例。

【反义成语】 司空见惯。

情景例句

（两名留学生课间在交流）

A：中国古代的神话传说很多，你听说过哪些？

B：我听说过盘古开天辟地和女娲造人补天的神话，还有夸父逐日、精卫填海等，都很有意思。

用一用

1. 对中国人民来说，改革开放是开天辟地的一件大事。
2. 传说盘古曾以神力开天辟地，最终左眼化日（变成了太阳），右眼成月（变成了月亮）。
3. 他今天居然没迟到，这真是开天辟地头一次。

练一练

1. 请为成语“开天（　　）地”选择正确的汉字。

A. 僻　　　　B. 辟　　　　C. 避

2. 请为以下句子排列正确的顺序（　　）。

A. 说的是在开天辟地之前，世界像一个鸡蛋

B. 轻的气往上升，就成了天

C. 我知道一个中国的神话传说

D. 重的气往下沉，就成了地

E. 有一个叫盘古的人，用大斧所这个鸡蛋劈了开来

3. 讨论：你还能想到人类历史上哪些开天辟地的事情吗？

可歌可泣 kě gē kě qì

学一学

【语义解释】 可:值得;歌:歌颂,赞扬;泣:流泪。形容英勇悲壮的事迹值得歌颂,令人感动得流泪。

【语法解释】 1.语法功能:在句子中作谓语、定语;2.语法结构:联合式。

【感情色彩】 含褒义。

【语用解释】 指英勇的感人事迹,特别是英雄的伟大事迹。书面语。搭配:可歌可泣的事迹;可歌可泣的故事。

【近义成语】 歌功颂德。

【反义成语】 不值一提。

情景例句

(两个朋友聊一部关于战争的书)

A:这本书的内容怎么样?

B:非常精彩!书里不光有英雄们可歌可泣的战斗事迹,还有他们可歌可泣的爱情故事。

用一用

1.生活中没有那么多可歌可泣的大事,但是许多温馨感人的小事时刻发生着。

2.第一次看到长城的我们发出兴奋的大喊,因为它有着可歌可泣的历史。

3.他的一生,是无私奉献的一生,是可歌可泣的一生。

练一练

1.“可歌可泣”中“泣”的意思是(　　)。

A.流鼻涕　　B.流眼泪　　C.流口水　　D.流汗

2.用成语“可歌可泣”完成下面的句子。

(1)在新中国成立70周年的时候,让人不禁想起了____________________。

(2)《TITANIC》这部电影很感人,____________________。

(3)看了英雄们可歌可泣的事迹,____________________。

(4)历史上,在那条连接中国与欧洲的丝绸之路上,不知留下了多少值得歌颂和赞美的故事。

改写:______________________________。

3.讨论:你们国家有哪些可歌可泣的事情或人物?分享给大家。

可想而知 kě xiǎng ér zhī

学一学

【语义解释】 想：推想。可以根据形势或实际情况推测知道，不用说明就能想象到。

【语法解释】 1. 语法功能：作谓语、定语、补语、状语；2. 语法结构：偏正式。

【感情色彩】 含褒义。

【语用解释】 用于猜测、想象的时候。一般多用来表示负面的情况。搭配：可想而知的是……。

【近义成语】 不言而喻。

【反义成语】 不可思议。

情景例句

（小华离婚后，朋友们聊她的情况）

A：她离婚后生活得好吗？

B：她一个人带着孩子，还要工作，生活的艰难可想而知。

（马克想了解山区孩子的生活）

马克：那些地方的孩子们生活得怎么样？

中国朋友：他们的父母都在大城市打工，很少回家陪他们，可想而知，他们特别缺少关爱。

用一用

1. 由于流动人口增多，城市管理工作的难度可想而知。

2. 如果加班，她们就不能按时回家，那么，接孩子、做家务等很多事情就不能做，她们焦急不满的情绪可想而知。

3. 那条河的污染特别严重，在这种情况下，河里鱼类的悲惨处境是可想而知了。

练一练

1. 用"可想而知"完成下面的句子。

(1) 他在公司忙得连吃饭的时间都没有，____________________。

(2) 连卖菜的师傅都用微信和支付宝收钱，____________________。

(3) 老师都不知道这道题的答案，____________________。

(4) 爸爸竟然不知道女儿的学校，____________________。

2. 请判断以下句子的对错，错的请改正。

(1) 一个学期过去了，他不知道老师的性别，可想而知地缺课。(　　)

改正：______________________________。

(2)他每天学习12个小时,可想而知他的努力。(　　)

改正:____。

3.请用"可想而知"完成下面的句子。

(1)他一和女生说话就脸红,____。

(2)去那家饭店吃饭得排队等1个小时,____。

(3)她病得连路都走不了,____。

刻不容缓 kè bù róng huǎn

学一学

【语义解释】 刻:片刻;容:容许;缓:延缓;耽搁。一刻也不容许延缓,形容形势十分紧迫。

【语法解释】 1.语法功能:在句子中作谓语、定语、状语;2.语法结构:偏正式。

【感情色彩】 含褒义。

【语用解释】 形容事情的形势非常紧迫,不能拖延,也指主观上迫不及待的事情,用在紧急的情况下,比如救人、救火、危险发生的时候。

【近义成语】 迫不及待。

【反义成语】 悠闲自得。

情景例句

(在医院,两位医生商量病人的情况)

A:病人的情况怎么样?

B:病人的心脏病很严重。

A:刻不容缓,赶紧准备手术吧。

(两个大学生聊他们的大学生活)

A:我觉得大学生活很无聊。

B:我觉得大学的校园很精彩,珍惜青春的时光刻不容缓,要为实现梦想而努力!

用一用

1.世界上的稀有动物每天都在消失,有效地保护它们刻不容缓。

2.环境污染越来越严重,保护环境已经到了刻不容缓的地步。

3.发生火灾后,消防员刻不容缓地抢救被困人员。

4.现在情况危急,刻不容缓,应当立即请求帮助。

5.作为一名搜救队员,他深深感到,援助工作是刻不容缓的。

练一练

1.成语"刻不容缓"中"缓"的意思是____。

2. 对一个突发急病的人来说，应采取以下哪种措施？（　　）

A. 做锻炼计划　　B. 学习保健常识　　C. 给家人打电话　　D. 马上去医院

3. 请用成语“刻不容缓”完成下面的句子。

(1)孩子病得很厉害，________________。

(2)这栋老房子出现了很多问题，________________。

(3)大量海洋动物因为污染死去，所以________________。

4. 讨论：还有哪些紧急时刻是可以用“刻不容缓”这个成语的？

刻舟求剑 kè zhōu qiú jiàn

学一学

【语义解释】 舟：船；求：寻找，寻求。在船上刻记号，寻找失落水中的剑。比喻办事方法不对头，死守教条，拘泥固执，不知道随着形势的变化而变化。

【语法解释】 1. 语法功能：作谓语、定语、状语；2. 语法结构：连动式。

【感情色彩】 含贬义。

【语用解释】 比喻不知道跟着情况的变化而改变看法或办法。一般用于否定或批评。搭配：刻舟求剑的方法。

【近义成语】 墨守成规。

【反义成语】 随机应变。

情景例句

（老板问小李准备会议安排的情况）

小李：不用准备，我把去年的会议方案拿来就能用了。

老板：你老是用老方法解决新问题，这和刻舟求剑有什么不同？

用一用

1. 信息时代，情况在不断发生着变化，我们不能用刻舟求剑的方法来解决新问题。

2. 这种刻舟求剑的人，当然不能把机会让他浪费了。

3. 处理事情本来就要考虑各种情况，然后提出最适当的解决方法，绝不能刻舟求剑。

4. 他本来思想就不灵活，做出这样刻舟求剑的蠢事也不意外。

典故

战国时，楚国有个人坐船渡江，一不小心，把随身携带的宝剑掉落江中，但他没有马上下水捞，却掏出一把小刀，在船上刻上一个记号，并向大家说：“这是我的宝剑落水的地方，所以我要刻上一个记号。”大家都不理解他为什么这样做。船靠岸后，他立即从刻记号的地方跳下水，去捞掉落的宝剑。捞了半天也有没找到。他觉得很奇怪，自言自语：“我的宝剑不就是在这里掉下去的吗？我还在这里刻了记号呢，怎么会找不到的呢？船上的人大笑起来，说："剑掉落在江中以后，船是继续行驶的，而宝剑却不会再移动。像你这样找剑，真是太愚蠢可笑了。"

——《吕氏春秋·慎大览·察今》

练一练

1. 请为成语"(　　)舟求剑"选择正确的汉字。

A. 核　　　B. 赅　　　C. 咳　　　D. 刻

2. 以下哪个是"刻舟求剑"的反义成语？(　　)

A. 守株待兔　　　B. 随机应变　　　C. 墨守成规

3. 请用成语"刻舟求剑"完成下面的句子。

(1)人的感情是会变的，如果拿恋爱时的标准要求对方，________________。

(2)父母应该注意孩子成长的变化，________________。

4. 讨论：你能想到生活中有哪些情况和"刻舟求剑"的做法一样？

空前绝后 kōng qián jué hòu

学一学

【语义解释】 空：空白；绝：断绝。以前没有过，以后也不会有。指从古到今非常突出，独一无二。

【语法解释】 1. 语法功能：在句子中作定语；2. 语法结构：联合式。

【感情色彩】 中性义。

【语用解释】 形容事情发展得极不寻常，夸张性地形容独一无二。书面语。可以用于人的行为、成就或事物。常用句式：在……上，是空前绝后的。搭配：空前绝后的表演，空前绝后的成就。

【近义成语】 绝无仅有,史无前例。

【反义成语】 比比皆是。

情景例句

(两个同学聊中国历史人物)

A:你为什么最佩服武则天?

B:因为她是中国历史上空前绝后的女皇帝。

用一用

1. 我们国家正迎来一场空前绝后的发展机遇。
2. 为了赶飞机,他们空前绝后地在早上五点半就起了床。
3. 那一年的地震是空前绝后的,给人们留下了痛苦的回忆。

练一练

1."空前绝后"的意思是(　　)。

A. 前面是空的,后面没有　　B. 前无古人,后无来者

C. 前面很空洞,后面绝对好　　D. 前后都是空的,没有东西

2. 以下不能用"空前绝后"来说的是(　　)。

A. 中国唯一的女皇帝武则天　　B. 万里长城

C. 中医医学　　D. 人类对环境的影响

3. 请用成语"空前绝后"完成下面的句子。

(1)这场地震非常厉害,________________。

(2)人类对地球环境的影响非常巨大,________________。

(3)2020年东京奥运会(Games of the Tokyo Olympic)因COVID-19而推迟举办,________________。

苦尽甘来 kǔ jìn gān lái

学一学

【语义解释】 尽:终结;甘:甜,美好。比喻艰难的日子已经过去,美好的时光已经到来。

【语法解释】 1. 语法功能:作谓语、定语;2. 语法结构:联合式。

【感情色彩】 含褒义。

【语用解释】 比喻从坏的方面向好的方面转变,特别指生活条件变好了。有感慨的含义。搭配:苦尽甘来的生活。

【近义成语】 否极泰来。

【反义成语】 乐极生悲。

情景例句

（两个中年人聊生活）

A：我觉得生活的很辛苦，父母身体不好常常生病，孩子很小，我的工作压力很大……

B：别担心，慢慢来，总会等到苦尽甘来的时候。

用一用

1. 他这人从来不相信苦尽甘来，只知道及时行乐，只管今天，不想明天。
2. 生活是一杯咖啡，开始喝有点苦，慢慢的就会变甜，那就是苦尽甘来的味道。
3. 几年的努力工作终于换来今天的升职，这对他来说真是苦尽甘来啊。

练一练

1.“苦尽甘来”中“尽”的意思是____________________。

2. 以下不符合“苦尽甘来”的情况是（　　）。

A. 领工资

B. 毕业生找到工作开始赚钱

C. 人长大了

D. 多次失败后成功

3. 请用成语“苦尽甘来”完成下面的句子。

（1）中国人愿意吃苦，勤奋努力，是因为____________________。

（2）年轻人在大城市奋斗，从一无所有到安家落户，____________________。

（3）经过漫长而寒冷的冬天，____________________。

滥竽充数 làn yú chōng shù

学一学

【语义解释】 滥：与真实不符，假的；竽：古代管乐器；充：冒充。意思是不会吹竽的人混在吹竽的队伍里充数。比喻没有本领的人冒充有本领，以次货冒充好货。

【语法解释】 1. 语法功能：作谓语、定语；2. 语法结构：主谓式。

【感情色彩】 含贬义。

【语用解释】 比喻没有真才实学的人混在行家里面凑数，或比喻拿不好的东西混在好的里面。有时候也用来表示自谦，说自己水平不够，只是凑个数而已。用于人或事物。

【近义成语】 名不副实，鱼目混珠。

【反义成语】 名副其实。

情景例句

（在国画班的毕业画展上）

A：你的画水平很高。

B：哪里，哪里，其他人画得都比我好，我的画只是滥竽充数而已。

用一用

1. 小李在水果店买了一箱大苹果，回家打开后，发现里面有好多滥竽充数的小苹果。

2. 姚明曾经是火箭队(Houston Rockets)的主要队员，每当媒体夸火箭队没有他不行时，他总谦虚地说自己是滥竽充数。

3. 我们公司管理很严格，滥竽充数的人是没办法生存的。

典故

战国时，齐国的齐宣王特别喜欢听大合奏，专门成立了三百人的大乐队吹竽。有个叫南郭先生的人不会吹竽，他却混进了乐队里，摇头晃脑地"假吹"，似乎比任何人都吹得好。后来齐宣王去世了，他的儿子齐湣(mǐn)王喜欢听乐师一个一个地独奏，南郭先生无法再假装下去了，只好悄悄溜走了。

——《韩非子·内储说上》

练一练

1. "滥竽充数"中"滥"的意思是(　　)。

A. 太多　　　　B. 假的　　　　C. 泛滥

2. 以下哪种情况是"滥竽充数"(　　)。

A. 一点一点存钱

B. 招聘时选择合格的人

C. 为了把房子租出去，房东找了一些不好用的旧家具

3. 请用成语“滥竽充数”改写下面的句子。

(1)这个博物馆很小，除了一小部分有价值的文物，其他都是拿来充数的。

改写：____________________________________。

(2)他们公司人很多，但实际工作并不需要那么多人，有一些人只是充数而已。

改写：____________________________________。

(3)今年国产电影数量多，但是优秀电影只占一半数量，另一半只能充数了。

改写：____________________________________。

4. 讨论：你还能想到生活中哪些“滥竽充数”的例子吗？

老有所为 lǎo yǒu suǒ wéi

学一学

【语义解释】 所为：有所作为。指人到年老的时候还能有所成就。

【语法解释】 1. 语法功能：在句子中作谓语、定语、补语、状语；2. 语法结构：主谓式。

【感情色彩】 中性义。

【语用解释】 指老年人退休后的一种养老方式。老人愿意用自己长年积累的知识、技能和经验，继续做出新的贡献。

【近义成语】 老当益壮。

【反义成语】 享受清福。

情景例句

（老张退休后每天在公园免费教人打太极拳）

儿子：您为什么要这么辛苦呢？

老张：我教大家不仅能感受到快乐，也能锻炼身体，我也算老有所为了。

用一用

1. 老人积极参与家庭和社会活动，对老人、家庭、社会都有着极其重要的意义，这也是老有所为的体现。

2. 老有所为才能老有所乐，老年人只有找到老年生活的意义才会快乐。

3. 老张退休之后上了老年大学，学习摄影和舞蹈，还多次参加比赛，真是老有所为。

练一练

1. “老有所为”中“为”的意思是(　　)。

A. 为什么　　B. 为了　　C. 被　　D. 作为，成就

2. 以下属于“老有所为”的情况是(　　)。
A. 老张退休后继续到单位上班
B. 老王退休后就安心在家休息
C. 老李退休后开始学习书法
D. 老赵退休后做社会服务的志愿者
3. 请为以下句子排列正确的顺序(　　)。
A. 比如做点力所能及的家务
B. 都是老有所为的可贵表现
C. 或者为后代讲讲民族美德和光荣传统
D. 老年人只要做一切有利于自己身心健康,有利于社会的言行
4. 讨论:你认为还有哪些事是老人可以做的? 你们国家老年人的生活是什么样子?

理所当然 lǐ suǒ dāng rán

学一学

【语义解释】 理:道理,情理;当:应当;然:这样。当然:应当如此。按道理应当这样。
【语法解释】 1. 语法功能:在句子中作谓语、定语、状语;2. 语法结构:主谓式。
【感情色彩】 含褒义。
【语用解释】 按道理应当这样,含有完全合理、不容怀疑的意思。口语常用。
【近义成语】 天经地义。
【反义成语】 不以为然。

情景例句

(两个朋友吃饭后抢着买单)
A:今天我来买单。
B:还是我买单吧,上次都是你买单了,这次理所当然是我买。
(两个同学聊奖学金的评选结果)
A:听说杰克得到了奖学金。
B:是啊,他的成绩好,又经常参加活动,理所当然地得到了奖学金。

用一用

1. 我们对父母的付出总是理所当然地接受,这样是不公平的。
2. 因为妹妹比我小,我照顾她是理所当然的。
3. 欠了别人的钱就应该还钱,这是理所当然的。
4. 习惯是一个很可怕的东西,因为习惯,会觉得理所当然。

练一练

1. 成语“理所当然”正确的朗读停顿是(　　)。

A. 理所 当然　　B. 理所当 然　　C. 理 所 当然　　D. 理 所当 然

2. 以下哪种情况不是“理所当然”的?(　　)

A. 欠钱要还钱

B. 错了要改正

C. 加班要有加班费

D. 帮别人就是为了要感谢

3. 请用成语“理所当然”完成下面的句子。

(1)不要把父母对你的爱看做是应该的。

改写:____。

(2)我是你的朋友,当然应该帮助你。

改写:____。

(3)今天过节,大家都应该好好庆祝一下。

改写:____。

理直气壮 lǐ zhí qì zhuàng

学一学

【语义解释】 理直:理由正确、充分;气壮:气势旺盛。理由充分,说话气势就壮。

【语法解释】 1 语法功能:在句子中作谓语、定语、状语;2. 语法结构:联合式。

【感情色彩】 含褒义。

【语用解释】 因为觉得自己理由充分或没有错,所以在语言、行动上特别有气势。

【近义成语】 义正言辞。

【反义成语】 理屈词穷。

情景例句

(公共汽车上,一个年轻人坐在爱心座位上)

司机:小伙子,你不能这么理直气壮地坐在这个座位上,这是给老人和孩子的。

年轻人:我太累了!

(儿子问爸爸要钱)

儿子:老爸,我这个月的工资花完了,你能给我两千块吗?

父亲:你已经工作了,不能再这样理直气壮地问我要钱了。

用一用

1. 他理直气壮地讲了事情的经过。
2. 只要你有辛勤的双手，就不怕会饿死，至少活得理直气壮。
3. 做完作业后，妹妹理直气壮地打开了电视。
4. 我们先要做好自己，然后才能理直气壮地指出别人的缺点。

练一练

1. “理直气壮”中，________和________是形容词，意思分别是“正确”和“气势大”。
2. 以下不能使用“理直气壮”的情况是(　　)。

A. 要自己的东西的时候　　B. 迟到的时候

C. 被误解的时候　　D. 做得很棒的时候

3. 请用成语“理直气壮”完成下面的句子。

(1)他没说谎，____。

(2)这孩子总是一副理直气壮的样子，______________________________。

(3)既然你做得不对，那____。

4. 讨论：人在什么时候会“理直气壮”？

力所能及 lì suǒ néng jí

学一学

【语义解释】 力：体力，能力；及：达到。用自己的力量或能力达到最高的程度。

【语法解释】 1. 语法功能：在句子中作谓语、定语；2. 语法结构：主谓式。

【感情色彩】 中性义。

【语用解释】 指靠自己的能力能做到的，强调可以独立做事情。搭配：做力所能及的事。

【近义成语】 尽力而为。

【反义成语】 无能为力。

情景例句

(大学生小王从不问家人要生活费，同学很好奇)

同学：你不向家里要钱，那是怎么负担你大学的学费和生活费的？

小王：我去饭店打工，做家教，在学校里做一些力所能及的事，总之我不想用父母的钱。

(两个妈妈在聊孩子的教育问题。)

A：我的孩子什么都要我帮他，自己什么也不会做。

B：那不行，你一定要让他做一些力所能及的事。

用一用

1. 孩子们不应该过多依靠父母，他们要自己努力做力所能及的事。
2. 小明慢慢长大了，可以帮妈妈做些力所能及的事情。
3. 当你发现有人需要救助，除了报告警察外，自己也要给予力所能及的帮助。
4. 我不愿做那个最重要的人，我只想在一个自己的角落里，做自己力所能及的事。

练一练

1. “力所能及”的近义成语是（　　）。

A. 无能为力　　B. 袖手旁观　　C. 尽力而为

2. 请用成语“力所能及”完成下面的句子。

(1)老人退休以后可以多休息，不过也可以________________。

(2)虽然你不会做饭，但是也不能什么都不干啊，________________。

(3)这次的新年晚会，大家要好好准备，每个人________________。

3. 讨论：力所能及的名言名句有哪些？

两厢情愿 liǎng xiāng qíng yuàn

学一学

【语义解释】 两厢：双方；情愿：心里愿意。两方都愿意，互不勉强。

【语法解释】 1. 语法功能：在句子中作主语、谓语；2. 语法结构：主谓式。

【感情色彩】 中性义。

【语用解释】 指两方面都愿意。常用在感情方面的互相愿意。口语常用。

【近义成语】 同心同德。

【反义成语】 一厢情愿。

情景例句

（老李和老马聊天）

老李：老王想和张老太太结婚，可是他的儿女们不同意。

老马：我觉得只要他们俩两厢情愿，就不用考虑儿女的意见了。

用一用

1. 能不能合作，这是他们两厢情愿的事，我们只能提一个建议。
2. 感情上的事，要两厢情愿才可以。
3. 做生意要和气生财，谁也不能勉强谁，只要两厢情愿，就能做成买卖。

练一练

1.“两厢情愿”中“两厢”的意思是(　　)。

A. 两个车厢　　B. 两个方面　　C. 双方

2. 以下哪种情况不需要“两厢情愿”?(　　)

A. 合作　　B. 买卖　　C. 谈恋爱　　D. 辞职

3. 请用成语“两厢情愿”完成下面的句子。

(1)能不能结婚,________________。

(2)合作上的事情________________。

(3)________________,后面不管遇到什么事,双方才不会互相埋怨。

量力而行 liàng lì ér xíng

学一学

【语义解释】 量:估量;行:行事。按照自己能力的大小去做,不要勉强。泛指在符合自己能力的范围内做事。按照自己力量的大小去做,不要勉强。

【语法解释】 1. 语法功能:在句子中作谓语;2. 语法结构:偏正式。

【感情色彩】 中性义。

【语用解释】 主要用于行动方面,指根据自己的力量去做,常表示“不要超越自己的能力勉强去做”的意思,用来劝说。

【近义成语】 实事求是。

【反义成语】 自不量力,力不从心。

情景例句

(两个朋友聊锻炼身体的话题)

A:我决定好好锻炼身体,今天晚上就跑 1500 米。

B:我建议你一开始还是选择运动量小的方式,比如快步走,运动也要量力而行。

用一用

1. 人要有自知之明,做事要量力而行,不要求自己做能力以外的事。

2. 对目标的追求要量力而行,重要的是自己的努力,而不要一心只想结果。

3. 帮助别人当然是好事,但也得量力而行。

练一练

1.“量力而行”中“量”的意思是(　　)。

A. 力量　　B. 重量　　C. 测量　　D. 估量

2. 以下哪个成语是“量力而行”的反义成语？（ ）

A. 自不量力　　　　B. 实事求是　　　　C. 量入为出

3. 以下句子中，哪种情况不是“量力而行”？（ ）

A. 有多大脚，穿多大的鞋

B. 按照能力大小分配工作

C. 不顾一切，追求目标

4. 请用成语“量力而行”完成下面的句子。

(1)每个学生的消费水平不一样，________________________________。

(2)刚开始健身，__________________________，不能超过自己的身体极限。

(3)帮助别人是好事，可是____________________________________。

乱七八糟 luàn qī bā zāo

学一学

【语义解释】 形容没有秩序，没有条理，非常乱。

【语法解释】 1. 语法功能：在句子中作定语、补语；2. 语法结构：联合式。

【感情色彩】 含贬义。

【语用解释】 可以指东西、事情或想法很乱，很烦恼。口语常用。搭配：乱七八糟的东西；放得乱七八糟。

【近义成语】 杂乱无章。

【反义成语】 井井有条。

情景例句

（两个朋友见面问候）

A：你最近过得怎么样？

B：别提了，乱七八糟的事太多了，忙死了。

A：你租的房子一个月多少钱？

B：除了房租还有水费、电费等乱七八糟的费用，一个月一共 2500 元。

用一用

1. 孩子把玩具扔得乱七八糟的。
2. 我的脑子现在乱七八糟的，想不出什么好办法。
3. 共享单车被乱七八糟地放在人行道上。
4. 你别在网上看一些乱七八糟的东西。

练一练

1. 请为成语"乱七八(　　)"选择正确的汉字。

A. 糟　　　　B. 槽　　　　C. 嘈

2. 以下哪个成语是"乱七八糟"的反义成语？(　　)

A. 七零八落　　　　B. 七上八下　　　　C. 七嘴八舌　　　　D. 井井有条

3. 请用成语"乱七八糟"完成下面的句子。

(1)我不会整理衣服，________________。

(2)网络上的小广告特别多，你随便打开网页，________________。

(3)这些东西都没什么用，________________。

络绎不绝 luò yì bù jué

学一学

【语义解释】 络绎：前后相接，连续不断；绝：断。形容车船人马等前后相接，往来不断。

【语法解释】 1 语法功能：在句子中作谓语、定语、状语；2. 语法结构：联合式。

【感情色彩】 中性义。

【语用解释】 多用于形容人、马、车、船很多，接连不断。书面语。

【近义成语】 川流不息。

【反义成语】 冷冷清清。

情景例句

(一场演出开始之前)

A：今天的观众不太多呀。

B：现在太早了，等一会儿大家就络绎不绝地来了。

用一用

1. 今天，我和妈妈去市场买菜。一进市场就看到人来人往，络绎不绝。

2. 每到周末，动物园的游客总是络绎不绝。

3. 北京首都机场是中国最大的机场，每天机场的旅客来来往往，络绎不绝的飞机在这里起起落落。

4. 晚上，路上的行人虽然不多，但来来往往的车辆还是络绎不绝。

练一练

1. "络绎不绝"中"络绎"的意思是(　　)。

A. 很多很快　　　　B. 车辆　　　　C. 连续不断

2. 以下搭配错误的是(　　)。

A. 络绎不绝的游客

B. 络绎不绝的车流

C. 电话铃声络绎不绝

D. 街上的自行车络绎不绝

3. 请用成语“络绎不绝”改写下面的句子。

(1)杭州西湖是著名的旅游景点，每天都有大量游客来来往往。

改写：____。

(2)一到春天，公园里到处都是人来人往的景象。

改写：____。

(3)这是城市中心最重要的一条道路，每天的车辆和行人连续不断。

改写：____。

麻木不仁 má mù bù rén

学一学

【语义解释】 不仁：失去感觉的能力。本来指肢体神经失去知觉。后来比喻思想失去感觉，对外界事物反应迟钝，漠不关心。

【语法解释】 1. 语法功能：在句子中作谓语、定语、补语；2. 语法结构：联合式。

【感情色彩】 含贬义。

【语用解释】 指人没有感情、没有爱，对周围事情不关心，批评的语气很重，常用“对……麻木不仁”的格式。搭配：麻木不仁的态度。

【近义成语】 漠不关心。

【反义成语】 悲喜交集。

情景例句

(两个朋友在聊环境污染问题)

A：全球气候变暖，水污染、空气污染的问题特别严重。

B：是啊，如果大家还不保护环境，那就是麻木不仁了。

用一用

1. 面对如此危急的情况，他依然麻木不仁，真令人着急。

2. 受到了沉重的打击之后，她对任何事都麻木不仁。

3. 对自己的痛苦敏感，而对别人的痛苦麻木不仁，这是人性可悲的特点之一。

练一练

1. 以下哪种人的表现是“麻木不仁”的？（　　）

A. 小王工作非常认真没看到朋友

B. 小李看到朋友不好意思打招呼

C. 小赵看电影，看到感人的地方没有哭

D. 小张无情地抛弃了妻子和孩子

2. 请用成语“麻木不仁”完成下面的句子。

（1）受到很多次打击后，他对任何事和任何人都没有感觉了。

改写：____。

（2）僵尸(Zombie)之所以让人害怕，是因为________________。

（3）有的老板，只关心自己的利益，________________________。

买椟还珠 mǎi dú huán zhū

学一学

【语义解释】 椟：木盒；珠：珍珠。买下木盒，退还了珍珠。比喻没有眼力，取舍不当，抓了次要的，丢了主要的。

【语法解释】 1. 语法功能：作谓语、宾语、定语；2. 语法结构：连动式。

【感情色彩】 含贬义。

【语用解释】 用于书面语。批评人没有眼光，不分主次。搭配：买椟还珠的做法。

【近义成语】 舍本逐末，本末倒置。

【反义成语】 主次分明。

情景例句

（小明和妈妈去买中秋节的月饼）

小明：这盒月饼包装非常精美，看起来不错，买这盒吧。

妈妈：你都不看月饼是什么口味的，只管看盒子，真是买椟还珠啊！

用一用

1. 任何一个有头脑的人都不应该做出买椟还珠的蠢事。

2. 我们在学习上要分清主次，千万别买椟还珠。

3. 你收藏了包装，却扔了里面的商品，真是买椟还珠。

典故

有个楚国的珠宝商人，他用名贵的木头雕了一只装珠宝的盒子，将盒子用珠宝和宝玉美玉装饰得十分华丽，把一颗珠宝装到盒子里，然后拿到郑国去卖。有个郑国人觉得盒子漂亮，就买下木盒，却把珠宝退还给了商人。

——《韩非子·外储说左上》

练一练

1.“买椟还珠”中“椟”的意思是(　　)。

A. 木头　　　　B. 木盒　　　　C. 木板

2. 如果你是商家，成语“买椟还珠”启示你(　　)。

A. 不需要盒子包装　　B. 不要包装得太华丽　　C. 不要卖包装

3. 如果你是消费者，成语“买椟还珠”启示你(　　)。

A. 买东西要看包装

B. 买东西不能只看包装

C. 买东西不能不要包装

4. 讨论：生活中，还有哪些“买椟还珠”的事？

满腔热情 mǎn qiāng rè qíng

学一学

【语义解释】 心中充满热烈的感情。

【语法解释】 1. 语法功能：在句子中作谓语、定语；2. 语法结构：主谓式。

【感情色彩】 含褒义。

【语用解释】 指内心充满了热情，常用于待人和工作方面。搭配：对……满腔热情；满腔热情地……。

【近义成语】 热血沸腾。

【反义成语】 冷若冰霜。

情景例句

（演讲比赛以前，学生有点紧张）

学生：虽然我准备好了，可还是很紧张。

老师：没关系，你只要满腔热情地读出来就好了。

用一用

1. 张老师工作尽心竭力，对待同学满腔热情。
2. 刚接触心理学的时候，我满腔热情地打算学好它，后来发现真不容易。
3. 年轻人对任何事都要满腔热情，积极应对挑战。

练一练

1.“满腔热情”中“满腔”的意思是（　　）。

A. 整个肚子　　B. 整个心中　　C. 整个身体

2. 以下搭配不对的是（　　）。

A. 充满了满腔热情　　B. 对生活满腔热情

C. 满腔热情地工作　　D. 怀着满腔热情

3. 请用成语“满腔热情”完成下面的句子。

（1）如果你爱这份工作，____________________。

（2）情人节的晚上，他满腔热情地____________________。

（3）他是一个热心人，____________________。

慢条斯理 màn tiáo sī lǐ

学一学

【语义解释】 原指说话做事有条有理，不慌不忙。现在形容说话、做事不慌不忙的样子。

【语法解释】 1. 语法功能：在句子中作谓语、定语、状语；2. 语法结构：联合式。

【感情色彩】 含褒义。

【语用解释】 形容做事缓慢，但非常有条理，也指人一种从容的状态。一般用于老人、领导等。

【近义成语】 不慌不忙。

【反义成语】 雷厉风行。

情景例句

（留学生上完太极拳课）

A：老师的动作慢条斯理的，真漂亮。

B：对啊，他讲话也慢条斯理的，很清楚。

用一用

1. 我们的校长说起话来总是慢条斯理，十分清楚。
2. 爷爷做事总是慢条斯理，不慌不忙。
3. 吃过饭，爸爸总是慢条斯理地抽烟看报纸。

练一练

1. “慢条斯理”不适合下面哪种人？（　　）

A. 孩子　　B. 老师　　C. 领导　　D. 经理

2. 以下搭配不对的是（　　）。

A. 慢条斯理地走路　　B. 说话慢条斯理的

C. 写字慢条斯理　　D. 特别慢条斯理

3. 请用成语“慢条斯理”改写下面的句子。

(1)我敲了半天门，才有一位老人慢慢地打开门，让我进去了。

改写：____。

(2)他递上请假申请，老板看了看，过了五分钟，才慢慢地对他说公司太忙，不能请假。

改写：____。

盲人摸象 máng rén mō xiàng

学一学

【语义解释】 比喻对事物只凭片面的了解或局部的经验就乱加猜测。

【语法解释】 1. 语法功能：作宾语、定语、分句；2. 语法结构：主谓式。

【感情色彩】 含贬义。

【语用解释】 讽刺和批评那些目光短浅的人。提醒人们，要避免这种现象，唯一的办法是多观察，多了解，不要轻易下结论。常用在否定句。

【近义成语】 以偏概全。

【反义成语】 了如指掌。

用一用

1. 做调查的时候，如果只调查单一的方面，就好像盲人摸象，永远也不能掌握问题的全部。

2. 我们都知道盲人摸象是很可笑的一件事，但我们几乎每天都会犯类似的错误。

3. 如果你对过去不够了解，那么对未来的预测自然就是盲人摸象。

典故

从前，有四个盲人很想知道大象是什么样子，可他们看不见，只好用手摸。胖盲人先摸到了大象的牙齿，他就说："我知道了，大象就像一个又大、又粗、又光滑的大萝卜。"高个子盲人摸到的是大象的耳朵，他大叫起来："不对，大象明明是一把大扇子嘛！"这时，矮个子盲人说："你们瞎说，大象只是一根大柱子。"原来他摸到了大象的腿。而那位年老的盲人却说："唉，大象哪有那么大，它只不过是一根草绳。"原来他摸到的是大象的尾巴。四个盲人争吵不休，都说自己摸到的才是大象真正的样子。

——《大般涅盘经》

练一练

1. 以下哪种情况和"盲人摸象"的寓意相同？（　　）

A. 读历史只挑自己喜欢的部分

B. 从各个方面了解事情的情况

C. 对自己学习的专业历史发展、现状都很清楚

D. 了解行业每个环节的情况

2. 请用成语"盲人摸象"完成下面的句子。

(1)刚来到这个完全陌生的城市，________________________________。

(2)只了解事情的一个方面就下结论，________________________________。

(3)什么是"偏见"？偏见就是________________________________。

没精打采 méi jīng dǎ cǎi

学一学

【语义解释】 采：精神。形容精神不振、情绪低落。

【语法解释】 1. 语法功能：在句子中作定语、状语、补语；2. 语法结构：联合式。
【感情色彩】 含贬义。
【语用解释】 偏重在短时间内做具体的事情时的精神状态，多用于人，口语常用。
【近义成语】 精疲力竭。
【反义成语】 神采奕奕。

情景例句

（两个朋友一见面）
小明：你怎么了，怎么没精打采的？
小李：女朋友和我分手了，心情不好。

用一用

1. 看他那没精打采的样子，一定是昨天夜里又玩电子游戏了。
2. 知道这个坏消息以后，我一直没精打采。
3. 昨晚上看电视看得太晚了，今天上课我总是没精打采的。

练一练

1. 以下哪个是“没精打彩”的近义成语？（　　）
A. 精神百倍　　B. 兴高采烈　　C. 神采飞扬　　D. 精疲力竭
2. 以下哪种情况不符合“没精打采”的状态？（　　）
A. 无聊的时候　　B. 生病的时候　　C. 激动的时候　　D. 难过的时候
3. 请用成语“没精打采”完成下面的句子。
(1) 如果每天睡眠不足，________________。
(2) 面试的时候一定要注意精神状态，________________。
(3) 昨天感冒了，今天还没好，所以________________。
4. 讨论：人什么时候会“没精打采”？

眉飞色舞 méi fēi sè wǔ

学一学

【语义解释】 色：脸色，表情。形容人非常喜悦、得意兴奋的样子。
【语法解释】 1. 语法功能：在句子中作谓语、状语、补语；2. 语法结构：联合式。
【感情色彩】 中性义。
【语用解释】 形容人得意、快乐时的表情和神态。搭配：眉飞色舞的表情。
【近义成语】 得意洋洋。
【反义成语】 愁眉不展。

情景例句

（演讲比赛中，一个同学正在演讲，底下两名观众在小声议论）

A：他讲得真好，眉飞色舞，那么自信。

B：是啊，我也很喜欢看他的演讲。

用一用

1. 他一定是听见了什么好消息，一副眉飞色舞的样子。
2. 教授讲得眉飞色舞，学生们却没有太大的兴趣。
3. 一说起他的旅行经历，他马上就眉飞色舞地讲起来。

练一练

1.“眉飞色舞”中“色”的意思是（　　）。

A. 颜色　　B. 表情　　C. 色彩

2. 下面哪种情况下人会有“眉飞色舞”的表情？（　　）

A. 道歉时　　B. 上课时　　C. 失恋时　　D. 得到表扬时

3. 请用成语“眉飞色舞”完成下面的句子。

（1）教授讲课十分精彩，可以说______________________________。

（2）他的表情特别丰富，讲到自己擅长的事情时，______________________________。

（3）一说到网络游戏，他那呆呆的表情马上就变了，______________________________。

眉开眼笑 méi kāi yǎn xiào

学一学

【语义解释】 开，舒展。眉头舒展，眼含笑意，形容十分高兴愉快的样子。

【语法解释】 1. 语法功能：在句子中作谓语、定语、状语；2. 语法结构：联合式。

【感情色彩】 中性义。

【语用解释】 形容人高兴的样子，口语常用。搭配：眉开眼笑地说；眉开眼笑的样子。

【近义成语】 眉飞色舞。

【反义成语】 愁眉不展。

情景例句

（阿力问他的同学）

阿力：你有什么高兴的事呀，眉开眼笑的。

同学：我一次就通过了 HSK 六级考试，当然高兴呀。

用一用

1. 听到我考上大学的消息，一家人乐得眉开眼笑。
2. 大哭的孩子一看见妈妈，马上眉开眼笑。
3. 他眉开眼笑地向家人介绍自己的女朋友。

练一练

1. 请选出与其他成语意思不同的一项（　　）。

A. 眉开眼笑　　B. 愁眉不展　　C. 眉飞色舞

2. 以下会让人“眉开眼笑”的是（　　）。

A. 遇到一个问题　　B. 涨工资了　　C. 工作了很长时间

3. 请用成语“眉开眼笑”完成下面的句子。

(1)小王说话十分风趣，________________________。

(2)你怎么一看到我就不高兴，一看到美女，________________________。

(3)作为一个服务人员，态度很重要，________________________。

美中不足 měi zhōng bù zú

学一学

【语义解释】 总的方面虽然已经很好，但还有局部不完善、不理想、需要修改。

【语法解释】 1. 语法功能：在句子中作宾语、定语；2. 语法结构：偏正式。

【感情色彩】 中性义。

【语用解释】 指大部分非常好，只有一点儿不足或缺点，常用在提出意见或建议时。搭配：美中不足的是。

【近义成语】 十全九美。

【反义成语】 十全十美，完美无缺。

情景例句

（两个留学生聊起了汉语学习软件）

A：我推荐给你的学习汉语的 App 怎么样？

B：很不错，不过美中不足的是有点贵。

用一用

1. 他是个很帅的小伙子，美中不足的是个子矮。
2. 我很喜欢那套房子，但美中不足的是它离上班的地方太远。
3. 这篇文章的美中不足之处就是文章题目有些不好。

练一练

1.“美中不足”的反义成语是(　　)。

A. 十全十美　　B. 不足之外　　C. 白璧微瑕

2. 以下适用于“美中不足”的情况是(　　)。

A. 缺点很多　　B. 除了一点，都满意

C. 马马虎虎的情况　　D. 完美无缺

3. 请用成语“美中不足”改写下面的句子。

(1)饭馆的菜很好吃……贵。

改写：____。

(2)衣服的样子很漂亮……颜色不太好。

改写：____。

(3)这次旅行很完美……吃的不好。

改写：____。

4. 讨论：你还遇到过哪些“美中不足”的事？分享一下。

梦寐以求 mèng mèi yǐ qiú

学一学

【语义解释】 寐：睡着。做梦的时候都在追求。形容迫切地期望着。

【语法解释】 1. 语法功能：在句子中作谓语、定语；2. 语法结构：偏正式。

【感情色彩】 中性义。

【语用解释】 形容有着强烈的愿望，书面语。搭配：梦寐以求的愿望；梦寐以求的事；让人梦寐以求。

【近义成语】 朝思暮想，求之若渴。

【反义成语】 唾手可得。

情景例句

(学院有一个交换留学的机会，两个学生在交流)

A：你决定了吗？去不去留学？

B：这是我梦寐以求的机会，我当然去。

用一用

1. 通过层层考试和面试，她终于获得了这份梦寐以求的工作。

2. 虽然他没有考上梦寐以求的学校，但是他并没有表现出失望情绪。

3. 他梦寐以求的女孩终于同意与他交往，他不禁心花怒放。

练一练

1.“梦寐以求”中“梦寐”的意思是(　　)。

A. 做好梦　　B. 做恶梦　　C. 做梦时

2. 和“梦寐以求”意思相反的成语是(　　)。

A. 朝思暮想　　B. 心驰神往　　C. 顺其自然

3. 请用成语“梦寐以求”完成下面的句子。

(1)考上清华大学,________________。

(2)让国足冲出亚洲,冲向世界________________。

(3)我终于来到了心心念念的旅行地——中国西安!

改写:________________。

4. 讨论:请和大家分享一下你“梦寐以求”的事情。

面面俱到 miàn miàn jù dào

学一学

【语义解释】 俱:都。各方面都能照顾到,没有遗漏、疏忽。

【语法解释】 1. 语法功能:在句子中作谓语、定语、状语;2. 语法结构:主谓式。

【感情色彩】 含褒义。

【语用解释】 指每一个方面都处理得很恰当,都考虑到了,做得很周到;有时也指虽然能照顾到各方面,但做得一般。搭配:做到面面俱到;考虑得面面俱到。

【近义成语】 八面玲珑。

【反义成语】 顾此失彼。

情景例句

(一家公司的经理希望大家准备好新年晚会)

经理:今年的晚会邀请了很多客户,所以准备工作一定要面面俱到,不能出错。

所有员工:我们一定准备好。

用一用

1. 他不但能力很强,做起事来更是面面俱到。
2. 他的说明面面俱到,凡是相关的问题,都回答了。
3. 写作文要突出重点,不要想面面俱到,没有重点。
4. 从他面面俱到的解说中,我们很快掌握了工程进展的情况。

练一练

1.“面面俱到”中“俱”的意思是(　　)。

A. 具备　　B. 有　　C. 具体　　D. 都

2. 以下搭配不对的是(　　)。

A. 安排得面面俱到　　B. 学习得面面俱到

C. 面面俱到地照顾　　D. 面面俱到的文章

3. 请用成语“面面俱到”改写下面的句子。

(1)在简历中,你要提供足够的信息,但也不要把所有的信息都写上。

改写:____。

(2)这次活动非常成功,主办者把每个方面都安排得很好。

改写:____。

(3)作为一名领导,得考虑到所有方面的问题。

改写:____。

4. 讨论:你认为哪些事情需要“面面俱到”,哪些事情不需要?

面貌一新 miàn mào yī xīn

学一学

【语义解释】 样子完全改变,出现了崭新的面貌。

【语法解释】 1. 语法功能:在句子中作谓语、定语、补语;2. 语法结构:主谓式。

【感情色彩】 含褒义。

【语用解释】 指人的状态或事情的局面发生了改变了,一般指积极的、良好的改变。

【近义成语】 焕然一新。

情景例句

(一个朋友问刚从四川旅行回来的朋友)

A:地震过去10多年了,那个地方现在怎么样了?

B:现在那儿真是面貌一新。

用一用

1. 他们把这辆汽车彻底维修了一遍,整个汽车面貌一新。

2. 为了迎接新年,大家都把家收拾得面貌一新。

3. 暴风雨过后,整个城市充满活力,面貌一新。

练一练

1. 请选择正确的汉字，完成成语“面（　　）一新”。

A. 容　　B. 貌　　C. 相　　D. 庞

2. 请选出与成语“面貌一新”不合适的搭配（　　）。

A. 国庆期间，整个城市面貌一新　　B. 精心打扮以后，他面貌一新

C. 有了新的奖励规定，公司上下面貌一新　　D. 他喝老酒喝得面貌一新，都不认识了

3. 请用成语“面貌一新”完成下面的句子。

（1）经过两多月的装修，我老家的房子____________________。

（2）这个网站换了新的设计，____________________。

（3）他自从有了女朋友，每天都很注重自己的仪表，____________________。

面红耳赤 miàn hóng ěr chì

学一学

【语义解释】 赤：红。脸和耳朵都红了。形容因害羞、尴尬、激动、发怒而脸色涨红的样子。

【语法解释】 1. 语法功能：在句子中作谓语、状语、补语；2. 语法结构：联合式。

【感情色彩】 中性义。

【语用解释】 形容人的表情，一般是因为紧张、激动、不好意思等情绪引起的。搭配：气得面红耳赤。

【近义成语】 羞愧满面。

【反义成语】 面不改色。

情景例句

（两个人因为排队而吵架）

A：发生什么事儿了？他们俩为什么吵架？

B：就为排队这点小事儿，他们就吵得面红耳赤，真不值得。

用一用

1. 小李的个性内向，只要和女孩说几句话就会面红耳赤。

2. 他不知道怎么回答这个问题，紧张得面红耳赤，十分尴尬。

3. 朋友之间的“争论”是很正常的事情，哪怕是“争”到面红耳赤的地步。

练一练

1. 以下关于“面红耳赤”的搭配不对的是(　　)。

A. 两人争得面红耳赤　　B. 急得面红耳赤

C. 害羞得面红耳赤　　D. 高兴地面红耳赤

2. 以下会引起“面红耳赤”的事情是(　　)。

A. 发现自己犯了错误　　B. 和朋友一起吃饭

C. 参加一个聚会　　D. 洗脸很认真

3. 请用成语“面红耳赤”完成下面的句子。

(1)他俩结婚十年了，从没有吵过架，也就是说＿＿＿＿＿＿＿＿。

(2)当你一不小心在很多人面前说错了话时，＿＿＿＿＿＿＿＿。

(3)为了座位这点小事，那两个人＿＿＿＿＿＿＿＿。

名副其实 míng fù qí shí

学一学

【语义解释】 副：符合，彼此相称；其：指示代词，相当于“那”“那个”；实：实际。指名声或名义和实际相符。

【语法解释】 1.语法功能：在句子中作谓语、定语；2.语法结构：主谓式。

【感情色彩】 含褒义。

【语用解释】 指名义和实际相符合，一般是指好的方面，可以用于人或其他事物。搭配：名副其实的＋称谓。

【近义成语】 名不虚传，表里如一。

【反义成语】 名不副实，有名无实。

情景例句

(两个朋友聊自己的爱好)

A：我每周都要看一部电影，不看就觉得生活少了乐趣。

B：所以说你是一个名副其实的影迷。

(班上来了一位新同学，两个学生在讨论)

A：那个女孩叫什么名字？

B：她叫美丽。

A：哇，她的名字真是名副其实啊。

用一用

1. 中国是名副其实的美食王国。

2. 步行街的特色小吃非常出名，我们吃过后觉得真是名副其实。
3. 马克的汉语很好，是个名副其实的“中国通”。
4. 即使是周末，马克照样加班工作，真是个名副其实的“工作狂”。
5. 他从来没请过朋友吃饭，真是个名副其实的小气鬼。

练一练

1. 请选择正确的汉字，完成成语“名（　）其实”。
A. 幅　B. 副　C. 富　D. 福
2. “名副其实”的反义成语是（　）。
A. 表里如一　B. 有名无实　C. 名不虚传
3. 请根据所给信息用成语“名副其实”完成下面的句子。
(1) 西安　古都　名胜古迹
______________________________。
(2) 蚂蚁　力气大　大力士
______________________________。
(3) 张医生　医术好　长得漂亮　白衣天使
______________________________。
4. 讨论：生活中还有哪些“名副其实”和“名不副实”的事？

名胜古迹 míng shèng gǔ jì

学一学

【语义解释】 指风景优美和有古代遗迹的有名地方。
【语法解释】 1. 语法功能：在句子中作宾语；2. 语法结构：联合式。
【感情色彩】 含褒义。
【语用解释】 有名的旅游地。口语常用。搭配：游览名胜古迹；参观名胜古迹。
【近义成语】 名山大川。
【反义成语】 穷乡僻壤，穷巷拙门。

情景例句

（假期开始了，两个朋友聊旅游）
A：你喜欢去哪儿旅游？是去自然风光的地方还是名胜古迹？
B：我喜欢去名胜古迹。

用一用

1. 中国的名胜古迹值得我们去参观。

2. 我的梦想是到世界各地去旅游，参观名胜古迹。
3. 我爱我的家乡，我的家乡有很多名胜古迹。

练一练

1. 以下不属于“名胜古迹”的是(　　)。
A. 北京　　B. 兵马俑　　C. 故宫　　D. 华山
2. 以下搭配错误的是(　　)。
A. 参观名胜古迹　　B. 玩名胜古迹　　C. 游览名胜古迹
3. 请用成语“名胜古迹”完成下面的句子。
(1)埃及(Egypt)是文明古国，________________________________。
(2)游客们每到一个地方，________________________________。
4. 讨论：你去过哪些名胜古迹？向你的同学介绍一下。

莫名其妙 mò míng qí miào

学一学

【语义解释】 莫：没有人；名：说出。说不出其中的奥妙(道理)。指事情很奇怪，不合常理。

【语法解释】 1. 语法功能：在句子中作谓语、定语、状语；2. 语法结构：动宾式。

【感情色彩】 含褒义。

【语用解释】 侧重在不知道为什么，指不明白或说不出来，用来说人的语言、行为或者一种情况。口语常用。搭配：让人莫名其妙；莫名其妙的行为；太莫名其妙了。

【近义成语】 大惑不解。

【反义成语】 恍然大悟。

情景例句

(姐姐和妈妈聊起了爸爸的变化)
姐姐：爸爸最近总是莫名其妙地生气、发脾气。
妈妈：你爸最近因为身体不好，工作也不太顺利，所以心情很差。

用一用

1. 昨天这台电脑还能正常使用，今天却莫名其妙地死机了。
2. 我今天莫名其妙地接到一个陌生人打来的电话。
3. 这个人与众不同，常常说一些让人莫名其妙的话，做一些莫名其妙的事。

练一练

1.“莫名其妙”中“莫名”的意思是（　　）。

A. 不知道　　B. 没有名字　　C. 没有说出　　D. 没有人能说出

2. 以下可能会产生“莫名其妙”的情况是（　　）。

A. 因为工作和同事生气　　B. 不知为什么难过

C. 忘了带钥匙着急　　D. 不小心摔坏了手机心疼

3. 请用成语“莫名其妙”完成下面的句子。

(1)最近我没在网上买过东西，____________________。

(2)千万别和一个怀孕的人开玩笑，____________________。

(3)____________________，让我莫名其妙。

4. 讨论：你遇到过哪些莫名其妙的事？

目中无人 mù zhōng wú rén

学一学

【语义解释】 眼里没有别人，形容骄傲自大或看不起人。

【语法解释】 1. 语法功能：在句子中作谓语、定语；2. 语法结构：偏正式。

【感情色彩】 含贬义。

【语用解释】 形容狂妄自大的态度，一般用来批评。搭配：目中无的样子；目中无的态度；太目中无人了。

【近义成语】 目空一切。

【反义成语】 平易近人。

情景例句

（办公室里，两个同事聊天）

A：我不太喜欢小李，他总是不理别人，一副目中无人的样子。

B：他是因为自卑，所以不理别人，并不是目中无人。

用一用

1. 他那目中无人的态度，真令人受不了！

2. 他自从升职之后，就自以为了不起，目中无人。

3. 一个人既要有雄心壮志，又不能自高自大、目中无人。

练一练

1. 和“目中无人”意思相反的成语是（　　）。

A. 目空一切　　B. 骄傲自满　　C. 平易近人　　D. 不可一世

2. 选择不会“目中无人”的一项(　　)。

A. 能力比别人都强　　B. 地位比别人高　　C. 比别人富有　　D. 谦虚谨慎

3. 请用成语“目中无人”完成下面的句子。

(1)他是一个富二代,觉得自己很富有,________________。

(2)那个演员很自大,让所有人等了一个小时,________________。

(3)人们喜欢平易近人的人,________________。

4. 讨论:什么样的人会目中无人?说一说原因。

难能可贵 nán néng kě guì

学一学

【语义解释】 难能:很难做到。指不容易做到的事居然能做到,非常可贵。

【语法解释】 1. 语法功能:在句子中作宾语、定语;2. 语法结构:偏正式。

【感情色彩】 含褒义。

【语用解释】 常用于赞扬人的精神或能力,用在肯定句中。搭配:难能可贵的精神;难能可贵的做法。

【近义成语】 来之不易,不可多得。

【反义成语】 不足为奇。

情景例句

(两个朋友在聊明星)

A:你为什么喜欢这个歌星呢?

B:他唱得好,人长得帅,更难能可贵的是他从来没有负面新闻。

用一用

1. 一个人无依无靠、独立生活的时候,还能够对生活充满信心,实在是难能可贵。

2. 他那种见义勇为的精神真是难能可贵。

3. 作为一名德国人,卢安克在中国的山区给孩子们上了十年课,真是难能可贵啊!。

练一练

1. “难能可贵”中“难能”的意思是(　　)。

A. 很难做到　　B. 不可能

C. 很难的能力　　D. 很难不能

2. 选出不是“难能可贵”的一项(　　)。

A. 努力学习　　B. 做错事道歉

C. 每天锻炼身体　　　　　　　　D. 坚持做了十年慈善

3. 请用成语“难能可贵”完成下面的句子。

(1)老王经验丰富，能力很强，但还是虚心向大家请教，________________。

(2)开会的时候，敢对领导的提议提出反对意见，这个年轻人________________。

(3)大学毕业，小李放弃大城市的工作机会，回到偏远的家乡，________________。

4. 讨论：你觉得还有哪种做法是“难能可贵”的？

年富力强 nián fù lì qiáng

学一学

【语义解释】 年：年岁；富：多；年富：未来的年岁多。形容年纪轻，精力旺盛。

【语法解释】 1. 语法功能：在句子中作谓语、定语；2. 语法结构：联合式。

【感情色彩】 含褒义。

【语用解释】 主要用来形容中年人，强调“精力旺盛”，口语多用。

【近义成语】 精力充沛。

【反义成语】 年老体衰。

情景例句

（会议室里，公司经理在向客户介绍公司的情况）

客户：你能介绍一下公司的员工情况吗？

经理：我们公司的员工年富力强，平均年龄35岁，具有丰富的行业工作经验。

用一用

1. 现在社会上，需要有实践经验而又年富力强的管理人才。

2. 趁着年富力强的时候，我们都要努力工作。

3. 他现在已经是一个年富力强的人才了，再也不是那个什么也不懂的大男孩。

4. 我的朋友年富力强，又有高学历，所以单位把重要的任务都交给了他。

练一练

1. “年富力强”中“年富”的意思是（　　）。

A. 以后的年岁很多　　B. 年年很富有　　C. 年龄很大

2. 成语“年富力强”一般是指人的哪个阶段？（　　）

A. 少年　　B. 青年　　C. 中年　　D. 老年

3. 用成语“年富力强”完成下面的句子。

(1)我们公司需要________________的管理人才。

(2)你才30多岁，________________。

(3)我年老体衰，＿＿＿＿＿＿＿＿＿＿＿＿＿＿＿＿＿＿＿＿＿＿＿＿＿＿＿＿＿＿。

弄虚作假 nòng xū zuò jiǎ

学一学

【语义解释】 虚:虚假;假:不实。制造假的现象以欺骗别人。

【语法解释】 1.语法功能:在句子中作谓语、宾语、定语;2.语法结构:联合式。

【感情色彩】 含贬义。

【语用解释】 指故意耍花招欺骗人,有批评的含义。搭配:不能弄虚作假;弄虚作假的做法。

【近义成语】 歪门邪道。

【反义成语】 实事求是。

情景例句

(考试结果出来后,两个学生在交流)

A:他平时不好好学习,这次考试他怎么能考这么好呢?

B:你的意思是他考试弄虚作假了?

(两个朋友在讨论一位短跑运动员)

A:那个运动员的跑得太快了,真是不可思议!

B:不过我听说他的成绩已经被取消了,因为他在比赛中弄虚作假了。

用一用

1. 他做事总爱弄虚作假,已经没有人相信他了。
2. 有的公司做广告时弄虚作假,骗大家买他们的产品。
3. 他为了找到工作,在他的简历上弄虚作假。

练一练

1. 请选择正确的汉字,补全成语"弄(　　)作假"。

A. 虎　　B. 虚　　C. 虑

2. 以下哪一项是"弄虚作假"行为?(　　)

A. 出租车司机载客途中故意绕路

B. 学生学画一张名画

C. 朋友买了一件便宜的衣服

D. 体验VR影像

3. 请用成语"弄虚作假"完成下面的句子。

(1)＿＿＿＿＿＿＿＿＿＿＿＿＿＿＿＿＿＿＿＿＿＿＿＿＿＿＿,已经没人相信他了。

(2)考试的时候偷偷看书，____。

(3)从这次选举可以看出，人们喜欢实事求是的领导，____________________________。

4. 讨论：社会生活中，还有哪些弄虚作假的行为？

平易近人 píng yì jìn rén

学一学

【语义解释】 平易，原指道路平坦，后来比喻态度平和，对人和蔼可亲，没有架子，使人容易接近。也指文章文字浅显，容易理解。

【语法解释】 1. 语法功能：在句子中作谓语、宾语、定语；2. 语法结构：联合式。

【感情色彩】 含褒义。

【语用解释】 容易接近、亲近，一般用于长辈，如父母、老师等。搭配：对大家平易近人；让人觉得平易近人；平易近人的态度。

【近义成语】 和蔼可亲。

【反义成语】 盛气凌人，目中无人。

情景例句

（小王因为交不到朋友感到苦恼，他问妻子）

小王：为什么我交不到朋友呢？

妻子：你得多笑一笑，别太严肃，让人觉得平易近人，才有人愿意和你交朋友。

用一用

1. 老刘虽然是局长，但他平易近人。
2. 这个演员一点儿都不骄傲，平易近人，很受观众的喜欢。
3. 白居易写的诗，不但风格清新，而且文字平易近人，容易让人理解。

练一练

1. “平易近人”中“平易”的意思不包括（　　）。

A. 平常容易　　B. 道路平坦　　C. 态度平和　　D. 文字浅显

2. 选出“平易近人”的反义成语（　　）。

A. 和蔼可亲　　B. 目中无人　　C. 盛气凌人　　D. 目空一切

3. 请用成语“平易近人”完成下面的句子。

(1)虽然他是公司的CEO，但是____________________________________。

(2)____________________________________，大家都愿意跟他交朋友。

(3)古书里的文言文用现代汉语解释以后，____________________________。

萍水相逢 píng shuǐ xiāng féng

学一学

【语义解释】 萍:浮萍,一种漂浮不定的水草。形容人们互相不认识,偶然相遇。

【语法解释】 1.语法功能:在句子中作谓语、定语;2.语法结构:偏正式。

【感情色彩】 含褒义。

【语用解释】 强调与人认识的偶然性,没有深入的交往。搭配:萍水相逢的关系。

【近义成语】 一面之交。

【反义成语】 莫逆之交。

情景例句

(在一场婚礼上,朋友们问新娘和新郎。)

朋友:快告诉大家,你们是怎么认识的?

新郎:5年前,我们在火车上萍水相逢,后来成了无话不谈的朋友,最后就成了恋人。

用一用

1.茫茫人海中,与一个人能够萍水相逢,再相知相爱,也是一种难得的缘分。

2.因为我们都是南方人,所以虽然萍水相逢,但都有一见如故的感觉。

3.我真不了解他,我们只能算是萍水相逢,没有深入地交往。

练一练

1.“萍水相逢”适合以下哪种情况?(　　)

A.老朋友重逢　　B.家人团圆

C.游客在旅行中认识　　D.同学聚会

2.用成语“萍水相逢”改写下面的句子。

(1)他俩虽然只是偶然遇见,但感觉好像认识很久了。

改写:____。

(2)假期,我在火车上遇到了几个朋友,虽然是偶遇,但大家聊得很开心。

改写:____。

(3)你们只是偶然相遇而已,你就爱上他了吗?

改写:____。

迫不及待 pò bù jí dài

学一学

【语义解释】 迫：紧急；不及待：不能等待。急迫得不能等待。形容心情十分着急。

【语法解释】 1. 语法功能：在句子中作谓语、状语；2. 语法结构：偏正式。

【感情色彩】 含褒义。

【语用解释】 强调"急得不能等下去"，一般是特别期待的事。书面语。搭配：迫不及待地想回家。

【近义成语】 刻不容缓，急不可待。

【反义成语】 伺机而动。

情景例句

（小王生日前夕）

朋友：我为你的生日准备了一份特别的礼物。

小王：谢谢你，我都迫不及待地想看到了。

用一用

1. 在考完试的第二天，我就迫不及待地打电话问老师成绩如何。

2. 一收到礼物，她就迫不及待地打开了包装。

3. 小时候，迫不及待地想长大，长大了，又总想回到童年。

练一练

1. 请选择正确的汉字，补全成语"（　　）不及待"。

A. 迫　　B. 追　　C. 柏　　D. 泊

2. 以下哪种情况可以用"迫不及待"？（　　）

A. 起床　　B. 上班　　C. 旅游　　D. 考试

3. 请用成语"迫不及待"和所给内容完成下面的句子。

（1）春节　回家

句子：______________________________。

（2）放假　见朋友

句子：______________________________。

（3）好消息　告诉好朋友

句子：______________________________。

迫在眉睫 pò zài méi jié

学一学

【语义解释】 迫:紧急;眉:眉毛;睫:睫毛。火马上要烧到眉毛和睫毛了,形容事情十分紧急,已到眼前。

【语法解释】 1.语法功能:在句子中作谓语、定语;2.语法结构:补充式。

【感情色彩】 含中性。

【语用解释】 形容紧急的事情,已经到了不能等的情况了。书面语。搭配:迫在眉睫的形势;迫在眉睫的事情;危机已经迫在眉睫。

【近义成语】 当务之急,燃眉之急。

【反义成语】 慢条斯理。

情景例句

(周末,高三的儿子想和朋友出去玩)

儿子:妈,朋友约我出去玩,我想去。

妈妈:你不能去,高考迫在眉睫,你得好好复习。

用一用

1.事情已经迫在眉睫了你才准备,是不是太晚了?

2.就算问题迫在眉睫,我们也要冷静,办法总是人想出来的。

3.一场暴风雨迫在眉睫,需要通知游客赶紧下山。

练一练

1.选出与“迫在眉睫”意思相反的一个成语(　　)。

A.火烧眉毛　　B.燃眉之急　　C.慢条斯理

2.以下属于“迫在眉睫”的情况是(　　)。

A.明天过生日　　B.在机场等飞机　　C.马上要放假　　D.台风来之前

3.请用成语“迫在眉睫”完成下面的句子。

(1)做事情要安排一个先后顺序,＿＿＿＿＿＿＿＿＿＿＿＿＿＿＿＿＿＿。

(2)科学家列举了许多事例,＿＿＿＿＿＿＿＿＿＿＿＿＿＿＿＿＿＿＿＿。

(3)处理问题要冷静,＿＿＿＿＿＿＿＿＿＿＿＿＿＿＿＿＿＿＿＿＿＿＿。

4.讨论:你或你的国家最近有没有“迫在眉睫”的事需要解决?

欺上瞒下 qī shàng mán xià

学一学

【语义解释】 欺:欺骗;瞒:隐瞒。对上级欺骗,博取信任;对下级隐瞒,掩盖真相。
【语法解释】 1.语法功能:在句子中作谓语、定语;2.语法结构:联合式。
【感情色彩】 含贬义。
【语用解释】 指把真实情况隐瞒起来,在批评的时候用。搭配:欺上瞒下的做法。
【近义成语】 弄虚作假。
【反义成语】 坦诚相待,开诚布公。

情景例句

(两个员工在议论公司的事)
A:听说公司的会计出事了,你知道吗?
B:知道,她在半年时间里,欺上瞒下,挪用了公司200万。

用一用

1.他在工作中常常欺上瞒下,最后被发现了。
2.作为一个中层领导,应该如实面对问题,而不是欺上瞒下。
3.那个导游工作中出了错,他想欺上瞒下混过去,结果被大家发现了。

练一练

1.“欺上瞒下”中“瞒”的意思是(　　)。
A.不知道　　B.隐瞒　　C.欺骗
2.用成语“欺上瞒下”完成下面的句子。
(1)无论在哪里,这种欺上瞒下的做法______________________________________。
(2)有些中层管理者____,让人讨厌。
(3)欺上瞒下的人只能暂时得到好处,______________________________________。

七嘴八舌 qī zuǐ bā shé

学一学

【语义解释】 形容人多嘴杂,议论很多,大家的意见不一样。
【语法解释】 1.语法功能:在句子中作谓语、状语;2.语法结构:联合式。

【感情色彩】 中性义。
【语用解释】 人多,意见多。表示大家的意见不统一。口语。搭配:七嘴八舌地议论。
【近义成语】 七言八语。
【反义成语】 沉默寡言。

情景例句

(公司的员工都在议论小王为什么辞职)
经理:大家别七嘴八舌地议论了,都回去工作吧。
老张:都别说了,工作吧。

用一用

1. 记者七嘴八舌地大声向校长提问时,他表现得非常冷静。
2. 几乎所有的学生都七嘴八舌地说了一堆,但是没有一个答案能让教授满意。
3. 老板说:"你们七嘴八舌地提要求,我听不清,请一个一个说好不好?"

练一练

1. 请选出"七嘴八舌"的正确解释(　　)。
A. 人有七八张嘴
B. 大家的意见不一样
C. 人很多,声音很大
2. 以下哪种情况可以使用"七嘴八舌"?(　　)
A. 大家一起合唱的时候
B. 大家一起吃饭的时候
C. 大家一起开会的时候
3. 用成语"七嘴八舌"完成下面的句子。
(1)几个学生讨论毕业旅行的计划,________________________。
(2)你们派一个代表来统一提要求,不要________________________。
(3)等了很久都不见演员上场,台下的观众开始____________________。

齐心协力 qí xīn xié lì

学一学

【语义解释】 齐心:同心;协力:共同合作努力。形容认识一致,共同努力。
【语法解释】 1. 语法功能:在句子中作谓语、定语、状语;2. 语法结构:联合式。
【感情色彩】 含褒义。
【语用解释】 两个人或者很多人在思想认识上一致。搭配:齐心协力地工作;齐心协力赢得比赛。

【近义成语】 同心同德。

【反义成语】 貌合神离。

情景例句

（一位大学生和他的导师）

学生：唉，这次试验又失败了。

导师：没关系，我们再试一次，大家齐心协力，一定会成功的。

用一用

1.这场足球比赛告诉我们，不管遇到什么事情，只要团结一心，每个人都出一份力，齐心协力就一定能取得成功。

2.夫妻俩开了一家饭店，两人齐心协力地经营了几年，生活慢慢好了起来。

3.工人们齐心协力，只用一天时间就把道路修好了。

4.地震发生后，中国人民齐心协力帮助灾区人民渡过了难关。

练一练

1.“齐心协力”中“协”的解释是（　　）。

A.共同　　B.帮助　　C.和谐

2.“齐心协力”的近义成语是（　　）。

A.万众一心　　B.貌合神离　　C.离心离德

3.用成语“齐心协力”完成下面的句子。

（1）球队想要赢得比赛，____________________。

（2）什么是团队精神？____________________。

（3）虽然一只蚂蚁的力气很小，____________________。

4.讨论：做哪些事情需要“齐心协力”。

岂有此理 qǐ yǒu cǐ lǐ

学一学

【语义解释】 岂：哪里。哪有这个道理？表示毫无道理。

【语法解释】 1.语法功能：在句子中作谓语、分句；2.语法结构：动宾式。

【感情色彩】 含褒义。

【语用解释】 指批评别人的言行或某一事物极其荒谬。常用在反问句中。口语。

【近义成语】 莫名其妙。

【反义成语】 合情合理。

情景例句

（小王向同事抱怨）

同事：你怎么了，为什么生气？

小王：你说，我加了那么多班，居然不给我加班费，真是岂有此理。

用一用

1. 他们竟然敢打我的弟弟，真是岂有此理！
2. 老教授生气地对一个学生说："你竟然上课睡觉！岂有此理！"
3. 大家好心好意问你，你却说别人多管闲事，真是岂有此理！
4. 他先动手打人，真是岂有此理。
5. 你也不问花是谁的，就拿走了，别人批评你，你还不满意，真是岂有此理！

练一练

1."岂有此理"中"岂"的意思是（　　）。

A. 怎么　　B. 哪里　　C. 什么

2. 以下不需要用到成语"岂有此理"的情况是（　　）。

A. 上班时间打游戏　　B. 排队的时候插队

C. 在电梯里抽烟　　D. 喝很多酒

3. 讨论：你遇到过哪些"岂有此理"的事情？

迄今为止 qì jīn wéi zhǐ

学一学

【语义解释】 迄：到；今：目前。迄今是指从以前到现在，指一个时间段。到目前为止，到现在为止。

【语法解释】 1. 语法功能：在句子中作状语、宾语；2. 语法结构：联合式。

【感情色彩】 含褒义。

【语用解释】 目前为止，到现在为止。常用于对一段时间的情况进行总结。

【近义成语】 至今为止，时至今日。

情景例句

（两个学生聊申请大学的事）

A：你申请了几个大学？

B：我给五个大学写了申请，迄今为止只收到了一个大学的回复。

用一用

1. 迄今为止，金字塔（Pyramids）仍是人类的不解之谜。
2. 这是迄今为止我看过的最好的一部电影。
3. 迄今为止，他已经得了十几项国际音乐奖了。
4. 自从MH370飞机消失以后，迄今为止也没找到任何消息。

练一练

1. “迄今为止”中“迄”的意思是（　　）。

A. 到达　　B. 到　　C. 到了　　D. 去

2. 以下不能用“迄今为止”表达的情况是（　　）。

A. 公司成立到现在　　B. 第一台电脑诞生到今天

C. 进入大学到毕业　　D. 人类历史的开始到现在

3. 用成语“迄今为止”改写下面的句子。

(1)到现在，微信是我最喜欢用的聊天App。

改写：______________________________。

(2)一直到现在，人们也没有发现地球以外的生命。

改写：______________________________。

(3)是否辞职是他到目前遇到的最难的决定。

改写：______________________________。

恰到好处 qià dào hǎo chù

学一学

【语义解释】 恰：正好，程度刚好。指说话做事正好到了最合适的地步。

【语法解释】 1. 语法功能：在句子中作谓语、状语、补语；2. 语法结构：动宾式。

【感情色彩】 含褒义。

【语用解释】 强调恰巧达到最好的程度，常用来评价程度刚好。搭配：恰到好处的表演；做得恰到好处。

【近义成语】 恰如其分。

【反义成语】 过犹不及，矫枉过正。

情景例句

（小王请外国朋友吃中国菜）

小王：这道菜的味道怎么样？

朋友：酸酸甜甜，味道恰到好处。

用一用

1. 这个学生学习认真踏实，上课回答问题恰到好处。
2. 她的言谈举止总是恰到好处，使人愉快。
3. 这篇文章语言形象生动，词汇丰富多变，诗文引用恰到好处。
4. 他把这个问题处理得恰到好处，大家都很满意。

练一练

1. “恰到好处”中“恰”的意思是(　　)。
A. 高兴　　B. 刚好　　C. 开心
2. “恰到好处”的近义成语是(　　)。
A. 画蛇添足　　B. 过犹不及　　C. 恰如其分
3. 请用成语“恰到好处”完成下面的句子。
(1)她今天的穿着打扮既不随意，也不华丽，________________。
(2)他的演讲非常精彩，________________。
(3)这张照片拍得特别漂亮，________________。

恰如其分 qià rú qí fèn

学一学

【语义解释】 恰：恰好；分：分寸。指办事或说话非常合适。
【语法解释】 1. 语法功能：在句子中作谓语、宾语、状语；2. 语法结构：动宾式。
【感情色彩】 含褒义。
【语用解释】 指说话办事注意限度、分寸，表示大小、长短、轻重等正合适，用于评价时。搭配：恰如其分地表达。
【近义成语】 恰到好处。
【反义成语】 离题万里。

情景例句

(两个朋友在聊一部电影)
A：你看那个演员演的新电影了吗？
B：看了，他的演技特别好，把角色的痛苦表现得恰如其分。

用一用

1. 用这句话来形容他，真是恰如其分，一点儿也不过分。
2. 家长对孩子的表扬既要实事求是，又要恰如其分。

3. 做这道菜最重要的是火候，一定要恰如其分，才能成功。

练一练

1. 请选择书写正确的成语（　　）。

A. 洽如其分　　B. 恰如其分　　C. 合如其分　　D. 冶如其分

2. 请判断以下句子的对错，错的请改正。

(1)这件衣服的价格非常恰如其分。（　　）

改正：________________________________。

(2)老师恰如其分地指出了我的问题。（　　）

改正：________________________________。

3. 用成语“恰如其分”完成下面的句子。

(1)做任何事不能画蛇添足，________________________。

(2)做自我评价的时候，________________________。

千方百计 qiān fāng bǎi jì

学一学

【语义解释】 方、计：方法，办法。想尽或用尽一切办法。

【语法解释】 1. 语法功能：在句子中作状语、宾语；2. 语法结构：联合式。

【感情色彩】 含褒义。

【语用解释】 千方百计是指“用尽一切办法”，常用在肯定句中。搭配：千方百计地打听；千方百计地争取。

【近义成语】 想方设法。

【反义成语】 无计可施，束手无策。

情景例句

（一个球迷和女朋友聊足球）

女朋友：我不明白足球有什么好看的。

球迷：当然好看啦，每个球队都千方百计地想进球，同时也千方百计地不让对方进球，很精彩。

用一用

1. 销售员总是千方百计地推销他们的产品，想让顾客购买。

2. 有的父母对孩子总是要什么给什么，千方百计地满足孩子的需要。

3. 女朋友生气了，他千方百计想让她开心。

4. 为了治好孩子的病，那对父母千方百计地找医生、想办法。

练一练

1. 成语“千方百计”中，意思相近，而且都表示“方法”的是（　　）。

A.“千”和“计”　　B.“千”和“方”　　C.“方”和“计”

2.“千方百计”的反义成语是（　　）。

A. 无计可施　　B. 想方设法　　C. 束手无策　　D. 无计可施

3. 请使用成语“千方百计”给以下情境造句。

(1)找工作：________________________。

(2)小孩想办法玩游戏：________________________。

(3)为了给妈妈一个惊喜：________________________。

4. 讨论：谈一谈你曾经“千方百计”做过的事情。

潜移默化 qián yí mò huà

学一学

【语义解释】 潜：暗中，悄悄的；默：不说话，没有声音。指人的思想或性格长期受到外界的影响而发生了变化。

【语法解释】 1. 语法功能：在句子中作定语、状语；2. 语法结构：联合式。

【感情色彩】 含褒义。

【语用解释】 指人的思想、习惯慢慢地受到影响，然后发生变化。书面语。搭配：受到了潜移默化的影响；对……产生了潜移默化的作用。

【近义成语】 耳濡目染，近朱者赤。

【反义成语】 无动于衷。

情景例句

（在一个学习班，家长问老师）

家长：你们的教学特色是什么？

老师：我们主要让孩子在游戏中潜移默化地学习。

用一用

1. 时代在发展，但传统观念一直潜移默化地影响着人们的生活。

2. 父母的一举一动、一言一行都对孩子有着潜移默化的影响。

3. 家庭生活对人的影响是潜移默化的，也是伴随一生的。

4. 艺术在潜移默化中影响着人们的审美。

练一练

1. 请选出“潜移默化”中“潜”的正确发音(　　)。

A. qiān　　B. qián　　C. qiǎn　　D. qiàn

2. 以下哪种情况属于“潜移默化”?(　　)

A. 家庭环境对孩子成长的影响

B. 药物让身体恢复健康

C. 人类活动对自然环境的影响

D. 新冠肺炎病毒对人们生活的影响

3. 请用成语“潜移默化”改写下面的句子。

(1)广告无处不在,影响了人们的消费观念。

改写:______________________________。

(2)传统文化______________________________。

(3)好的书籍有改变内心的力量,______________________________。

前仆后继 qián pū hòu jì

学一学

【语义解释】 仆:倒下;继:接着,跟上。前面的人倒下了,后面的人紧跟上去。形容斗争得很英勇,很激烈。

【语法解释】 1. 语法功能:在句子中作谓语、定语、状语;2. 语法结构:联合式。

【感情色彩】 含褒义。

【语用解释】 以前指人在战争中非常勇敢,一个接一个勇敢地冲上前。现在可以形容人在战斗或事业中不怕困难,勇敢前进。

【近义成语】 勇往直前。

【反义成语】 贪生怕死。

情景例句

(两个朋友参观一场科技展会)

A:现代科技发展得太快了,让人们的生活发生了巨大的变化。

B:是啊,这离不开科学家前仆后继的努力,是他们推动了科技的发展。

(两个朋友聊非洲动物)

A:每年七月,非洲的角马(Wildebeest)都会“搬家”。

B:听说它们过河的时候会遇到很多危险。

A:对呀,不过无论危险有多大,角马都会前仆后继地冲过河,寻找新家园。

用一用

1. 在人类文明史上，为理想而奋斗的人总是前仆后继。
2. 夏天的夜晚，常常看到很多飞虫前仆后继地飞向灯光，真是飞蛾扑火。
3. 多少战士前仆后继，用生命和鲜血换来了新中国。

练一练

1. 请解释"前仆后继"中"仆"的意思（　　）。

A. 仆人　　B. 继承　　C. 服务　　D. 倒下

2. 请选择可以使用"前仆后继"的情况（　　）。

A. 大家排队先后上地铁
B. 游客们先后来到旅游地
C. 学生们先后毕业
D. 消防员先后冲向火场

3. 请用成语"前仆后继"完成下面的句子。

(1)自由是一种精神，也是一种信仰。为了自由，____________________。

(2)海浪不断地冲上沙滩，像一只只愤怒的狮子。

改写：____。

(3)国家的富强要靠几代人的不断奋斗才能实现。

改写：____。

(4)从过去的一百多年到现在，一代又一代的女权主义者(feminist)为了女性的解放斗争而努力。

改写：____。

前所未有 qián suǒ wèi yǒu

学一学

【语义解释】 以前从来没有过的。

【语法解释】 1. 语法功能：在句子中作谓语、定语；2. 语法结构：偏正式。

【感情色彩】 中性义。

【语用解释】 强调以前没有，语气较轻，适用范围广。用在肯定句中。搭配：取得前所未有的成绩。

【近义成语】 空前绝后。

【反义成语】 司空见惯。

情景例句

（两个朋友聊2020年东京奥运会）

A：因为COVID－19，2020年东京奥运会已经推迟举行了。

B：是啊，这样的事情可真是前所未有啊！

用一用

1. 在经济环境紧张的现在，公司之间激烈的竞争是前所未有的。
2. 昨天一个人的时候，我会感觉到前所未有的孤独。
3. 我们公司遇到了前所未有的困难，需要大家一起努力，克服困难。
4. 智能机器人是前所未有的新科技产品，但如今已经成为了现实。

练一练

1. 请用成语“前所未有”完成下面的句子。

（1）这个地方以前没下过雪，今天下了一场雪。

改写：____。

（2）他以前从来没有得到过这么好的机会。

改写：____。

（3）前所未有　正经历　中国　发展　的　时期

排列正确的顺序：____________________________________

2. 讨论：请举出你所知道的“前所未有”的事，并分析事件的价值。

锲而不舍 qiè ér bù shě

学一学

【语义解释】 锲：用刀刻；舍：停止。不断地雕刻。比喻有恒心，有毅力，不放弃。

【语法解释】 1. 语法功能：在句子中作谓语、定语、状语；2. 语法结构：偏正式。

【感情色彩】 含褒义。

【语用解释】 像在坚硬的金石上雕刻一样，用来形容人坚持的精神。搭配：锲而不舍的精神；锲而不舍的坚持；锲而不舍的努力。

【近义成语】 坚持不懈。

【反义成语】 半途而废。

情景例句

（记者采访一位成功人士）

记者：你是怎么成功的？

成功人士：我之所以成功，除了锲而不舍之外，还因为有一个明确的目标。

用一用

1. 要学好一门语言很不容易，但只要锲而不舍，总会有收获的。
2. 愚公移山的故事告诉我们，做事需要锲而不舍的精神。
3. 他锲而不舍地追求那个女孩，终于获得了女孩的芳心。
4. 经过十几年锲而不舍的学习和练习，他终于成了一位有名的音乐家。

练一练

1.“锲而不舍”中“锲”和“舍”的意思是（　　）。

A. 默契 舍得　　B. 雕刻 放弃　　C. 努力 放弃

2.“锲而不舍”的反义成语是（　　）。

A. 坚持不懈　　B. 半途而废　　C. 愚公移山　　D. 水滴石穿

3. 请用成语“锲而不舍”改写下面的句子。

(1) 虽然他打球经常输，但是他仍然不断地练习。

改写：________________________________。

(2) 只要大家继续努力坚持下去，我们一定会圆满完成眼前这项艰巨的任务。

改写：________________________________。

(3) 搞科学研究的人需要一种坚持努力的精神。

改写：________________________________。

轻而易举 qīng ér yì jǔ

学一学

【语义解释】 轻：轻松；易：容易；举：举起，引申为把事情办好。很轻松很容易地举起来，形容做事情毫不费力。

【语法解释】 1. 语法功能：在句子中作谓语、定语、状语；2. 语法结构：偏正式。

【感情色彩】 含褒义。

【语用解释】 很容易就能做到、做好。搭配：轻而易举地完成了；不是轻而易举能做好的。

【近义成语】 易如反掌。

【反义成语】 来之不易。

情景例句

（两个朋友一起看足球比赛）

A：你觉得哪个球队能赢？

B：这两支球队都很强，没有哪个队能轻而易举地赢。

用一用

1. 没有人能够随随便便成功，假如有人能够轻而易举地做好每件事，那我不得不承认这个人是天才。

2. 他真是一个优秀的篮球球员，可以轻而易举地躲过对手，投进一球。

3. 生活中的困难就像一块石头，一个人会被它压倒，但两个人就能轻而易举地把它搬开。

4. 我原以为这是一件轻而易举的事，没想到花了那么大的力气还是没办成。

练一练

1. "轻而易举"中"轻"和"易"是近义词，意思是＿＿＿＿＿＿＿＿＿＿＿＿。

2. 请判断下面句子的对错，错的请改正。

(1)全球变暖是个大问题，怎么能轻而易举呢？（　　）

改正：＿＿＿＿＿＿＿＿＿＿＿＿＿＿＿＿＿＿。

(2)他开了三十年的饭店，倒闭却轻而易举。（　　）

改正：＿＿＿＿＿＿＿＿＿＿＿＿＿＿＿＿＿＿。

(3)这个箱子不重，他轻而易举地就拿起来了。（　　）

改正：＿＿＿＿＿＿＿＿＿＿＿＿＿＿＿＿＿＿。

3. 用成语"轻而易举"完成下面的句子。

(1)博尔特(UsainBolt)跑得很快，＿＿＿＿＿＿＿＿＿＿＿＿。

(2)那个机场的安检很不严，＿＿＿＿＿＿＿＿＿＿＿＿。

(3)这门课的考试很难＿＿＿＿＿＿＿＿＿＿＿＿。

求同存异 qiú tóng cún yì

学一学

【语义解释】 求：寻求；存：保留；异：不同的。寻求双方的共同点，保留彼此的不同意见。

【语法解释】 1. 语法功能：在句子中作谓语、宾语、定语；2. 语法结构：联合式。

【感情色彩】 含褒义。

【语用解释】 常在外交关系中或意见不同的时候使用。书面语，肯定句常用。

【近义成语】 大同小异。

【反义成语】 求全责备。

情景例句

（小王因为和妻子吵架，找朋友聊他的烦恼）

小王：我们结婚才3个月，已经吵了很多次了。

朋友：你们得学会怎么理解对方，求同存异，不要想着能改变对方。

用一用

1. 大家在一起工作，应该互相理解、相互支持，既要强调一致性，也要求同存异。

2. 只要父母与孩子之间互相理解、互相尊重、求同存异，两代人之间的矛盾就会减少很多。

3. 在这个问题上，咱们别再争了，求同存异吧！

练一练

1.“求同存异”中__________和__________是反义词。

2. 成语“求同存异”中“求”和“存”的意思分别是（　　）。

A. 寻求 存在　　B. 求助 保留　　C. 寻求 保留　　D. 求助 存在

3. 请用成语“求同存异”完成下面的句子。

（1）如果两家公司想达成合作，____________________。

（2）朋友最好的相处方式，____________________。

（3）国家之间要想建立友好的关系，____________________。

（4）在发展“一带一路”的合作过程中，____________________。

4. 讨论：你怎么看“求同存异”的外交思想？

权宜之计 quán yí zhī jì

学一学

【语义解释】 权：暂时；宜：合适；计：计划，办法。指为了解决一个问题而暂时采取的比较合适的办法。

【语法解释】 1. 语法功能：在句子中作主语、宾语；2. 语法结构：偏正式。

【感情色彩】 含褒义。

【语用解释】 一般是指对没有办法马上解决的问题采用临时办法，以后再想最终的解决办法。常用来向对方解释。书面语。搭配：只是权宜之计。

【近义成语】 缓兵之计。

【反义成语】 百年大计。

情景例句

（一对年轻人在商量买房子的事）

女：如果要结婚，咱们得先买自己的房子，我不想租房子。

男：我们租房子只是权宜之计，再努力工作几年，我们一定会买自己的房子。

用一用

1. 中国的对外开放不是权宜之计，而是会长期坚持下去的。

2. 修那座小桥只是权宜之计，将来在那儿还要修一座大桥。

3. 他最近几年一直在环球旅游，如果没钱了，他就会在当地工作一段时间，作为权宜之计，然后再出发。

练一练

1. 请选择正确的汉字，补全成语“权(　　)之计”。

A. 便　　　　B. 宜　　　　C. 谊

2. 请选择以下不是“权宜之计”的情况(　　)。

A. 刚到中国没租到房子，先住在朋友家

B. 旅行前把宠物送给朋友养

C. 在找到喜欢的工作前在饭店当服务员

D. 和心爱的人结婚

3. 用成语“权宜之计”改写下面的句子。

(1)你的脚没有完全恢复，坐轮椅只是暂时的，恢复好就能参加比赛了。

改写：____。

(2)他没找到工作，只好先做快递员，一找到好工作就辞职。

改写：____。

(3)科技兴国不是临时的政策，而是国家的基本政策。

改写：____。

4. 讨论：你用过哪些“权宜之计”？

全力以赴 quán lì yǐ fù

学一学

【语义解释】 赴：前往。把人的全部力量都投入进去。

【语法解释】 1. 语法功能：在句子中作谓语、定语、状语；2. 语法结构：偏正式。

【感情色彩】 含褒义。

【语用解释】 用全力去做某事，强调用全力，常用在鼓励或者承诺时，用在肯定句中。搭配：全力以赴地投入工作；全力以赴地配合。

【近义成语】 竭尽全力。

【反义成语】 敷衍了事。

情景例句

（老板给员工分配工作）

老板：这个工作交给你了，一个星期内一定要做完。

员工：放心吧，我会全力以赴的。

（手术前，家属和医生）

家属：爸爸的手术有没有危险？

医生：你放心，虽然有一定的危险，但我们一定会全力以赴的。

用一用

1. 当你有梦想的时候，请你全力以赴。
2. 医生正在手术室全力以赴地抢救病人，家人只能等待。
3. 不管能不能成功，我都要全力以赴。
4. 青年人要把握好自己的人生，全力以赴、争分夺秒地投身于学习中，努力实现自我。
5. 只要我们全力以赴，比赛一定能赢。

练一练

1. 成语“全力以赴”中“赴”的意思是（　　）。

A. 到达　　B. 走路　　C. 前往

2. 以下不需要“全力以赴”的事情是（　　）。

A. 比赛　　B. 学习　　C. 工作　　D. 旅游

3. 以下哪个成语是“全力以赴”的近义成语？（　　）

A. 竭尽全力　　B. 一心一意　　C. 顺其自然

4. 请判断下面句子的对错，错的请改正。

(1) 你全力以赴你的工作，就可以成功。（　　）

改正：____。

(2) 我要全力以赴地努力学习。（　　）

改正：____。

全心全意 quán xīn quán yì

学一学

【语义解释】 全：全部，所有。投入全部精力，一点没有保留。

【语法解释】 1. 语法功能：在句子中作谓语、状语；2. 语法结构：联合式。

【感情色彩】 含褒义。

【语用解释】 指人做事情很专注，一般用于做有意义的大事情。搭配：全心全意地学习;全心全意地爱你。

【近义成语】 一心一意。

【反义成语】 三心二意。

情景例句

(两个朋友聊起另一个朋友)

A:听说他把那么好的工作辞了,为什么?

B:他说他还是爱写作,辞职后他和妻子回了老家,开始全心全意地写书了。

用一用

1. 梦想就是那些你全心全意去做的,尽管失败也不会感到是在浪费时间和精力的事情。

2. 当我全心全意爱你时,我没想过有一天我们会分开。

3. 请接受我对你们最全心全意的支持,以及我对你们表示的感谢。

练一练

1. 与“全心全意”意思相近的成语是(　　)。

A. 一心一意　　B. 三心二意　　C. 见异思迁　　D. 朝三暮四

2. 请用成语“全心全意”改写下面的句子。

(1)他非常认真,总是用全部身心完成工作。

改写:____。

(2)士兵非常热爱自己的国家和人民。

改写:____。

(3)如果爱一个人,就要付出所有的感情爱他(她)。

改写:____。

全神贯注 quán shén guàn zhù

学一学

【语义解释】 神:精神;贯注:集中。人的全部精神集中在一点上。形容注意力高度集中。

【语法解释】 1. 语法功能:在句子中作谓语、定语、状语;2. 语法结构:主谓式。

【感情色彩】 含褒义。

【语用解释】 形容人做事情很专注,可用在任何具体的事情上,特别是自己喜欢的事情。书面语,常用作状语。搭配:全神贯注地工作;全神贯注地看书。

【近义成语】 一心一意,专心致志。

【反义成语】 心猿意马。

情景例句

（球赛结束后，两个球迷聊这场球赛）

A：这场比赛太精彩了！

B：是啊，全场每个人都全神贯注地看着。

用一用

1. 他全神贯注地看着书，没有听到外面的敲门声。
2. 做实验的时候，一定得全神贯注，要不然就会失败。
3. 他只有在打游戏的时候才会全神贯注。

练一练

1.“全神贯注”中“神”的解释是（　　）。

A. 上帝　　B. 佛祖　　C. 神奇　　D. 精神

2. 以下哪件事情不能用“全神贯注”？（　　）

A. 开车时　　B. 上课时　　C. 教育孩子　　D. 画画时

3. 请用成语“全神贯注”完成下面的句子。

(1)孩子们正在听老师讲故事。

改写：____。

(2)医生给病人看病。

改写：____。

(3)大家在电影院看电影。

改写：____。

4. 讨论：能让你“全神贯注”的事情有哪些？

热泪盈眶 rè lèi yíng kuàng

学一学

【语义解释】 盈：充满；眶：眼眶。因感情激动而使眼泪充满了眼眶，形容特别感动。

【语法解释】 1. 语法功能：在句子中作谓语、定语、状语；2. 语法结构：主谓式。

【感情色彩】 含褒义。

【语用解释】 形容人深受感动而眼泪汪汪，一般用在特别感动、激动、高兴的情绪时。搭配：感动得热泪盈眶；热泪盈眶地鼓掌。

【近义成语】 热泪纵横。

【反义成语】 眉开眼笑。

情景例句

（两个朋友在电影院刚看完一部电影）

A：这部电影太感人了，你觉得呢？

B：是啊，把我看得热泪盈眶，差点哭出来了。

用一用

1. 听到自己获奖的消息，他激动得热泪盈眶。
2. 回到离别五十年的故乡，这位老人不禁热泪盈眶，感慨万千。
3. 孩子得救了，妈妈热泪盈眶地向医生道谢。
4. 每次读到这段感人的文字，都会让我热泪盈眶。
5. 下了飞机，看到几年不见的父母，她热泪盈眶地拥抱了他们。

练一练

1.“热泪盈眶”的意思是（　　）。

A. 眼泪很多　　B. 眼泪很热　　C. 眼泪充满了眼眶

2. 以下不能使用“热泪盈眶”的情况是（　　）。

A. 老朋友见面　　B. 看了感动的电影

C. 努力后取得成功　　D. 和女友分手以后

3. 用成语“热泪盈眶”完成下面的句子。

(1)他努力工作了十年，听到自己获奖的消息，____________________。

(2)毕业典礼上，大家互相祝福，畅想未来，____________________。

(3)球迷们看到自己的球队胜利了，____________________。

4. 讨论：请分享曾经让你“热泪盈眶”的经历。

人尽其才 rén jìn qí cái

学一学

【语义解释】 尽：全部使用。充分发挥每个人的才能。

【语法解释】 1. 语法功能：在句子中作谓语、宾语；2. 语法结构：主谓式。

【感情色彩】 含褒义。

【语用解释】 指充分发挥每个人的所有才华与能力。用在人才使用方面。

【近义成语】 物尽其用。

【反义成语】 人浮于事。

情景例句

（在管理学院的课堂上）

学生：怎么样才算是一个好的管理者呢？

老师：一个好的管理者是能做到人尽其才、物尽其用的人。

用一用

1. 人尽其才、物尽其用，才是发展之道。
2. 我们就是要创造一个宽松的环境，做到人尽其才、物尽其用。
3. 要爱惜人才、尊重人才，做到人尽其才。

练一练

1. “人尽其才”中“尽”的意思是（　　）。

A. 完成　　B. 完了　　C. 全部　　D. 全部使用

2. 成语“人尽其才”正确的解释是（　　）。

A. 人能发挥一些自己的才能　　B. 人把自己的才能用完了

C. 每个人都能完全发挥自己的才能　　D. 每个人都完全没有才能

3. 请看材料回答问题。

如果能够“人尽其才，物尽其用”，我们的国家就会发展得更快。

在这个句子中，“人尽其才”是每个人都能充分发挥自己的才能，那“物尽其用”的意思是______________________________________。

4. 请用成语“人尽其才”完成下面的句子。

(1)有的公司招聘清洁工竟然要求大学学历，________________________。

(2)大家都愿意到大公司工作，因为________________________。

(3)让兔子爬树，让猴子跑步，这种分配工作的方法________________。

人浮于事 rén fú yú shì

学一学

【语义解释】 浮：超过。指人的数量超过了工作的需要。

【语法解释】 1. 语法功能：在句子中作谓语、定语、宾语；2. 语法结构：主谓式。

【感情色彩】 含贬义。

【语用解释】 常用来形容人员过多，或者工作责任不清楚、工作效率低的情况。常用于单位或部门。搭配：人浮于事的状况。

【近义成语】 僧多粥少。

【反义成语】 人尽其才。

情景例句

（小王刚到一家单位）

小王：这个单位人浮于事，干活的人少，休息的人多，大部分都是闲人。

老张：虽然人浮于事，但只要你是金子，总会发光的。

用一用

1. 管理部门认为办公室人浮于事，于是辞退了三名打字员。
2. 我们精简了一些人浮于事的部门，砍掉了一些机构。
3. 虽然人浮于事，只要你是千里马，就不怕没有伯乐。
4. 凡是机构宠大、人浮于事的单位，都应该加强管理。
5. 人浮于事的问题如果不解决，公司的发展肯定会出现问题。

练一练

1.“人浮于事”中“浮”的意思是（　　）。

A. 游泳　　B. 漂浮　　C. 超过

2. 以下会出现“人浮于事”的情况是（　　）。

A. 三个苹果给五个人吃　　B. 大家都不愿意做很难的工作

C. 三份工作让五个人来做　　D. 每个人都能做好自己的工作

3. 请用成语“人浮于事”完成下面的对话。

(1) 你说这家公司存在＿＿＿＿＿＿＿＿＿＿＿＿＿＿＿＿，能举例说说吗？

(2) 如果你们不解决人浮于事的问题，＿＿＿＿＿＿＿＿＿＿＿＿＿＿＿＿。

4. 讨论：如果你是管理者，你有没有办法改变人浮于事的现状？

任人唯亲 rèn rén wéi qīn

学一学

【语义解释】 任：任用；唯：只；亲：关系密切。指用人不问人的德才，只任用跟自己关系亲近的人。

【语法解释】 1. 语法功能：在句了中作谓语、定语、宾语；2. 语法结构：兼语式。

【感情色彩】 含贬义。

【语用解释】 不看实力和才能，靠关系的远近亲疏用人。多用于批评和否定句。搭配：任人唯亲的做法。

【近义成语】 顺之者昌。

【反义成语】 任人唯贤。

情景例句

（小李找工作，想去的公司是一个家族企业，他问朋友）

小李：你觉得家族企业怎么样？

朋友：家族企业的好处就是很团结，坏处是有时候会任人唯亲。

用一用

1. 领导干部在用人时一定要考虑员工的能力和水平，绝不能任人唯亲。
2. 我们主张任“才能”唯亲，反对任人唯亲。
3. 领导决不能因个人私利而任人唯亲，这样既埋没人才，又损害了国家利益。

练一练

1. “任人唯亲”中“亲”的正确解释是（　　）。

A. 亲人　　B. 亲友　　C. 亲密关系的人

2. 以下哪种情况是“任人唯亲”？（　　）

A. 皇帝让儿子管理国家　　B. 公司选举出新的总经理

C. 老板让有能力的人负责管理工作　　D. 哥哥只把水果给妹妹

3. 讨论：在什么样的单位有“任人唯亲”的情况？你怎么看单位中的“任人唯亲”现象？

任重道远 rèn zhòng dào yuǎn

学一学

【语义解释】 任：负担；道：路途。担子很重，路很远。比喻责任重大，要经历长期的奋斗。

【语法解释】 1. 语法功能：在句子中作谓语、定语；2. 语法结构：联合式。

【感情色彩】 含褒义。

【语用解释】 常在需要提醒和鼓励时使用。搭配：任重道远的目标。

【近义成语】 全力以赴。

【反义成语】 无所事事，无所作为。

情景例句

（在医院，医生和一个有肺病的病人谈话。）

病人：戒烟对我来说很难，我已经抽了40年烟了。

医生：为了你的身体，必须戒烟，你任重道远呀。

用一用

1. 国家要发展，年青人任重道远。
2. 完成梦想的路途任重道远。
3. 这是一件任重道远的工作，希望每个人都能坚持到最后。
4. 人类对这种新型病毒的研究还很少，要想彻底消除它还任重道远。

练一练

1.“任重道远”的正确解释是(　　)。

A. 到很远的地方完成重要的任务　　B. 任务很重，需要很长时间才能完成

C. 任务重，所以路很远　　D. 到很远的地方告诉一个任务

2. 成语“任重道远”中的一对形容词是________和________，意思分别是“沉重”和“遥远”。

3. 请用成语“任重道远”完成下面的句子。

(1)你的大学才刚开始，________________。

(2)“一带一路”是经济发展的新目标，________________。

(3)A：你的毕业论文写得怎么样了？

B：才写了一个开头，________________。

日新月异 rì xīn yuè yì

学一学

【语义解释】 新：更新；异：不同。每天都在更新，每月都有变化。指发展或进步迅速，不断出现新事物、新气象。

【语法解释】 1. 语法功能：在句子中作谓语、宾语、定语；2. 语法结构：联合式。

【感情色彩】 含褒义。

【语用解释】 形容事物发展迅速。侧重变化很快、很新。搭配：日新月异的科技；日新月异的变化。

【近义成语】 一日千里，与日俱进。

【反义成语】 一成不变，故步自封。

情景例句

(在看到 AlphaGo 击败人类围棋高手的新闻后)

A：太可怕了，我们人类遇到了新对手。

B：是呀，最近十几年，人工智能的发展真是日新月异。

用一用

1. 中国的变化可真大啊，真可以称得上日新月异。
2. 现代科学技术日新月异，我们要不断学习、不断提高，才能适应现代生活。
3. 日新月异的生物科技，让很多得了重病的患者有了希望。

练一练

1. 成语“日新月异”中加点词的意思分别是____________、____________。
2. 成语“日新月异”中“日”和“月”的意思是（　　）。

A. 太阳和月亮　　　　B. 白天和晚上　　　　C. 时间

3. 请用成语“日新月异”改写下面的句子。

(1)最近十年，这个城市发展得特别快，变化特别大。

改写：____________________________________。

(2)现代网络技术发展得又快又新，深刻地影响着人们的生活方式。

改写：____________________________________。

4. 讨论：现代生活中还有哪些“日新月益”的变化？

荣辱与共 róng rǔ yǔ gòng

学一学

【语义解释】 两者共同分享光荣，承担耻辱。指关系十分密切。

【语法解释】 1. 语法功能：在句子中作谓语、宾语、定语；2. 语法结构：主谓式。

【感情色彩】 含褒义。

【语用解释】 形容两者团结一心，一起面对成功与失败。用于指两者之间密切的关系，一般用于集体或国家。搭配：荣辱与共的关系。

【近义成语】 风雨同舟，同甘共苦。

【反义成语】 漠不相关，同床异梦，貌合神离。

情景例句

（两家公司合作多年，聚会上两家公司的经理在交谈）

A：我们两家公司这么多年一直保持着荣辱与共的关系，所以才能共同发展。

B：希望今后我们还继续加强合作，再创辉煌。

用一用

1. 我们是多年的好朋友，荣辱与共，谁也离不开谁。
2. 一个公司需要许多精英人才，但更需要能够和老板荣辱与共、同舟共济的人。

3. 在他看来，想要找到能真心与自己荣辱与共的人，实在是一件困难的事。
4. 他们不但是合伙人，更是荣辱与共的朋友。

练一练

1. 成语“荣辱与共”中“荣”与“辱”是反义词，意思分别是__________和__________。
2. “荣辱与共”的正确解释是（　　）。
A. 两者共同分享光荣　　B. 两者共同承担耻辱
C. 两者分享痛苦　　D. 两者共同经历光荣与耻辱
3. 下面哪个成语不是“荣辱与共”的近义成语？（　　）
A. 风雨同舟　　B. 同甘共苦　　C. 同床异梦
4. 请用成语“荣辱与共”完成下面的句子。
(1)员工和公司之间是什么关系呢？____________________。
(2)我们两国的利益是相同的，面临的挑战也是一样的，____________________。
(3)每个人都是团队的一分子，____________________。

如愿以偿 rú yuàn yǐ cháng

学一学

【语义解释】 偿：实现、满足。按所希望的那样得到满足。指愿望实现。

【语法解释】 1. 语法功能：在句子中作谓语、宾语、状语；2. 语法结构：偏正式。

【感情色彩】 含褒义。

【语用解释】 强调对人或事物感到满意，表达一种满足的心理。搭配：如愿以偿地达到目标；如愿以偿地完成工作。

【近义成语】 称心如意，心满意足。

【反义成语】 难偿所愿，事与愿违。

情景例句

（面试结果出来以后）
A：告诉你一个好消息，我通过了面试，得到了梦想中的工作。
B：祝贺你，你终于如愿以偿了。

用一用

1. 他终于如愿以偿地考上了北京大学。
2. 他想要去法国旅游，可惜旅费不足，未能如愿以偿。
3. 你只有一次生命去做所有你想做的事，但很多时候并不能都如愿以偿。

练一练

1. "如愿以偿"中"偿"的意思是(　　)。

A. 偿还　　B. 实现　　C. 尝试　　D. 赔偿

2. 请用成语"如愿以偿"完成下面的句子。

(1)他一直想到中国看兵马俑(The Terracotta Warriors),________________。

(2)如果你想得到如愿以偿的结果,________________。

(3)很遗憾,比赛结束了,________________。

(4)A:祝贺你获得了奖学金。

B:谢谢,我一直努力申请,________________。

三言两语 sān yán liǎng yǔ

学一学

【语义解释】 只说了三两句话。形容人的言语简短。

【语法解释】 1. 语法功能:在句子中作主语、谓语、宾语;2. 语法结构:联合式。

【感情色彩】 中性义。

【语用解释】 形容说话干脆、简单、简明扼要。常用于人,口语。搭配:三言两语说不清楚。

【近义成语】 只言片语。

【反义成语】 滔滔不绝。

情景例句

(我在路上遇到了朋友)

朋友:你知道小李为什么换工作吗?

我:这件事很复杂,不是三言两语能说清楚的。

用一用

1. 本来三言两语就能说清的事,而奶奶却说了半天,还让人听不明白。
2. 他的表达能力很强,三言两语就把这个复杂的问题说清楚了。
3. 他和父亲关系不好,偶尔说个三言两语,也只说工作上的事。
4. 交一个朋友,需要千言万语;和一个朋友断交,只需要三言两语。

练一练

1. 请把以下成语按说话由少到多的顺序排列:________________。

A. 三言两语　　B. 不言不语　　C. 千言万语

2. 请选择以下不能用“三言两语”表达的情境(　　)。

A. 简单的问题　　B. 干脆的人　　C. 长长的故事　　D. 时间不够

3. 请用成语“三言两语”完成下面的句子。

(1)他很幽默,______________________________。

(2)真理不需你用很多语言来解释,______________________________。

(3)第一节汉语课,为了让大家互相认识,______________________________。

三番五次 sān fān wǔ cì

学一学

【语义解释】 番:遍数,次数。“三”和“五”表示一再,多次的意思。形容次数很多。

【语法解释】 1. 语法功能:在句子中作状语;2. 语法结构:联合式。

【感情色彩】 中性义。

【语用解释】 一般用于负面的事情。搭配:三番五次地说谎;三番五次地生病。

【近义成语】 接二连三。

【反义成语】 绝无仅有。

情景例句

(同学发现小李最近很少来上课)

同学:你最近怎么老请假啊?

小李:最近我身体不好,三番五次地感冒,所以就得不断地请假。

用一用

1. 这个推销员三番五次地来我家,妈妈很烦,就买了他的东西。
2. 小明三番五次地找我借钱,我怎么拒绝他呢?
3. 他三番五次地迟到,所以被老板辞退了。

练一练

1. “三番五次”中“番”的意思是(　　)。

A. 轮番　　B. 一番　　C. 翻番　　D. 次数

2. 请选择正确的汉字,完成成语“三(　　)五次”。

A. 潘　　B. 蕃　　C. 翻　　D. 番

3. 请用成语“三番五次”改写下面的句子。

(1)我一次又一次告诉他,不要老看手机。

改写:______________________________。

(2)他找了很多次网店的客服人员,希望可以退货。

改写：____。

(3)小李多次忘了带宿舍钥匙，管理员不得不给他开门。

改写：____。

4.请选择数字成语填空。

三心二意　三番五次　三言两语　四面八方

(1)人们从机场出来，然后走向__________，奔向自己的目的地。

(2)这件事太复杂了，不是__________就能说清楚的。

(3)这个孩子上课注意力不集中，总是__________的样子。

(4)他__________地向我借钱，却从来不还，烦死了。

三心二意 sān xīn èr yì

学一学

【语义解释】 又想这样又想那样，犹豫不定。常指不安心，不专一。

【语法解释】 1.语法功能：在句子中作谓语、宾语；2.语法结构：联合式。

【感情色彩】 含贬义。

【语用解释】 形容人的意志不坚定、注意力不集中。也可以形容人不诚实、不专一。常用在否定句中，表示提醒、警告。

【近义成语】 朝三暮四，见异思迁。

【反义成语】 一心一意，专心致志。

情景例句

（两位老师在讨论学生上课情况）

A：你们班学生上课怎么样？

B：有的学生很认真，有的学生三心二意，经常低头看手机。

用一用

1.不管做任何事，都不能三心二意，得认真才行。

2.开车的时候一定要集中注意力，如果三心二意，会给自己和其他司机都带来危险。

3.你别三心二意了，去不去，快做决定吧。

练一练

1.以下成语中表达“不认真”之意的是（　　）

A.一心一意　　　　B.三心二意　　　　C.全心全意

2.请用成语“三心二意”完成下面的句子。

(1)你别听着音乐做作业，________________________________。

(2)小李做事情很认真，____。
(3)如果你真的喜欢她，____。
3. 讨论：你身边有做事情三心二意的人吗？谈一谈持有这种态度的危害。

深情厚谊 shēn qíng hòu yì

学一学

【语义解释】 深厚的感情和友谊。
【语法解释】 1. 语法功能：在句子中作谓语、宾语；2. 语法结构：联合式。
【感情色彩】 含褒义。
【语用解释】 常用来形容朋友之间的感情。书面语。搭配：A 和 B 结下深情厚谊；A 对 B 的深情厚谊。
【近义成语】 隆情厚谊，深情厚意。
【反义成语】 无情无义，六亲不认。

情景例句

（毕业十年同学聚会）
班长：今天是我们毕业十年的聚会，以此来庆祝我们的深情厚谊，干杯！
同学们：干杯！

用一用

1. 忘不了我们朝夕相处的那些时光，忘不了我们结下的深情厚谊。
2. 四年的大学生活，同学们早已建立了难忘的深情厚谊。
3. 朋友不顾路途辛劳，从遥远的上海给我带了一件礼物，使我感受到了他的深情厚谊。
4. 同学们对我的深情厚谊，我永远也不会忘记。

练一练

1.“深情厚谊”中__________和__________是近义的形容词，表示“感情深”的意思。
2. 以下几组关系中最可能含有“深情厚谊”的一项是（　　）。
A. 新朋友　　B. 网友　　C. 酒肉朋友　　D. 老朋友
3. 请用成语“深情厚谊”完成下面的句子。
(1)亲爱的朋友，今天我就要回国了，______________________________________。
(2)在我最需要帮助的时候，你来到我身边，______________________________。
(3)他的朋友看起来很多，但是____。

实事求是 shí shì qiú shì

学一学

【语义解释】 实事:客观事物;求:研究;是:事物内部的规律性。指从实际情况出发,认识事物的本质。通常指按照事物的实际情况办事。

【语法解释】 1.语法功能:在句子中作定语、补语、状语;2.语法结构:紧缩式。

【感情色彩】 褒义词。

【语用解释】 有"研究和探求事物发展规律"之意,多用来形容做事的方法。搭配:实事求是的态度;实事求是的原则;实事求是的做法;实事求是的精神"。

【近义成语】 脚踏实地。

【反义成语】 有名无实。

情景例句

(记者采访一位名人)

记者:您的事业非常成功,可以和大家分享你的经验吗?

名人:实事求是地说,我的经验就是坚持和努力。

用一用

1.老师不但要学会怎样实事求是地指出学生的缺点,还要学会怎样鼓励学生。

2.回答别人的问题时应实事求是。

3.做商业广告应遵守实事求是的原则,不可夸大,欺骗顾客。

4.他实事求是地说了自己的看法。

练一练

1."实事求是"的反义成语是(　　)。

A.弄虚作假　　B.脚踏实地　　C.量力而行

2.以下不能搭配"实事求是"的是(　　)。

A.实事求是的态度　　B.实事求是地说

C.实事求是的研究方法　　D.实事求是的认真

3.请用成语"实事求是"完成下面的句子。

(1)A:____?

B:做老实人,说老实话,干老实事,就是实事求是。

(2)科学研究是按照事物的实际情况来进行的,不能有半点虚假。

改写:____。

(3)A:这个病毒到底是从哪儿来的?

B：只要____，就一定能查清楚。

4. 讨论：你认为做哪些事情需要"实事求是"？

十全十美 shí quán shí měi

学一学

【语义解释】 十分完美，毫无欠缺。

【语法解释】 1. 语法功能：在句子中作谓语、宾语、定语、补语；2. 语法结构：联合式。

【感情色彩】 含褒义。

【语用解释】 指人或事物非常完美，评价或夸奖时常用。搭配：十全十美的表现；做到十全十美。

【近义成语】 完美无缺。

【反义成语】 一无是处。

情景例句

（两个朋友一起租房子）

A：你觉得这套房子怎么样？

B：要是厨房再大一点儿就十全十美了。

用一用

1. 他凡事都要求十全十美，所以给自己带来很大的压力。
2. 我虽然无法做到十全十美，但会尽量小心，减少错误。
3. 这部作品虽然不是十全十美，但已经相当不错了。
4. 我并不认为他是一个十全十美的丈夫。

练一练

1. 请按由高到低的完美程度来排列下面成语：________________________。

A. 十全十美　　B. 一无是处　　C. 美中不足

2. 以下哪两个成语是 ABAC 式的？（　　）

A. 一心一意　　B. 不懂装懂　　C. 心服口服　　D. 一模一样

3. 请用成语"十全十美"改写下面的句子。

（1）没有完美的产品，只有百分之百的服务。

改写：____。

（2）如果你改掉你的坏习惯，那你会变得很完美。

改写：____。

视死如归 shì sǐ rú guī

学一学

【语义解释】 把死看得好像回家一样平常。形容为了正义事业不怕牺牲生命。

【语法解释】 1.语法功能:在句子中作谓语、定语、状语;2.语法结构:主谓式。

【感情色彩】 含褒义。

【语用解释】 形容英勇、从容,不怕牺牲生命,不怕死,常用于战士、勇士、消防员等。搭配:视死如归的精神;视死如归的态度。

【近义成语】 舍生忘死。

【反义成语】 贪生怕死。

情景例句

(参加战斗前,两名军人)

军人 A:你紧张吗?

军人 B:我是抱着视死如归的态度来参加这次战斗的。

用一用

1.战争年代,英雄们视死如归,为了国家和民族献出了生命。

2.当人们惊叫着从着火的大楼跑出来时,消防员却视死如归地跑进大楼。

3.如果难逃一死,就请视死如归。

练一练

1.“视死如归”中“如”的意思是(　　)。

A.如果　　B.如何　　C.好像

2.“视死如归”中的“视”意思是“看作”,以下哪个成语中的“视”也是这个意思?(　　)

A.相视而笑　　B.一视同仁　　C.视而不见

3.用成语“视死如归”完成下面的句子。

(1)战争年代,为了保卫国家,士兵们离开家乡,________________________________。

(2)在疫情面前,广大医护人员勇往直前,________________________________。

4.讨论:请用自己的话解释“视死如归”,你面对什么事能做到“视死如归”?

守株待兔 shǒu zhū dài tù

学一学

【语义解释】 守:等候;株:树根;待:等待。坐在树下等兔子撞死。比喻不主动努力,希望得到意外的收获。现也比喻死守有限的经验，不知变通。

【语法解释】 1.语法功能：作宾语、定语；2.语法结构：连动式。

【感情色彩】 含贬义。

【语用解释】 批评想不劳而获的人，也讽刺凭老经验办事，不考虑情况的变化。书面语。搭配：守株待兔的方法。

【近义成语】 刻舟求剑。

【反义成语】 随机应变。

情景例句

（销售人员在培训会上）

A：怎样成为一名优秀的销售人员？

B：优秀的销售人员一定不能守株待兔，等客户，要主动向客户介绍自己的产品。

用一用

1. 一份勤劳，一份收获，坚决不做守株待兔之人，付出的多得到的将会更多。
2. 守株待兔的行为是愚蠢的行为。
3. 我们与其这样守株待兔，不如付出努力去做这件事。

典故

宋国有个农夫正在田里干活儿。突然，他看见有一只野兔从旁边的草丛里慌慌张张地窜出来，一头撞在田边的树墩根上，便倒在那儿一动也不动了。农民走过去一看，兔子死了。因为它奔跑的速度太快，把脖子都撞断了。农民高兴极了，他一点力气没花，就白捡了一只又肥又大的野兔。他心想：要是天天都能捡到野兔，日子就好过了。从此，他再也不肯出力气种地了。每天，他把锄头放在身边，就躺在树根旁边，等待着第二只、第三只野兔自己撞死这树根上来。世上哪有那么多便宜事啊。农民当然没有再捡到撞死的野兔，而他的田地却荒芜了。因为没能再次得到兔子，农民自己成了宋国人的笑话。

——《韩非子·五蠹》

练一练

1.“守株待兔”中“待”的意思是(　　)。

A. 等待　　B. 看待　　C. 招待　　D. 接待

2. 以下哪种情况和“守株待兔”相似?(　　)

A. 学习　　B. 工作　　C. 钓鱼　　D. 旅游

3. 用成语“守株待兔”完成下面的句子。

(1)在竞争激烈的职场,你如果用守株待兔的方法工作,________________。

(2)要适应这快速发展的社会,____________________________。

(3)他在工作中从来不积极主动、勤于思考、勇于创新,而是______________。

4. 讨论:生活中存在哪些“守株待兔”的事情?

熟能生巧 shú néng shēng qiǎo

学一学

【语义解释】 熟:熟练;巧:技巧。熟练了,就能掌握技巧和方法。

【语法解释】 1. 语法功能:作主语、谓语;2. 语法结构:主谓式。

【感情色彩】 含褒义。

【语用解释】 对工作、技能等熟练了就能产生巧妙的办法,鼓励人要“勤奋练习”,也可以用来表示谦虚。

【近义成语】 得心应手。

【反义成语】 浅尝辄止

情景例句

(杰夫跟中国厨师学包饺子)

杰夫:师傅,你包得又快又好,真厉害!

师傅:没什么,经常包,熟能生巧嘛。

用一用

1. 爸爸刚开始使用智能手机时十分不习惯,我鼓励他只要坚持用一段时间就熟能生巧了。

2. 学钢琴要多练习,才能熟能生巧。

3. 熟能生巧,只要你没事多练,你的开车技术定会进步很快。

4. 学魔术(magic)并不难,只要努力练习,就能达到熟能生巧。

典故

从前有个叫陈康肃的人，箭术精良，举世无双。他因此非常骄傲，常常炫耀自己的本领。有一次，他一箭射断了一根细树枝，正在得意的时候，旁边一个卖油的老头儿把一枚铜币放在油葫芦口上，舀了一勺油从高高的地方倒下来，油从铜币的小孔里穿过，流进油葫芦里去了。他非常惊奇，老翁说："不过是熟能生巧而已。"老翁很谦虚地向他说："这只是一种平常的技术罢了，也就是熟能生巧的道理啊！"他听了十分惭愧，从此更加努力练习射箭，再也不炫耀自己的箭术。后来他的人品和箭术一样好。

——《欧阳文忠公文集·归田录》

练一练

1.“熟能成巧”中“熟”的意思是（　　）。

A. 成熟　　　　B. 熟练　　　　C. 熟悉

2. 以下不属于“熟能生巧”的是（　　）。

A. 出租车司机知道城市里所有的地方

B. 银行的工作人员数钱很快

C. 小王天天给女朋友送花

D. 厨师切菜切得又快又好

3. 讨论：生活中还有哪些“熟能生巧”的例子？

水滴石穿 shuǐ dī shí chuān

学一学

【语义解释】 滴：液体一点一点地往下落；穿：破，透。水一滴一滴不断地往下落，时间长了，就能把石头穿透。比喻只要有恒心，不断努力，自然会成功。

【语法解释】 1. 语法功能：作谓语、定语；2. 语法结构：联合式。

【感情色彩】 中性义。

【语用解释】 比喻力量虽小，只要坚持不懈，细微的力量也能成就很大的功劳。也比喻只要有恒心，有毅力，不断努力，懂得持之以恒，做事情也能成功。也可以说成"滴水穿石"，常与"绳锯木断"连用。鼓励或提醒的时候使用。搭配：水滴石穿的精神。

【近义成语】 铁杵磨针。

【反义成语】 虎头蛇尾

情景例句

（小明和爸爸对话）

小明：爸爸，我不想学跆拳道了，太累了，每次学完浑身酸痛。

爸爸：儿子，你不是最喜欢跆拳道吗？把你的爱好坚持学下去，水滴石穿，将来你一定会在这方面取得好成绩的。

用一用

1. 我们在学习上要有水滴石穿的精神，这样才能取得优异的成绩。
2. 绳锯木断，水滴石穿，只要我们持之以恒，就一定会成功的。
3. 他若没有水滴石穿的毅力，是不可能写完这本巨著的。

典故

宋朝时，有一个叫张乖崖的县令。一天，他在县衙门前巡视。突然，他看见一个小吏从钱库中慌慌张张地走出来。张县令让他停下，发现他头巾下藏着一文钱。那个小吏吞吞吐吐了半天，才承认是从钱库中偷来的。张县令把那个小吏带回大堂审问。那小吏不服气："一文钱算得了什么！你也只能打我，不能杀我！"张县令大怒，说道："一日一钱，千日千钱。绳锯木断，水滴石穿。"为了惩罚这种行为，张县令最后杀了这个小吏。

——《汉书·枚乘传》

练一练

1.“水滴石穿”中“穿”的意思是(　　)。

A. 穿行　　B. 穿透　　C. 穿着

2. 和“水滴石穿”不能搭配的词语是(　　)。

A. 精神　　B. 毅力

C. 耐心　　D. 样子

3. 请连词成句。

(1)决心和需要　水滴石穿　的毅力　要想成为一名优秀的舞蹈演员

______________________________。

(2)精神　的　没有　水滴石穿　要是　这件事怎么能成功呢

____

4. 讨论:做哪些事情需要“水滴石穿”的精神和毅力?

思前想后 sī qián xiǎng hòu

学一学

【语义解释】 思:考虑;前:前因;后:后果。反复考虑事情的原因和结果。

【语法解释】 1. 语法功能:在句子中作谓语;2. 语法结构:联合式。

【感情色彩】 中性义。

【语用解释】 形容做事以前反复思考,多用在人考虑问题时,肯定句用得多。

【近义成语】 左思右想,三思后行。

【反义成语】 一往直前。

情景例句

(小王想辞职,朋友问他)

朋友:你决定辞职了吗?

小王:我思前想后,还是想等到年底再辞职吧。

用一用

1. 以后做什么事情要思前想后,不然会后悔。

2. 思前想后,小王终于有了一个主意。

3. 小李思前想后,觉得这件事十分难办。

4. 马利思前想后,都不明白这句话的意思。

练一练

1. 成语“思前想后”中____________和____________是近义词，意思是思考。

2. 以下关于思考的成语中，程度最低的是（　　）。

A. 思前想后　　B. 三思后行　　C. 不假思索　　D. 朝思暮想

3. 成语“思前想后”正确的解释是（　　）。

A. 想事情的前后　　B. 想事情的前因和后果

C. 想自己的以前和以后　　D. 想自己的前面和后面

4. 以下最需要“思前想后”的事情是（　　）。

A. 去哪家饭店吃饭　　B. 学习哪个专业

C. 看哪部电影　　D. 和朋友在哪儿见面

四面八方 sì miàn bā fāng

学一学

【语义解释】 四面：东、南、西、北；八方：东、东南、南、西南、西、西北、北、东北。泛指各个方面或各个地方。

【语法解释】 1. 语法功能：在句子中作主语、宾语、定语、补语；2. 语法结构：联合式。

【感情色彩】 中性义。

【语用解释】 形容范围非常大，来源很广，常用在肯定句中。搭配：四面八方的朋友；来自四面八方；飞向四面八方。

【近义成语】 五湖四海。

【反义成语】 一步之遥。

情景例句

（一个中国学生问留学生朋友）

中国学生：你们班有哪些国家的学生？

留学生：我们班的同学来自四面八方，哪个国家的都有。

用一用

1. 人们从四面八方赶来观看这场比赛。

2. 这个小山村的四面八方都是山，风景很美，可是交通是最大的问题。

3. 毕业后，同学们各自找到了工作，走向了四面八方。

练一练

1. 请根据提示完成数字成语。

四____八____、三____二____、三____两____。

2. 请用成语“四面八方”改写下面的句子。

(1)大家从各个地方来到了体育馆，观看今晚的足球比赛。

改写：____。

(2)暴风雨快来了，一声巨雷，声音传向了各个方向。

改写：____。

似是而非 sì shì ér fēi

学一学

【语义解释】 似：像；是：对；非：不对。指表面上相似，实际上不一样。

【语法解释】 1. 语法功能：在句子中作谓语、定语、状语；2. 语法结构：紧缩式。

【感情色彩】 含贬义。

【语用解释】 即事物看上去是真的，而其实是假的，或看上去是正确的，实际上是错的。搭配：似是而非的答案；似是而非的选择。

【近义成语】 模棱两可。

【反义成语】 天经地义。

情景例句

(会议结束以后)

A：你觉得他讲得怎么样？

B：我觉得他分析得似是而非，还是没有说清楚。

用一用

1. 他讲的观点，听起来好像有道理，实际上似是而非。

2. 对于那些似是而非的问题，决不能放松，我们一定要弄明白后才能结束。

3. 这些道理似是而非，根本经不起思考。

练一练

1. 在成语“似是而非”中，____________和____________是反义词，意思是“对的”和“不对”。

2. 请用成语“似是而非”改写下面的句子。

(1)他的解释听上去是对的，实际上不对。

改写：____。

(2)你在网上找到的这些资料看上去是对的，可是并不对。

改写：____。

(3)他用像北京话又不像北京话的口音在给大家做报告。

改写：____。

肆无忌惮 sì wú jì dàn

学一学

【语义解释】 肆：放纵；忌：顾忌；惮：害怕。非常放肆，一点没有顾忌和害怕。

【语法解释】 1.语法功能：在句子中作谓语、定语、状语；2.语法结构：补充式。

【感情色彩】 含贬义。

【语用解释】 极其放肆，为所欲为，一点儿也不控制自己的情绪和行动。

【近义成语】 无所顾忌，为非作歹。

【反义成语】 循规蹈矩。

情景例句

(两个从事对外贸易的伙伴讨论海上货运)

A：那片海域很不安全，索马里海盗(Somali pirates)经常肆无忌惮地抢劫来往货船上的东西。

B：对，经常会看到这样的新闻。

用一用

1.暴雨来临，倾盆的大雨肆无忌惮地下着。

2.每天成百上千吨工业污水肆无忌惮地流入大海。

3.你是不是断定我不会离开你，所以这么肆无忌惮地伤害我。

4.在饭店吃饭时，常见到有人肆无忌惮地大笑、说话。

练一练

1.请选择书写正确的成语(　　)。

A.肆无忌惮

B.津无踞弹

C.肆无忌弹

D.津无忌惮

2.以下可以用“肆无忌惮”的情形是(　　)。

A.比赛中尽全力

B. 山上的猴子抢游客的食物

C. 上班迟到一次

D. 在 KTV 唱歌

3. 请用成语“肆无忌惮”完成下面的句子。

(1)______________________________________,导致环境污染越来越严重。

(2)他的脾气不好,生气的时候,______________________________________。

(3)当新冠病毒________________________,我们只有服从国家的统一部署,做好防护工作,才能保护自己及家人的健康。

4. 讨论:生活中还有哪些“肆无忌惮”的行为?

随心所欲 suí xīn suǒ yù

学一学

【语义解释】 随:听任;欲:想要。一切随着自己的心意,想怎么样就怎么样。

【语法解释】 1. 成语词性:在句子中作谓语、宾语、状语;2. 语法结构:动宾式。

【感情色彩】 含贬义或中性义,由语境决定。

【语用解释】 指随意地想干什么就干什么,常用在否定句中。搭配:随心所欲地放松;随心所欲地生活。

【近义成语】 为所欲为。

【反义成语】 力不从心。

情景例句

(小李和老板吵了一架,妈妈劝他)

小李:他这样对我,真是太过分了,我当然得和他吵了!

妈妈:你已经是成年人了,不要任何时候都随心所欲,要学会控制自己的情绪。

用一用

1. 有些人做事就是随心所欲,无论在哪儿,也不管别人。
2. 如果孩子不能随心所欲,他就会很生气。
3. 说话要注意,不要随心所欲,想说什么就说什么。
4. 并不是每个人都可以随心所欲地做自己喜欢的事。

练一练

1.“随心所欲”中“欲”的意思是(　　)。

A. 希望　　　　B. 欲望　　　　C. 想要

2. 以下可以”随心所欲“的事情是(　　)。

A. 想像　　　　B. 上班　　　　C. 比赛　　　　D. 考试

3. 请用成语"随心所欲"完成下面的句子。

(1)中国在公共场所禁烟以后,____________________。

(2)每个国家都有自己的法律,____________________。

(3)工作的时候要认认真真地工作,休息的时候可以____________________。

随时随地 suí shí suí dì

学一学

【语义解释】 在任何时间、地点,时时处处。或者指在不同的时间和地点。

【语法解释】 1. 语法功能:在句子中作定语、状语;2. 语法结构:联合式。

【感情色彩】 中性义。

【语用解释】 一般用在肯定句中。搭配:随时随地地上网;随时随地学习。

【近义成语】 随地随时。

情景例句

(马克想去银行,他问朋友)

马克:下课后我得去银行给朋友转钱。

朋友:你为什么不下载一个手机银行 App? 那样你就可以随时随地办理银行业务。

用一用

1. 为了成功,你要随时随地地抓住机会。

2. 智能手机可以让现代人随时随地地享受网络生活。

3. 他爱看书,随时随地都拿着书在看。

4. 母爱是没有翅膀的美丽天使,随时随地地守护着我们。

练一练

1. 成语"随时随地"的意思是____________________。

2. 请用成语"随时随地"完成下面的句子。

(1)用微信(wechat)可以随时随地____________________。

(2)他喜欢音乐,随时随地都在____________________。

(3)中国很多大城市的街边到处都有共享自行车,____________________。

(4)跑步是一个很好的运动,____________________。

3. 讨论:现代生活中还有哪些"随时随地"就可以做的事?

损人利己 sǔn rén lì jǐ

学一学

【语义解释】 损:损害;利:得到好处。损害别人的利益,使自己得到好处。

【语法解释】 1. 语法功能:在句子中作谓语、宾语、定语;2. 语法结构:联合式。

【感情色彩】 含贬义。

【语用解释】 用来批评做出损害别人利益这种行为的人。搭配:损人利己的做法;不能损人利己。

【近义成语】 自私自利。

【反义成语】 大公无私。

情景例句

(上课的时候,杰夫想睡觉)

同学:你昨天晚上没睡好吗?

杰夫:我们家楼下的邻居一直在开舞会,吵得我睡不着。

同学:他们这么做可真是损人利己呀。

用一用

1. 有些商人为了一点点利益,做出了损人利己的行为。

2. 我们要教育孩子不能做损人利己、唯利是图的人。

3. 我们公司不能容忍这种损人利己的行为。

练一练

1. "损人利己"中"损"和"利"是反义词,其意思分别是(　　)。

A. 损失 利害　　B. 伤害 得到好处　　C. 损失 锋利

2. 以下成语和"损人利己"的意思相反的是(　　)。

A. 自私自利　　B. 见利忘义　　C. 舍己为人

3. 以下不属于"损人利己"行为的是(　　)。

A. 扔垃圾　　B. 偷东西　　C. 插队(cut in a line)　　D. 大声说话

4. 讨论:举例说一说哪些行为是"损人利己"的行为。

所见所闻 suǒ jiàn suǒ wén

学一学

【语义解释】 闻:听到。看到的和听到的。

【语法解释】 1.语法功能：在句子中作主语、宾语、定语；2.语法结构：联合式。

【感情色彩】 中性义。

【语用解释】 强调亲身看到、听到，说明事情的真实情况和真实感受。搭配：记录所见所闻。

【近义成语】 耳闻目睹。

【反义成语】 道听途说。

情景例句

（学校组织学生旅游出发之前）

学生：明天出发要带什么东西？

老师：你们可以带上摄像机，把在旅游中的所见所闻记录下来。

用一用

1.在中国的所见所闻给他们留下了深刻的印象。

2.旅行不但可以扩大我们的视野，旅途中的所见所闻也不是从书本中能学到的。

3.这本书是根据他在中国的所见所闻写成的。

练一练

1.请根据“所见所闻”的解释，试着解释相同结构的成语。

所见所闻：看到的和听到的。

所思所想：______________________________。

所作所为：______________________________。

2.以下成语中哪个成语的意思和“所见所闻”的意思相近？（　　）

A.耳闻目睹　　B.闻所未闻　　C.不闻不问

3.请用成语“所见所闻”完成下面的句子。

（1）他有写日记的习惯，每天晚上，____________________。

（2）____________，改变了他对中国的看法。

（3）现在的年轻人都喜欢用手机记录生活，也就是________________。

探头探脑 tàn tóu tàn nǎo

学一学

【语义解释】 探：头或上身向前伸出。伸着头向左右张望。形容偷偷地到处看。

【语法解释】 1.语法功能：在句子中作谓语、定语；2.语法结构：联合式。

【感情色彩】 中性义。

【语用解释】 形容为了解情况，小心地暗中偷看、观察。搭配：探头探脑的样子。

【近义成语】 东张西望。
【反义成语】 大摇大摆。

情景例句

（小朋友来找明明玩儿，站在门口往里面看）
小朋友：叔叔，明明在吗？
明明爸爸：在呢，你进来吧，别在门口探头探脑的。

用一用

1. 一只探头探脑的小乌龟，小心地观察着周围的情况。
2. 一个男子在门口探头探脑地问：这是王医生的办公室吗？
3. 那几个人探头探脑地在大门口，很奇怪。
4. 听说来了一位新老师，孩子们探头探脑地往教室外面张望。

练一练

1. 以下词语中的“探”和“探头探脑”中的“探”意思相同的是（　　）。
A. 探望　　B. 探亲　　C. 探手
2. 以下可能会有“探头探脑”的情况是（　　）。
A. 到办公室　　B. 回家　　C. 找人
3. 请用成语“探头探脑”完成下面的句子。
(1)坐车的时候不能把头伸出窗外，有危险。
改写：________________。
(2)广场上有很多鸽子，________________。
(3)他发现树上有一只松鼠(squirrel)，正在________________。

滔滔不绝 tāo tāo bù jué

学一学

【语义解释】 滔滔：形容流水不断。说话像流水一样不间断，比喻话多而又流畅。
【语法解释】 1. 语法功能：在句子中作状语、定语；2. 语法结构：补充式。
【感情色彩】 中性义。
【语用解释】 形容说话特别流畅，口才很好。搭配：滔滔不绝地演讲。
【近义成语】 口若悬河，侃侃而谈。
【反义成语】 张口结舌，哑口无言。

情景例句

（爸爸劝儿子）

爸爸：你多给妈妈打打电话，她很想你。

儿子：妈妈一开口就滔滔不绝，我受不了。

用一用

1. 这位同学演讲时有声有色、滔滔不绝，特别精彩。
2. 历史老师知道很多历史故事，他上课时总是滔滔不绝。
3. 河水滔滔不绝地奔流向前，永不停息。

练一练

1. 成语“滔滔不绝”的意思是____。

2. “滔滔不绝”的反义成语是（　　）。

A. 侃侃而谈　　　　B. 千言万语　　　　C. 默默无语

3. 请用成语“滔滔不绝”完成下面的句子。

(1)年轻的妈妈们在一起，只要聊到孩子，______________________________。

(2)开会的时候，____。

(3)一下课，学生们就围在一起，__________________________________。

4. 讨论：什么话题会让你“滔滔不绝”？

提心吊胆 tí xīn diào dǎn

学一学

【语义解释】 吊：悬着。心和胆好像悬起来一样，不踏实。形容十分担心或害怕。

【语法解释】 1. 语法功能：在句子中作谓语、宾语、状语；2. 语法结构：联合式。

【感情色彩】 含贬义。

【语用解释】 形容人十分担心或害怕的心理。口语常用。搭配：提心吊胆地提要求。

【近义成语】 担惊受怕。

【反义成语】 心安理得。

情景例句

（一辆汽车从山路上往下开）

乘客：司机师傅，您能不能开慢一点儿，我一路都提心吊胆的。

司机：没事儿，别担心，我开车的水平很高。

用一用

1. 老师开始念期末考试成绩了，同学们一个个都提心吊胆的。
2. 发生那次严重的事故后，我整天都提心吊胆的。
3. 这个小偷提心吊胆地藏了两个月，最后还是被警察抓到了。

练一练

1.“提心吊胆”和下面哪个成语的意思最接近？（　　）

A. 心慌意乱　　　　B. 胆大包天　　　　C. 心惊胆战

2. 请用成语“提心吊胆”完成下面的句子。

(1)听说这个地区晚上很不安全，________________。

(2)学校附近最近出现了一个坏人，________________。

(3)她第一次玩蹦极(Bungee Jumping)，________________。

3. 讨论：说说曾经让你“提心吊胆”过的事。

天伦之乐 tiān lún zhī lè

学一学

【语义解释】 天伦：以前指父子、兄弟、夫妻等亲属关系，现在泛指家人欢聚一堂、其乐融融的欢乐场景或气氛。

【语法解释】 1. 语法功能：在句子中作宾语；2. 语法结构：偏正式。

【感情色彩】 含褒义。

【语用解释】 指享受亲情的乐趣。书面语。搭配：共享天伦之乐。

【近义成语】 合家欢乐。

【反义成语】 孤苦伶仃。

情景例句

（老师找小明的爸爸谈话）

爸爸：我工作很忙，没时间和儿子一起玩。

老师：你得多陪陪你儿子，他需要你，抓紧时间和儿子共享天伦之乐。

用一用

1. 中国人把家人团圆、亲友团聚、共享天伦之乐看得极其珍贵。
2. 春节前，有些小商贩准备回家享受天伦之乐，有些却依然在街上做生意。
3. 我们常到爷爷奶奶家，与他们共享天伦之乐。
4. 除夕之夜，全家老老少少欢聚一堂，共享天伦之乐。

练一练

1. 请判断下面句子的对错，错的请改正。

(1)多年不见的老同学欢聚一堂，大家共享天伦之乐。(　　)

改正：______________________________。

(2)退休以后，老王终于可以和家人享受天伦之乐了。(　　)

改正：______________________________。

(3)父亲节我和弟弟打算回家和父母天伦之乐。(　　)

改正：______________________________。

2. 请用成语"天伦之乐"完成下面的句子。

(1)作为一名军人，他每次完成任务后，才______________。

(2)节假日，全家老小一同出游，______________。

3. 讨论：你知道哪些节日可以让人们享受"天伦之乐"吗？

铁面无私 tiě miàn wú sī

学一学

【语义解释】 铁面：比喻刚直无私。形容公正严明，不怕权势，不讲情面，毫无私心地坚持真理和正义。

【语法解释】 1. 语法功能：在句子中作谓语、定语、状语；2. 语法结构：主谓式。

【感情色彩】 含褒义。

【语用解释】 指办事特别公正、公平，不拉关系，不讲情面，一般用于官员或领导，有赞扬的语气。搭配：铁面无私的法官；铁面无私的态度。

【近义成语】 大公无私。

【反义成语】 以权谋私。

情景例句

(历史老师给学生介绍北宋历史人物包拯)

学生：包拯有什么成就？

老师：他是北宋时期有名的官员，一生公正，是一个铁面无私的好官。

用一用

1. 总经理果然铁面无私，就算是他的亲儿子，违反了公司的规定，照样处罚。

2. 对这种严重影响人民安全的事件，必须铁面无私，严肃处理。

3. 这位法官向来不接受任何礼物，铁面无私，令人佩服。

4. 你做事情很有原则，将来在工作中一定铁面无私。

练一练

1.“铁面无私”的反义成语是(　　)。

A. 大公无私

B. 公而忘私

C. 自私自利

2. 请用成语“铁面无私”完成下面的句子。

(1)他以为给领导送点礼物就能解决问题,真没想到____________________。

(2)作为校长,为了公平,____________________________________。

(3)老师在解决这两位学生的矛盾问题上,____________________________。

3. 讨论:你认为在哪些事情上需要“铁面无私”?

铁杵磨针 tiě chǔ mó zhēn

学一学

【语义解释】 铁杵:铁棍,铁棒。比喻只要有决心,肯下功夫,多么难的事也能做成功。

【语法解释】 1. 语法功能:作谓语、宾语、定语、状语;2. 语法结构:连动式。

【感情色彩】 含褒义。

【语用解释】 常用来激励人认真求学,希望人能长期坚持。搭配:铁杵磨针的精神;铁杵磨针的毅力;铁杵磨针的道理。

【近义成语】 滴水穿石。

情景例句

(父亲与刚升入高三的儿子对话)

父亲:儿子,这一年你在学习中一定要有铁杵磨针的精神,要全力以赴备战高考。

儿子:放心吧,老爸,我会努力的。

用一用

1. 做任何事,我们都要有铁杵磨针的毅力,否则只能一无所成。

2. 他的能力当然很强,但他铁杵磨针的毅力却更值得肯定。

3. 小王在科学研究方面有一种铁杵磨针的刻苦钻研精神。

典故

传说唐朝著名诗人李白小时候不喜欢念书,常常逃学,到处闲逛。有一次他路过一条小溪,遇见一位老婆婆在磨铁棒,就问她在干什么,老婆婆说:“我想把它磨成针。”李白说:“可是,铁棒这么粗,什么时候能磨成细细的绣花针呢?”老婆婆反问李白:“滴水可穿石,愚公能移山，铁棒为什么不能磨成绣花针？只要我下的功夫比别人深，没有做不到的事情。”李白被她的精神感动，终于发奋读书，最终学有大成。

——《方舆胜览》

练一练

1.“铁杵磨针”中“铁杵”的意思是(　　)。

A. 铁棒　　B. 铁门　　C. 铁链

2. 以下哪个成语的意思和“铁杵磨针”不一样(　　)。

A. 水滴石穿　　B. 愚公移山　　C. 日积月累　　D. 半途而废

3. 用成语“铁杵磨针”完成下面的句子。

(1)人的天分当然很重要，但____________________。

(2)学习是三分学，七分练，所以____________________。

(3)他一个人来到这个大城市，靠着自己一点一点的努力，____________________。

同甘共苦 tóng gān gòng kǔ

学一学

【语义解释】 甘：甜；苦：苦难。共同享受幸福，也共同承担苦难。比喻同欢乐，共患难。

【语法解释】 1. 语法功能：在句子中作谓语、定语、状语；2. 语法结构：联合式。

【感情色彩】 含褒义。

【语用解释】 一般用于夫妻、家人、朋友之间的关系。搭配：同甘共苦的生活；同甘共苦的爱情。

【近义成语】 同生共死。

【反义成语】 同床异梦。

情景例句

（在选举大会上，大家都选王经理）

A：大家为什么都支持这位王经理呢？

B：因为他工作能力强，认真努力，又能和大家一起同甘共苦。

用一用

1. 我觉得爱情就是我们能手牵着手一起走完后面的人生路，一起做我们喜欢的事情，同甘共苦，你不离，我不弃。

2. 我不会忘记我们在一起那些同甘共苦的日子。

3. 我相信你才是我可以生死与共、同甘共苦的朋友。

4. 他们两人心心相印、同甘共苦，一起生活了五十年。

练一练

1. 在成语“同甘共苦”中，“__________”和“__________”是一对反义词。

2. 你觉得哪种关系的人可以“同甘共苦”，请列出。

__________、__________、__________。

3. 请用成语“同甘共苦”完成下面的句子。

(1) 从公司刚成立到现在，______________________________。

(2) 你们已经结婚了，以后就生活在一起了，____________________。

(3) 一个能与你同甘共苦的朋友，________________________。

统筹兼顾 tǒng chóu jiān gù

学一学

【语义解释】 统筹：从整体上想办法、订计划；兼：同时进行几件事情；顾：照顾。统一筹划，全面照顾。

【语法解释】 1. 语法功能：在句子中作谓语、定语；2. 语法结构：联合式。

【感情色彩】 含褒义。

【语用解释】 强调对整体工作的全面规划，一般指国家、集体或单位对工作的安排。

【近义成语】 不可偏废。

【反义成语】 顾此失彼，挂一漏万。

情景例句

（小王在工作和生活上都安排得很好，同事问他）

同事：工作、家庭、老人和孩子，这么多事儿，你怎么安排好的？

小王：统筹兼顾嘛，每个方面都要想到、照顾到才能安排好呀。

用一用

1. 国家利益、集体利益、个人利益要三者统筹兼顾才行。
2. 环境保护和经济发展得统筹兼顾才能协调发展。
3. 制订发展计划时，既要保证重点，又要统筹兼顾。

练一练

1.“统筹规划”中“统筹”的意思是________________。
2. 请用成语“统筹兼顾”改写下面的句子。
(1) 政府在制订发展计划时，既要保证重点，又要注意整体，要照顾到全局。
改写：________________。
(2) 作为导导演，就是要有管理各项工作的能力。
改写：________________。
(3) 学校的发展包括各个方面的工作，一定要统一规划，有序发展。
改写：________________。

亡羊补牢 wáng yáng bǔ láo

学一学

【语义解释】 亡：逃亡，丢失；牢：关牲口的圈。羊丢了再去修补羊圈还不算晚。比喻出了问题以后想办法补救可以防止继续受损失。

【语法解释】 1. 语法功能：作主语、谓语、宾语；2. 语法结构：连动式。

【感情色彩】 含贬义。

【语用解释】 比喻及时改正错误，就能避免损失。多用在建议时。

【近义成语】 知错就改。

【反义成语】 防患未然。

情景例句

（演讲比赛之前）
朋友：你的演讲准备得怎么样？
参赛选手：不怎么样，有很多问题，老师给我提了一大堆意见。
朋友：没关系，离正式比赛还有一周呢，现在亡羊补牢，还来得及。

用一用

1. 以前你不够努力，现在亡羊补牢还来得及，千万不可自暴自弃。
2. 虽然电脑中了病毒，但现在安装杀毒软件也可以亡羊补牢，为时未晚。
3. 事前没计划好，现在结果马上就出来了，想亡羊补牢也来不及了。

典故

从前，有个人养了一圈羊。一天早上他准备出去放羊，发现少了一只。原来羊圈破了个窟窿，夜间狼从窟窿里钻进来，把羊叼走了。邻居劝告他说："赶快把羊圈修一修，堵上那个窟窿吧！"他说："羊已经丢了，还修羊圈干什么呢？"没有接受邻居的劝告。第二天早上，他准备出去放羊，到羊圈里一看，发现又少了一只羊。原来狼又从窟窿里钻进来，把羊叼走了。他很后悔，不该不接受邻居的劝告，就赶快堵上那个窟窿，把羊圈修补得结结实实。从此，他的羊再也没有被狼叼走的了。

——《战国策·楚策四》

练一练

1. 成语"亡羊补牢"中"亡"和"牢"的意思分别是（　　）。

A. 死亡 牢固　　B. 丢失 牢固　　C. 死亡 牢圈　　D. 丢失 牢圈

2. 请你按照做事情的先后顺序排列以下成语：________________。

A. 一举成功　　B. 亡羊补牢　　C. 有备无患

3. 用成语"亡羊补牢"完成下面的句子。

(1) 虽然你以前做错了事，________________。

(2) 你要定期给汽车做检查，________________。

微不足道 wēi bù zú dào

学一学

【语义解释】 微：细，小；足：值得；道：谈起。微小得很，不值得一提。指意义、价值等小得不值得一提。

【语法解释】 1.语法功能：作谓语、宾语；2.语法结构：偏正式。

【感情色彩】 含褒义。

【语用解释】 很微小或很少，偏重在“不足道”，不值得说起或提起。一般用于表示谦虚或客气时。搭配：微不足道的小事；太微不足道了。

【近义成语】 微乎其微，不足挂齿。

【反义成语】 举足轻重。

情景例句

（小李感谢小张帮了他的忙）

小李：太感谢你了，帮了我一个大忙。

小张：咱们是朋友，这点儿小忙微不足道。

用一用

1.在我们的生活中，常常会因为一件微不足道的小事，和对方争吵。

2.人都应该有一颗感恩的心，自己是一个很平凡的人，做的事也很微小，就像一粒微不足道的尘埃，我只想平静地做些该做的事。

3.伟大的成就，都是通过微不足道的小事积累起来的。

练一练

1.请选择阅读成语“微不足道”时正确的停顿（　　）。

A.微不　足道　　　　B.微不足　道　　　　C.微　不足道

2.请用成语“微不足道”改写下面的句子。

(1)一个人的力量是微小的，但是大家的力量是无穷的。

改写：______________________________。

(2)他在一家小公司上班，每个月的收入特别少。

改写：______________________________。

(3)虽然这件礼物很微小，但是我还是想表达我的谢意。

改写：______________________________。

闻鸡起舞 wén jī qǐ wǔ

学一学

【语义解释】 鸡：早上鸡叫声。一听到鸡叫就起床练剑。比喻意志坚定，有毅力的人抓紧时间不懈努力。

【语法解释】 1.语法功能：作宾语、谓语；2.语法结构：联合式。

【感情色彩】 含褒义。
【语用解释】 用于象征或是比喻,形容。搭配:闻鸡起舞的精神。
【近义成语】 自强不息,发奋图强。
【反义成语】 苟且偷安。

情景例句

(两名留学生课间在交流)
A:中国成语故事有很多,你了解闻鸡起舞的典故吗?
B:听过,这是一个很励志的成语故事。

用一用

1. 昔日祖逖闻鸡起舞的故事,至今依然激励着我们勤奋学习。
2. 他为了提高自己的技艺,经常闻鸡起舞,在别人还在睡梦中的时候就在刻苦训练。
3. 他们团队闻鸡起舞,总是很积极。但是团长辞职后,他们群龙无首,开始散漫。
4. 每天的时间太有限了,我应该闻鸡起舞,早点起床读书。

典故

晋代的祖逖和好朋友刘琨有着共同的远大理想:建功立业,复兴晋国,成为国家的栋梁之才。为了练功,他们每天鸡叫后就起床练剑。春去冬来,寒来暑往,从不间断。功夫不负有心人,经过长期的刻苦学习和训练,他们终于成为能文能武的全才,既能写得一手好文章,又能带兵打胜仗。祖逖当上了将军,实现了他报效国家的愿望;刘琨也在军事上充分发挥了他的文才武略。

——《晋书·祖逖传》

练一练

1.“闻鸡起舞”中“闻”的意思是(　　)。

A. 听到　　B. 用鼻子闻　　C. 香味

2. 以下哪个成语没有“刻苦努力”的意思?(　　)

A. 守株待兔　　B. 铁杵磨针　　C. 愚公移山　　D. 卧薪尝胆

3. 用成语“闻鸡起舞”完成下面的句子。

(1)想要学习功夫,就要________________________。

(2)要是没有闻鸡起舞的精神,________________________。

(3)中国古代先贤都非常刻苦,他们常常闻鸡起舞,而现代人却____________。

4. 讨论:NBA篮球明星科比·布莱恩特(Kobe Bryant)在接受记者采访时,当记者问他怎么会这么强大时,他回答:你见过凌晨四点的洛杉矶(Los Angeles)吗? 结合这句话说说你对这个成语的理解。

卧薪尝胆 wò xīn cháng dǎn

学一学

【语义解释】 薪:柴草。睡在柴草上,经常尝一尝苦胆。比喻人刻苦自励,坚定报仇的意志,发奋努力。

【语法解释】 1. 语法功能:作谓语、定语、状语;2. 语法结构:联合式。

【感情色彩】 含褒义。

【语用解释】 形容人刻苦自励,立志努力报仇。搭配:卧薪尝胆的精神;卧薪尝胆的毅力。

【近义成语】 奋发图强。

【反义成语】 妄自菲薄。

情景例句

(篮球队比赛失败后)

教练:大家这次发挥得不好,回去后要做好卧薪尝胆的准备,下次努力!

队员:我们一定会努力的!

用一用

1. 只要有卧薪尝胆的毅力,无论干什么都能成功!

2. 失败了别灰心,只要拿出卧薪尝胆的毅力,还有机会成功!

3. 卧薪尝胆是一个失败者的精神动力。

典故

春秋时期,越国被吴国打败,越王勾践被俘虏,被吴国扣押了三年,他遭受了常人难以忍受的屈辱。被释放回国后,他发誓要报仇血恨。为激励斗志,不忘国耻,他睡在柴草上,还在旁边挂了一个苦胆,每天都要尝一尝胆的苦味,提醒自己努力。经过十年的积聚,越国终于由弱国变成强国,打败了吴国。

——《史记·越王勾践世家》

练一练

1.“卧薪尝胆”中“薪”的意思是(　　)。

A.工资　　B.柴草　　C.火柴

2.“卧薪尝胆”的反义成语是(　　)。

A.奋发图强　　B.胸无大志　　C.自强不息　　D.忍辱负重

3.请用成语“卧薪尝胆”完成下面的句子。

(1)没有人能不坚持就健身成功,____________________。

(2)他在农村的时候,就定下了一个目标,经过____________________。

(3)为了实现梦想,____________________。

4.讨论:你还知道哪些勉励自己的故事,请分享一下。

无边无际 wú biān wú jì

学一学

【语义解释】 际:边缘处,边界。形容范围极为广阔。

【语法解释】 1.语法功能:在句子中作状语、定语;2.语法结构:联合式。

【感情色彩】 中性义。

【语用解释】 形容在空间上的宽广、辽阔，没有尽头。常用来形容大海、天空、山脉、星空等。搭配：无边无际的草原；无边无际的想象。

【近义成语】 一望无际。

【反义成语】 立锥之地。

情景例句

（老师问孩子）

老师：你觉得童年是什么？

学生：我觉得童年就像无边无际的天空，用想象的云朵装饰了蓝天，又像无边无际的星空，用梦想点亮了夜空。

用一用

1. 这片草原无边无际，一眼望不到尽头。

2. 在无边无际的沙漠里，寻找水源是很困难的。

3. 鸟儿在无边无际的天空中自由地飞来飞去。

练一练

1. “无边无际”中“际”的意思是（　　）。

A. 交际　　B. 边际　　C. 天际　　D. 人际

2. 请试着写一写“无 A 无 B”的成语

无____无____、无____无____。

3. 请根据已给情境，完成下面的句子。

(1)夜晚你能看到无边无际的________________________。

(2)站在沙滩上，你能看到无边无际的________________________。

无动于衷 wú dòng yú zhōng

学一学

【语义解释】 衷：内心。一点儿也没有触动到内心。指对应该关心、注意的事情毫不关心，置之不理。

【语法解释】 1. 语法功能：作谓语；2. 语法结构：偏正式。

【感情色彩】 含贬义。

【语用解释】 不为外界所动的意思，可以形容心肠硬、冷酷，或意志坚定。多用于表达批评或不满。常作谓语，也可用在“对……无动于衷”的句式。

【近义成语】 麻木不仁。

【反义成语】 一见钟情，情不自禁。

情景例句

（一对夫妻去帮朋友搬家）

妻子：大家都帮忙搬东西，你怎么无动于衷啊？

丈夫：不好意思，我这会儿突然很不舒服。

用一用

1. 妈妈用尽一切方法，劝他去上学，他却无动于衷。

2. 那个为了爱情的小伙子傻傻地等着那个姑娘一直到了天亮，而那个姑娘居然无动于衷。

3. 大家都在讨论周末旅游的事，他一点儿都没有兴趣，对此无动于衷。

练一练

1. 成语“无动于衷”中“衷”的正确解释是（　　）。

A. 初心　　B. 内心　　C. 热心

2. 以下和“无动于衷”的意思相近的成语是（　　）。

A. 触目伤怀　　B. 百感交集　　C. 漠不关心

3. 请用成语“无动于衷”完成下面的句子。

(1)看了这个故事，再无情的人也不会不动心的。

改写：____。

(2)他讲的笑话太好玩儿了，____？

(3)有的人在微信里热烈地讨论这件事，有的人____________________。

无话可说 wú huà kě shuō

学一学

【语义解释】 没有什么话可以说，在某些场合下包含一种无奈、郁闷的情感。

【语法解释】 1. 成语词性：在句子中作谓语、定语、宾语；2. 语法结构：偏正式。

【感情色彩】 中性义。

【语用解释】 没有什么话可以说，表达一种无奈的情感；也表示特别好，好到不需要评价。搭配：问得无话可说；对此无话可说。

【近义成语】 无话不谈。

【反义成语】 无话不说。

情景例句

（开会以后）

经理：请你发表意见，谈谈对这个计划的看法。

小李：我沉默并不是无话可说，而是不同意这个计划。

（辩论比赛结束后）

A：你对比赛结果怎么看？

B：我们输了，输得无话可说。

用一用

1. 我对他的这种行为真是无话可说。
2. 辩论的时候，Richard 强大的气场往往使对方无话可说。
4. 上大学的时候，她们是无话不说的朋友，而十年后的现在，她们却无话可说了。

练一练

1. "无话可说"的反义成语是（　　）。

A. 无话不说　　B. 三言两语　　C. 说一不二　　D. 千言万语

2. 请选择以下可以用"无话可说"的情况（　　）。

A. 和好朋友聊天　　B. 向大家介绍自己　　C. 很无奈的时候　　D. 请求别人帮助

3. 请用成语"无话可说"完成下面的句子。

(1) A：你看看我的文章写得怎么样？

B：写得太好了，________________。

(2) A：真的吗？你没骗我吧！

B：我说的是真的，如果你不相信我，________________。

4. 讨论：你什么时候会"无话可说"？

无精打采 wú jīng dǎ cǎi

学一学

【语义解释】 采：兴致。形容精神不振，提不起劲头。

【语法解释】 1. 语法功能：在句子中作谓语、宾语；2. 语法结构：连动式。

【感情色彩】 含贬义。

【语用解释】 有精神不振的意思，指人的思想和精神状态不好。搭配：无精打采的样子；显得无精打采。

【近义成语】 没精打采，垂头丧气。

【反义成语】 兴高采烈，神采奕奕。

情景例句

（一场篮球比赛结束后）

朋友：你怎么看起来无精打采的，比赛怎么样？

我：比赛快结束的时候，我们班输了，大家的心情都不好，个个无精打采。

用一用

1. 我见他头发凌乱，衣服上满是灰尘，脸黑黑的，一双眼睛无精打采。

2. 炎热的夏日午后，知了叫个不停，小草弯下了腰，花儿低下了头，一切都显得无精打采。

3. 祖母无精打采地坐在一个靠近床的躺椅子上，闭着眼睛，嘴巴麻木地张开着。

练一练

1. 请选出以下可能不会出现“无精打采”的情形（　　）。

A. 累的时候　　B. 心情不好的时候

C. 无聊的时候　　D. 困的时候

E. 考试的时候

2. 请选出“无精打采”的反义成语（　　）。

A. 有气无力　　B. 兴高采烈　　C. 垂头丧气

3. 请用成语“无精打采”完成下面的句子。

(1) 我们兴高采烈地开车去玩，结果车坏了，大家________________。

(2) 最近他的心情不好，________________。

(3) 毕业后，他找不到努力的方向，________________。

4. 讨论：什么事会让人“无精打采”？

无忧无虑 wú yōu wú lǜ

学一学

【语义解释】 无：没有。没有任何忧虑，形容心情愉快自然。

【语法解释】 1. 语法功能：在句子中作谓语、宾语、定语；2. 语法结构：联合式。

【感情色彩】 含褒义。

【语用解释】 一般用于人或动物，表示心理快乐。书面语。搭配：无忧无虑的童年；无忧无虑的心情。

【近义成语】 无牵无挂。

【反义成语】 心事重重，忧心忡忡。

情景例句

（两个朋友聊起了往事）

A：你最怀念的时光是什么时候？

B：当然是童年了，那时候整天过着无忧无虑的生活，快乐极了。

用一用

1. 人们常常说，童年时代无忧无虑的生活，最令人怀念。
2. 爷爷的退休生活很精彩，读书、下棋、种花、和朋友聊天，无忧无虑。
3. 刚毕业参加工作的时候，小王对生活充满了希望，无忧无虑。

练一练

1. 参照对"无A不B"的解释，用自己的话解释指定成语。

无微不至：没有一个细微的地方不照顾到。形容照顾得细心周到。

(1)无所不知：________________。

(2)无所不能：________________。

2. 请用成语"无微不至"完成下面的句子。

(1)只要你别给自己太大的压力，________________。

(2)你看他好像生活得无忧无虑，其实________________。

(3)周末到了，你就________________。

无缘无故 wú yuán wú gù

学一学

【语义解释】 缘：因由；故：原因，缘故。没有任何理由或根据。

【语法解释】 1. 语法功能：在句子中作谓语、定语；2. 语法结构：联合式。

【感情色彩】 中性义。

【语用解释】 多用来说人的思想、感情、行为或事物产生得很奇怪，不能解释原因。搭配：无缘无故地生气；无缘无故地指责。

【近义成语】 平白无故。

【反义成语】 事出有因。

情景例句

（父母在等女儿吃晚饭）

父亲：女儿怎么还不回来呢？

母亲：是啊，她从来不会无缘无故晚回家的。

（小张早上从酒店接朋友）

朋友：你昨晚睡得好吗？

小张：我睡不习惯酒店的床，晚上无缘无故醒来好几次。

用一用

1. 这个世界上没有无缘无故的爱，也没有无缘无故的恨。

2. 卡尔讨厌我，他总是无缘无故地指责我。

3. 他经常无缘无故地发脾气，没人喜欢和他在一起。

练一练

1. “无缘无故”中“缘”“故”是近义词，意思是（　　）。

A. 原因　　　　B. 缘分　　　　C. 故事

2. 在“无A无B”式的成语中，A和B一般是近义词，请先选择近义词然后组成成语。

A. 声 时 忧　　　　B. 虑 息 刻

完成成语：无____无____、无____无____、无____无____。

3. 请用成语“无缘无故”完成下面的句子。

（1）人在压力很大的时候，____________________。

（2）妈妈一定是有什么心事，____________________。

4. 请按下面对成语的解释，选出对应的成语。

无缘无故　　无穷无尽　　无忧无虑　　无情无义

（1）没有一点情义，形容冷酷无情：____________________。

（2）没有止境，没有限度：____________________。

（3）没有一点忧愁和顾虑：____________________。

（4）没有一点原因和理由：____________________。

无可奉告 wú kě fèng gào

学一学

【语义解释】 指没有什么可以告诉对方，或是对方所问及的事情不方便直接告诉。

【语法解释】 1. 语法功能：在句子中作谓语；2. 语法结构：偏正式。

【感情色彩】 含贬义。

【语用解释】 书面语，敬语，外交辞令。在拒绝回答的时候使用。

【近义成语】 不便奉告。

【反义成语】 和盘托出。

情景例句

（在一场火灾事故过后，记者采访现场）

记者：请问这次火灾起火的原因是什么？

管理人员：起火原因正在调查中，其他的情况无可奉告。

用一用

1. 这件事关系到公司的财务机密，因此本人无可奉告。

2. 面对媒体的采访，他表示无可奉告。

3. 警方正在尽力侦查，暂时无可奉告。

练一练

1.“无可奉告”中的“奉告”是敬辞，“奉＋动词”表示对对方的动作有尊敬的态度，以下成语中哪个“奉”没有这种意思（　　）。

A. 原物奉还　　B. 奉劝朋友　　C. 愿意奉陪　　D. 奉公行事

2. 请为下面的解释选择对应的成语。

没有可以相比的（　　）。

没有什么可以告诉的（　　）。

没有什么可以救治的药（　　）。

没有可以用的办法（　　）。

A. 无可奉告　　B. 无可救药　　C. 无可奈何　　D. 无可比拟

无可奈何 wú kě nài hé

学一学

【语义解释】 奈何：如何，怎么办。指感到没有办法，只有这样了。

【语法解释】 1. 语法功能：在句子中作谓语、宾语、定语；2. 语法结构：偏正式。

【感情色彩】 中性义。

【语用解释】 指没有办法，可用于自己，也可用于别人。搭配：无可奈何的结果；无可奈何的选择。

【近义成语】 百般无奈，迫不得已。

【反义成语】 诚心诚意。

情景例句

（今天是小明女朋友的生日，可是他还没下班）

女朋友：你怎么忘了我的生日？

小明：我没忘，可是老板让我加班，我也无可奈何呀。

用一用

1. 一想起刚才同学的嘲笑，我就很生气，但又无可奈何。
2. 我从小就任性，爸爸妈妈对此也无可奈何。
3. 郑老师耐心地劝说后，他们还是不听。郑老师也觉得无可奈何。
4. 面对女朋友的误会，他怎么解释都没用，只好无可奈何地摇了摇头。

练一练

1. 成语“无可奈何”中“奈何”的正确解释是（　　）。

A. 怎么办　　B. 无奈　　C. 如果

2. 请选择符合“无可奈何”的情境（　　）。

A. 时间的流逝　　B. 改变自己的生活

C. 学习　　D. 阅读

3. 根据情境，用成语“无可奈何”完成对话中的句子。

(1)（在机场，大家等飞机，问工作人员）

乘客：飞机怎么还没来？

工作人员：________________________________。

(2)（在教室，一个学生迟到了）

老师：你为什么迟到？

学生：________________________________。

4. 讨论：生活中有哪些让你“无可奈何”的事情？

无理取闹 wú lǐ qǔ nào

学一学

【语义解释】 闹：吵闹，捣乱；无理：没有道理。跟人吵闹、捣乱。

【语法解释】 1. 语法功能：在句子中作谓语、宾语、状语；2. 语法结构：偏正式。

【感情色彩】 含贬义。

【语用解释】 一般用来表示批评和指责，常在否定句中，口语。搭配：无理取闹的行为；不要无理取闹。

【近义成语】 无事生非。

【反义成语】 息事宁人。

情景例句

（一个人在电梯里抽烟）

A：请你别在电梯里抽烟，好吗？

B：我就抽烟了，关你什么事儿？想挨打吗？

A：我希望你能遵守规定，但你要再无理取闹，我就报警。

用一用

1. 他借了我的钱不还，还要告诉别人没有借过，这分明是无理取闹。
2. 一些人在广场上无理取闹，被警察带走了。
3. 他先动手打人，却说是我的错，真是无理取闹。
4. 我希望你能讲点道理，但你要再无理取闹，我就去报警。

练一练

1. 选择以下哪种人很可能是“无理取闹”的人？（　　）

A. 不讲道理的人　　B. 有良好素养的人　　C. 高大强壮的人

2. 以下不是“无理取闹”的情况是（　　）。

A. 坚持在公共场合抽烟

B. 不守秩序并和别人吵架

C. 为了让家长给他买玩具，孩子躺在地上哭

D. 大声向路人求助

3. 讨论：你见过哪些“无理取闹”的情况？或者听到过哪些“无理取闹”的事情？

无论如何 wú lùn rú hé

学一学

【语义解释】　不管怎样。表示不管条件怎样变化，结果始终不变。

【语法解释】　1. 语法功能：在句子中作分句；2. 语法结构：动宾式。

【感情色彩】　中性义。

【语用解释】　表示下定决心，不受任何影响。搭配：“无论如何……，都/也……。”

【近义成语】　不论如何。

【反义成语】　虽然如此。

情景例句

（李刚邀请朋友参加自己婚礼）

李刚：你有时间参加我的婚礼吗？

朋友：你是我最好的朋友，所以我无论如何都会参加你的婚礼。

用一用

1. 无论如何都不要放弃，要相信你的梦想可以实现。
2. 这件事太重要了，请你无论如何都要坚持到底。
3. 他骗过我，我无论如何也不会再相信他了。

练一练

1. “无论如何”中“如何”的意思是＿＿＿＿＿＿＿＿＿＿＿＿＿＿。
2. 请用“无论如何”改写下面的句子。

(1)有困难一定要告诉我。

改写：＿＿＿＿＿＿＿＿＿＿＿＿＿＿＿＿＿＿＿＿。

(2)我一定要考上大学。

改写：＿＿＿＿＿＿＿＿＿＿＿＿＿＿＿＿＿＿＿＿。

(3)你千万别放弃。

改写：＿＿＿＿＿＿＿＿＿＿＿＿＿＿＿＿＿＿＿＿。

3. 讨论：请把你最想做的事用成语“无论如何”说出来。

无能为力 wú néng wéi lì

学一学

【语义解释】 用不上力量，帮不上忙。指没有能力或能力达不到，不能做好事情或解决问题。

【语法解释】 1. 语法功能：在句子中作谓语、宾语、定语；2. 语法结构：偏正式。

【感情色彩】 含褒义。

【语用解释】 用在拒绝或推辞时。指没法完成某件事的意思，施展不出力量或者用不上力量。搭配：让人无能为力；无能为力的情况。

【近义成语】 力不从心，无计可施。

【反义成语】 得心应手。

情景例句

（两个朋友聊天）

小王：我觉得人类的力量很强大，可以改变世界。

朋友：但是面对时间和灾难时，我们却表现得无能为力。

用一用

1. 有些事情他做起来得心应手，有些事情却让他无能为力。

2. 有一个小女孩得了一种怪病，她父母已经找遍了所有医生，却都无能为力。
3. 姐姐在万里之外的美国遇到了困难，我们想帮她却无能为力。
4. 比你差的人还没放弃，比你好的人仍在努力，你没资格说你无能为力。

练一练

1. 选出以下可以使用“无能为力”的情形（　　）。

A. 展示才能的时候　　B. 害羞的时候

C. 表达谦虚的时候　　D. 没有能力的时候

2. 请用“无能为力”造句。

(1)人面对时间的流逝：

______________________________。

(2)远方的家人有困难：

______________________________。

(3)医生面对病情严重的病人：

______________________________。

无情无义 wú qíng wú yì

学一学

【语义解释】 没有一点情义，形容冷酷无情。

【语法解释】 1. 语法功能：在句子中作谓语、定语；2. 语法结构：联合式。

【感情色彩】 含贬义。

【语用解释】 一般用于批评对人没有感情或情义，用于男女、朋友之间。搭配：无情无义的人。

【近义成语】 绝情寡(guǎ)义。

【反义成语】 有情有义，柔情万种。

情景例句

（朋友安慰刚和男朋友分手的小花）

朋友：最近怎么没看到你和你男朋友啊？

小花：他已经和我分手了。

朋友：什么？六年的感情，他说分手就分手，真是太无情无义了！

用一用

1. 如果他不是个无情无义的人，怎么会抛弃自己的妻子呢？
2. 他是个无情无义的人，你别跟他打交道。

3. 辞掉一个怀孕的女员工，会让公司落下一个无情无义的名声。

练一练

1. “无情无义”的反义成语是(　　)。

A. 绝情绝义　　B. 深情厚意　　C. 冷酷无情

2. 请用成语“无情无义”完成下面的句子。

(1)谈恋爱时，大家都有情有义，____________________。

(2)对待家人和朋友当然要有情有义，____________________。

(3)如果你对身边的人无情无义，那____________________。

3. 讨论：什么样的人算是“无情无义”的人？

无穷无尽 wú qióng wú jìn

学一学

【语义解释】 穷，尽：完。没有尽头，没有结束。

【语法解释】 1. 语法功能：作谓语、宾语、定语；2. 语法结构：联合式。

【感情色彩】 褒义词。

【语用解释】 含有没有尽头、没有停止的意思，多用在时间方面，或者形容数量很多，是夸张的用法。搭配：无穷无尽的乐趣；无穷无尽的烦恼；无穷无尽的问题。

【近义成语】 无边无际，应有尽有。

【反义成语】 寥寥无几，寥若晨星。

情景例句

(两个朋友聊性格)

A：我是一个悲观的人，总是把事情想得很糟糕。

B：你得乐观一点儿，否则只能给你带来无穷无尽的烦恼。

用一用

1. 一个人只要有远大的理想和奋斗目标，就会有无穷无尽的力量。

2. 她很可爱，她也会带给我无穷无尽的快乐。

3. 读书给我带来快乐，我喜欢读书，读书给我带来了无穷无尽的快乐。

练一练

1. “无穷无尽”中的“穷”和“尽”是近义词，意思是(　　)。

A. 贫穷，没有钱　　B. 完，结束，止境　　C. 穷苦，尽力

2. 请选择不能和“无穷无尽”搭配的是(　　)。

A. 无穷无尽的烦恼　B. 无穷无尽的思念　C. 无穷无尽的知识　D. 无穷无尽的心情

3. 请用成语“无穷无尽”改写下面的句子。

(1)科学技术的发展是没有止境的,只有不断向前,人类才能有更大的发展。

改写:____。

(2)每个人的潜力都是无法估量的,我们要挑战自我,开发自己的潜能,让自己更强大。

改写:____。

(3)夜色下的星空,没有边界,把人带到幻想的世界。

改写:____。

无所作为 wú suǒ zuò wéi

学一学

【语义解释】 作为:做出成绩。没有做出任何成绩。指工作中安于现状,缺乏创造性。

【语法解释】 1. 语法功能:在句子中作谓语、定语、补语;2. 语法结构:动宾式。

【感情色彩】 含贬义。

【语用解释】 没做出成绩或有意义的事。多用于人,常在回顾人的一段经历时使用,有批评的意思。搭配:无所作为的生活;无所作为的人。

【近义成语】 无所事事。

【反义成语】 有所作为。

情景例句

(小张总是尝试做不同的事,父母劝他)

父母:你为什么不找个稳定的工作,过稳定的生活呢?

小张:我不愿意过无聊的生活,更不愿意这一生都无所作为,所以我要为理想做各种尝试。

用一用

1. 没有错误的人往往也就是无所作为的人。

2. 在环境污染恶化的情况下,如果大家对此无所作为,结果将会更糟糕。

3. 步入晚年绝不等于无所作为,老年人应该重新找到生活的意义和乐趣。

练一练

1. 和“无所作为”中“作为”意思一样的是(　　)。

A. 有所作为　B. 作为朋友　C. 大有作为　D. 作为学生

2. 请用成语“无所作为”改写下面的句子。

(1)没有人愿意成为一点儿成绩也没有的人。

改写：____。

(2)我对自己很失望，这么多年，仍然没有做出成就。

改写：____。

3. 讨论：你认为一个人“无所作为”是哪种状态？

无微不至 wú wēi bù zhì

学一学

【语义解释】 微：细节，细小的方面；至：到。没有一处细微的地方照顾不到。形容关怀、照顾得非常细心周到。

【语法解释】 1. 语法功能：在句子中作谓语、定语、状语；2. 语法结构：紧缩式。

【感情色彩】 含褒义。

【语用解释】 没有一处不照顾到。形容待人处事细致周到，用在肯定句中。搭配：无微不至的关怀；无微不至的照顾。

【近义成语】 无所不知，关怀备至。

【反义成语】 漠不关心。

情景例句

（一个病人出院时对护士说）

病人：太感谢你了，如果没有你无微不至的照顾，我也不会这么快出院。

护士：您客气了，这是我们应该做的。

用一用

1. 我是家里唯一的孩子。爷爷奶奶宠着我，爸爸妈妈无微不至地呵护我，我觉得很幸福。

2. 奶奶90岁了，妈妈无微不至地照顾着她。

3. 幼儿园的老师们无微不至地照顾着孩子们，让他们健康成长。

练一练

1.“无微不至”中“至”的意思是（　　）。

A. 周到　　B. 安全　　C. 到达　　D. 细微

2. 不能与“无微不至”搭配的词语是（　　）。

A. 照顾　　B. 关怀　　C. 体贴　　D. 工作

3. 请用成语“无微不至”完成下面的句子。

(1)在养老院，老人____。

(2)每个妈妈都____。

(3)在护士无微不至的照顾下，____。

4. 讨论：你得到过哪些人无微不至的照顾？什么人会无微不至地照顾别人？

物美价廉 wù měi jià lián

学一学

【语义解释】 廉：便宜。东西价钱便宜，质量又好。
【语法解释】 1. 语法功能：在句子中作谓语、宾语、定语；2. 语法结构：联合式。
【感情色彩】 含褒义。
【语用解释】 一般在商业买卖或推销时使用。搭配：物美价廉的产品。
【近义成语】 价廉物美。
【反义成语】 米珠薪桂。

情景例句

（一家玩具店里）
老板：您又来买玩具了。
老顾客：是啊，比来比去，就你的东西物美价廉。

用一用

1. 一家商店的老板向游客说："快来看，快来买，我家的东西物美价廉。"
2. 中国生产的商品物美价廉，很受消费者欢迎。
3. 这件衣服不但漂亮而且便宜，真是物美价廉啊！
4. 这家商店的商品物美价廉，吸引了大批的顾客。

练一练

1. "物美价廉"中"廉"的意思是______________________________。
2. 选择合适的成语完成句子：一个商人如果想做好生意，要做到（　　）。
A. 供大于求　　B. 讨价还价　　C. 童叟无欺　　D. 物美价廉
3. 用成语"物美价廉"完成下面的句子。
(1) 那个地方是葡萄产地，有很多葡萄酒厂，________________________。
(2) ____________________________，所以每天来这里买东西的人很多。
4. 讨论：你买到过"物美价廉"的东西吗？在哪里可以买到？请分享给大家。

喜出望外 xǐ chū wàng wài

学一学

【语义解释】 望：希望，意料。遇到意外的喜事，心中非常高兴。

【语法解释】 1. 语法功能：作谓语、状语、定语；2. 语法结构：主谓式。

【感情色彩】 含褒义。

【语用解释】 指发生的事情让人特别惊喜。搭配：让人喜出望外；喜出望外的事情。

【近义成语】 大喜过望。

【反义成语】 痛不欲生。

情景例句

（安妮的妈妈从英国来西安看她）

安妮：妈妈，我真没想到你来了，这太让我喜出望外了。

妈妈：我就是想给你一个惊喜。

用一用

1. 生平第一次有陌生人欣赏自己，她有些喜出望外。

2. 这个好消息让大家喜出望外。

3. 他没想到大家都记得他的生日，他喜出望外地打开了朋友送的礼物。

练一练

1. “喜出望外”中“望”的意思是（　　）。

A. 失望　　B. 希望　　C. 绝望

2. 以下有“喜出望外”的感觉是（　　）。

A. 收到一件意外的礼物　　B. 朋友一起开心聚会

C. 愉快地旅行　　D. 减肥成功

3. 用成语“喜出望外”完成下面的句子。

(1) 逛街的时候遇到了以前的好朋友，________________。

(2) 他随便发到网上的视频受到很多人的欢迎，________________。

(3) 公司突然停电，不能上班，________________。

4. 讨论：哪些事会让你“喜出望外”？

喜新厌旧 xǐ xīn yàn jiù

学一学

【语义解释】 厌：厌恶。喜欢新的，讨厌旧的。多指在爱情上不专一。

【语法解释】 1. 语法功能：在句子中作谓语、宾语、定语；2. 语法结构：联合式。

【感情色彩】 含贬义。

【语用解释】 常用在婚姻和爱情方面。一般用来批评这种做法，常用在否定句中。搭配：喜新厌旧的性格。

【近义成语】 朝三暮四。

【反义成语】 忠贞不渝。

情景例句

（小李想买最新款的手机）

朋友：你的手机才用了半年，怎么又要买新的？

小李：我最喜欢这个品牌，只要出了新款，我就想买。

朋友：你真是个喜新厌旧的人。

用一用

1. 他在感情上，总是喜新厌旧，见异思迁，令人非常讨厌。

2. 喜新厌旧是人的本性，但“新”必须是美的，而“美”不一定都是新的。

3. 有的人喜新厌旧，什么都要新的，而有的人却喜欢每件有故事的旧东西。

练一练

1. 在“喜新厌旧”这个成语中，“喜”和________是反义词，“新”和________是反义词。

2. 用成语“喜新厌旧”改写下面的句子。

(1)IT 行业发展很快，大家都喜欢新东西，抛弃旧东西。

改写：________________________。

(2)网民最喜欢看新消息。

改写：________________________。

3. 讨论：你觉得“喜新厌旧”在哪些事情上是好的，哪些事情上不好？说出理由。

喜闻乐见 xǐ wén lè jiàn

学一学

【语义解释】 闻：听；喜闻：喜欢听；乐见：乐意看。形容符合人们的兴趣，很受欢迎。

【语法解释】 1. 语法功能：在句子中作谓语、定语；2. 语法结构：联合式。

【感情色彩】 中性义。

【语用解释】 被人喜爱、受人们称赞的意思。搭配：为……所喜闻乐见；喜闻乐见的形式；喜闻乐见的题材。

【近义成语】 脍炙人口，喜闻乐道。

【反义成语】 痛恨不已。

情景例句

（广告公司要为一家牛奶公司拍广告）

广告公司：您有什么要求吗？

牛奶公司：你们的广告一定要让观众喜闻乐见、印象深刻。

用一用

1. 这是一部很有教育意义、人民群众喜闻乐见的优秀小说。
2. 这节课以孩子们喜闻乐见的游戏互动方式进行，气氛很活跃。
3. 民歌、民谣之所以家喻户晓，人们喜闻乐见，关键是因为语言生动形象，活泼幽默。
4. 在中国的西北地区，秧歌是一种喜闻乐见的民间歌舞。

练一练

1. 请找出成语“喜闻乐见”中的两对近义词。

________和________意思相近，________和________意思相近。

2. 请选择“喜闻乐见”的正确解释（　　）。

A. 比喻非常快乐　　B. 比喻喜欢闻和看　　C. 比喻非常受欢迎

3. 请用成语“喜闻乐见”改写下面的句子。

（1）京剧表演是中国人民喜欢的艺术形式。

改写：________________________________。

（2）这是一本很受读者欢迎的小说。

改写：________________________________。

4. 讨论：介绍一下在我们国家“喜闻乐见”的艺术形式或作品。

显而易见 xiǎn ér yì jiàn

学一学

【语义解释】 显：明显。形容事情或道理很明显，很容易看清。

【语法解释】 1. 语法功能：在句子中作宾语、定语、分句独立成分；2. 语法结构：偏正式。

【感情色彩】 中性义。

【语用解释】 常用于说话、写文章、事情和人的所作所为等方面，书面语。搭配：显而易见的结果。

【近义成语】 不言而喻。

【反义成语】 模棱两可。

情景例句

（小王把文件拿给经理看）

经理：这么显而易见的错误，你怎么没发现呢？

小王：对不起，是我太粗心大意了。

用一用

1. 这个道理显而易见，谁都能明白。

2. 错误并不可耻，可耻的是错误已经显而易见了，却还不改正！

3. 分析显而易见的事情需要非凡的思想。

练一练

1. “显而易见”中“显”的意思是________________，“易”的意思是________________。

2. 请用成语“显而易见”完成下面的句子。

(1)这两个球队的实力强弱很清楚就能看到。

改写：____。

(2)他说话不敢看我的眼睛，很清楚就能知道，他说了谎。

改写：____。

(3)大家很清楚地能看到，中国的网络经济发展非常迅速。

改写：____。

相辅相成 xiāng fǔ xiāng chéng

学一学

【语义解释】 相：互相；辅：帮助；成：促成。指两件事物互相配合，互相辅助，缺一不可。

【语法解释】 1. 语法功能：在句子中作谓语、定语；2. 语法结构：联合式。

【感情色彩】 含褒义。

【语用解释】 指事物相互依存，互相支持。搭配：相辅相成的关系。

【近义成语】 相得益彰，相反相成。

【反义成语】 两败俱伤，鹬蚌相争。

情景例句

（经济学院的学生问老师）

学生：老师，您觉得政治和经济有什么关系？

老师：一个国家经济的繁荣与政治的稳定是相辅相成的。

用一用

1.读书与运动其实是相辅相成的。
2.丰富的知识和健康的身体是事业成功的基础,二者相辅相成,缺一不可,都要重视。
3.学习和复习,是用来掌握知识和巩固知识的两个方面,两者相辅相成,缺一不可。
4.清晨与黑夜是生命的共同体,彼此相辅相成,构成万物的运行规律。

练一练

1.以下对“相辅相成”中的“辅”解释正确的是(　　)。
A.辅导　　B.支撑　　C.辅助
2.用成语“相辅相成”完成下面的句子。
(1)只有在学中问、在问中学,才能求得真知,所以__________。
(2)老师的教和学生的学__________。
(3)经济发展和环境保护__________。
3.讨论:你还能想到哪些事物是“相辅相成”的?

想方设法 xiǎng fāng shè fǎ

学一学

【语义解释】 想尽一切办法。
【语法解释】 1.语法功能:在句子中作谓语、状语;2.语法结构:联合式。
【感情色彩】 含褒义。
【语用解释】 从多方面想尽一切办法做一件事,指人特别积极地寻找解决问题的办法。搭配:想方设法地解决问题;想方设法地逃跑。
【近义成语】 千方百计。
【反义成语】 无计可施。

情景例句

(一个客人在酒店丢了护照)
客人:我就放在房间里,找了很久也没找到。
服务员:您别着急,我们一定想方设法帮您寻找。

用一用

1.妈妈总是想方设法地给我做可口的饭菜。
2.毕业的时候,同学们都想方设法地找工作。
3.有困难不怕,只要我们想方设法解决就行了。
4.他总是想方设法地满足顾客们提出的合理要求。

练一练

1. 成语“想方设法”中，“想”和________是近义词，意思“想主意，找办法”。

2. 选出与其他成语意思不同的一项（　　）。

A. 千方百计　　B. 想方设法　　C. 守株待兔　　D. 费尽心机

3. 用成语“想方设法”完成下面的对话。

(1)家人：病人的情况怎么样？

医生：________________________________。

(2)小王：女朋友生我的气，不理我，怎么办？

朋友：________________________________。

(3)A：学生在我上课的时候总看手机！真没办法。

B：你得让他们喜欢你的课，________________________。

小心翼翼 xiǎo xīn yì yì

学一学

【语义解释】 翼翼：严肃谨慎的样子。本来是严肃恭敬的意思。现形容谨慎小心，一点不敢马虎。

【语法解释】 1. 语法功能：在句子中作谓语、定语、状语；2. 语法结构：偏正式。

【感情色彩】 中性义。

【语用解释】 形容人的举动很小心谨慎的样子，含有尊敬的意思。搭配：小心翼翼地说话。

【近义成语】 小心谨慎。

【反义成语】 粗心大意。

情景例句

（两位学生讨论自己的教授）

A：我每次见教授都是小心翼翼的，怕说错话。

B：我也是一样的，他真是一个非常认真、严肃的人。

用一用

1. 孩子还在睡觉，母亲小心翼翼地起床做饭，不想吵醒他。

2. 大街上车水马龙，川流不息，过马路时我总是小心翼翼。

3. 我小心翼翼地把这张珍贵的照片放进相册里。

4. 他双手紧握鱼竿，把鱼钩甩到水中，眼睛盯着水面，小心翼翼地坐着。

练一练

1. “小心翼翼”中“翼翼”的解释是（　　）。

A. 翅膀飞的样子　　B. 严肃谨慎的样子　　C. 小心的样子

2. 请选出"小心翼翼"的反义成语(　　)。

A. 小心谨慎　　B. 战战兢兢　　C. 粗心大意

3. 在以下情景中用"小心翼翼"造句。

(1)(广场上的鸽子正在吃食物):________________________________

(2)(第一次开车):________________________________

(3)(老板正在生气):________________________________。

(4)(顾客想看一个贵重的项链,售货员):________________________________。

心灵手巧 xīn líng shǒu qiǎo

学一学

【语义解释】 灵:灵巧,灵敏;手:手艺;巧:巧妙,精巧。心和手都非常灵巧。形容心思灵敏,手艺巧妙。

【语法解释】 1. 语法功能:在句子中作谓语、定语;2. 语法结构:联合式。

【感情色彩】 含褒义。

【语用解释】 夸奖人在艺术构思和技艺手法方面的独特能力。常用来说女孩或工匠聪明手巧。搭配:心灵手巧的工匠;心灵手巧的女孩。

【近义成语】 精明强干。

【反义成语】 呆头呆脑。

情景例句

(朋友过生日)

A:这是我为你做的生日礼物,祝你生日快乐!

B:太漂亮了!你真是心灵手巧呀!

用一用

1. 这位心灵手巧的师傅正在做一个漂亮的工艺品。

2. 他的姐姐是一个心灵手巧的好姑娘。

3. 妈妈心灵手巧,无论什么样的衣服样式,只要一看就能做出来,而且做得特别漂亮。

练一练

1. "心灵手巧"的意思是(　　)。

A. 握手时心灵相通　　B. 心和手都活动　　C. 心和手都很灵巧

2. 请用成语"心灵手巧"完成下面的句子。

(1)没有人天生心灵手巧,________________________________。

(2)我们店里的工艺品都是手工做的,________________________________。

(3)她虽然没上过学,不识字,但是________________________________。

3. 讨论:你身边有没有"心灵手巧"的人?他/她擅长做什么?

欣欣向荣 xīn xīn xiàng róng

学一学

【语义解释】 欣欣:形容草木生长旺盛;荣:茂盛。形容草木长得茂盛,比喻事业蓬勃发展,兴旺昌盛。

【语法解释】 1.语法功能:在句子中作谓语、定语、状语;2.语法结构:偏正式。

【感情色彩】 含褒义。

【语用解释】 形容事物繁荣,偏重在"繁荣""昌盛"的事业或经济发展方面。搭配:一片欣欣向荣的景象。

【近义成语】 朝气蓬勃。

【反义成语】 日暮途穷。

情景例句

(最近几年,中国的电影行业发展迅速)

观众:最近的国产电影都很不错啊!

朋友:是啊,中国的电影产业发展得欣欣向荣。

用一用

1.每个人都有自己的青春,青春像美妙的音乐、像多彩的画儿,青春让我们欣欣向荣。

2.我爱我的家乡——变化中的西安,欣欣向荣的西安。

3.我爱春天。春风吹走了冬天的寒意,吹走了雪花,草地上到处是绿草红花,一片欣欣向荣的景象。

4.这座新兴的城市,到处呈现出一派欣欣向荣的景象。

5.这几年,网络经济呈现出欣欣向荣的局面。

练一练

1.请查一查"AABC"式的成语还有哪些,试着写一写。

________________、________________、________________。

2.选择正确的汉字完成成语"(　　)向荣"。

A.新新　　　　B.辛辛　　　　C.欣欣

3.用成语"欣欣向荣"完成下面的句子。

(1)我们公司确立了新的发展目标,每个人都信心十足,____________________。

(2)中国的改革开放____。

(3)假期结束,学生们回到学校,______________________________。

3.讨论:哪些情况还可以用"欣欣向荣"来形容?

形形色色:xíng xíng sè sè

学一学

【语义解释】 形形:各种形状;色色:各种颜色。指各式各样,种类很多。

【语法解释】 1.语法功能:在句子中作谓语、定语;2.语法结构:联合式。

【感情色彩】 中性义。

【语用解释】 形容人或事物的种类多样,适用范围很广。搭配:形形色色的人;形形色色的商品。

【近义成语】 各种各样,五花八门。

【反义成语】 千篇一律。

情景例句

(星期一,两个同学聊周末)

A:你周末去哪儿玩了?

B:我去海洋馆了,看到了形形色色的鱼,好玩极了。

用一用

1.虽然每天面对的人形形色色,性格脾气千差万别,但她总是想办法使顾客满意。

2.网上的广告形形色色,无处不在。

3.在国际文化节上,来自世界各地的留学生都穿着形形色色的民族服装。

练一练

1.你还知道哪些“AABB”式的成语,试着写一写。

________、________、________。

2.对“形形色色”解释正确的是(　　)。

A.多种多样　　B.很多形状和颜色　　C.很像很多颜色

3.请填写恰当的词语,使之与成语搭配。

(1)车站有形形色色的________。

(2)花园里有形形色色的________。

(3)市场上有形形色色的________。

(4)手机应用商店里有形形色色的________。

行之有效 xíng zhī yǒu xiào

学一学

【语义解释】 行:实行;之:代词,它,指办法、措施等;效:成效,效果。实行起来有成效。指某种方法或措施已经实行过,证明很有效用。

【语法解释】 1.语法功能:在句子中作谓语、宾语、定语;2.语法结构:主谓式。

【感情色彩】 含褒义。

【语用解释】 指某种措施和办法正确,实行起来有成效。用在肯定句中。书面语。搭配:行之有效的方法;行之有效的措施。

【近义成语】 卓有成效。

【反义成语】 徒劳无功。

情景例句

(在健身房)

顾客:我想学一些能减肥的锻炼方法。

教练:跑步就是一种行之有效的方法。

用一用

1.那个驯马师掌握了行之有效的驯马技巧。

2.中国推行一系列行之有效的经济政策,富国强民,取得了很大的成就。

3.对于昨天发生的这件事,你总得想个行之有效的方法来解决才行啊。

4.这种药对治疗感冒行之有效。

练一练

1.“行之有效”中“效”的意思是(　　)。

A.效率　　B.效果　　C.高效

2.请用成语“行之有效”改写下面的句子。

(1)目前对这种病还没有特别好的治疗方法。

改写:________________________________。

(2)如何管理好一个企业,得找到一套科学的管理制度。

改写:________________________________。

(3)我们的团队制订了一个非常有效果计划。

改写:________________________________。

兴高采烈 xìng gāo cǎi liè

学一学

【语义解释】 兴：兴致；采：精神；烈：强烈，旺盛。形容人的兴致很高，精神饱满。

【语法解释】 1. 语法功能：在句子中作谓语、定语、状语；2. 语法结构：联合式。

【感情色彩】 含褒义。

【语用解释】 主要说人的心情“高兴”，也含有精神饱满的意思。搭配：兴高采烈的样子；兴高采烈地爬山。

【近义成语】 欢天喜地，喜气洋洋。

【反义成语】 无精打采，闷闷不乐。

情景例句

（小王找到工作告诉朋友）

小王兴高采烈地告诉朋友：我找到工作了！

朋友高兴地说：祝贺你啊！

用一用

1. 这次晚会太精彩了，大家兴高采烈，像吃了一顿丰盛的宴席一样。

2. 春节期间，大街小巷灯火辉(huī)煌(huáng)，家家户户挂上了彩灯，人们兴高采烈。

3. 盼望已久的中秋佳节终于到了，人们兴高采烈，以各种节目形式来欢度这个传统节日。

4. 班长兴冲冲地跑进教室，兴高采烈地宣布了明天放假的好消息。

练一练

1. “兴高采烈”中“烈”的意思是（　　）。

A. 激烈　　B. 强烈　　C. 很多

2. 以下哪种情形最可能让人“兴高采烈”？（　　）

A. 上课　　B. 上班　　C. 开会　　D. 聚会

3. 选出与其他三项表示的心情不相同的成语（　　）。

A. 欢天喜地　　B. 心花怒放　　C. 兴高采烈　　D. 闷闷不乐

4. 用成语“兴高采烈”完成下面的句子。

(1) 一下课，________________________________。

(2) 旅游车刚开到景点，车上的游客________________________________。

(3) 他拿着一件礼物，________________________________。

5. 和你的同学分享一下让你“兴高采烈”的事情。

兴致勃勃 xìng zhì bó bó

学一学

【语义解释】 兴致：兴趣；勃勃：精神旺盛的样子。形容兴趣很足。

【语法解释】 1.语法功能：在句子中作谓语、定语、状语；2.语法结构：主谓式。

【感情色彩】 含褒义。

【语用解释】 指人做事情状态很好，很积极的样子，对事情特别感兴趣。搭配：兴致勃勃地出发。

【近义成语】 兴高采烈。

【反义成语】 无精打采。

情景例句

（学校组织学生爬山）

爸爸：你们昨天爬山好玩儿吗？

儿子：早上大家还是兴致勃勃，到下午就累得筋疲力尽了。

用一用

1.全班同学集合好，大家兴致勃勃地出发旅游去了。

2.下课休息的时候，同学们兴致勃勃地谈论昨晚那场足球比赛。

3.成长的滋味是什么？是开心还是痛苦，是高兴还是难过，是令人兴致勃勃还是悲痛欲绝？

4.一提起电影，他总是兴致勃勃。

5.人活着，必须活得兴致勃勃，充满好奇心，无论如何也决不要背对着生活。

练一练

1.“兴致勃勃”中“兴”和“勃勃”的意思分别是__________、__________。

2.选出以下“兴致”不高的成语（　　）。

A.兴致勃勃　　B.兴味索然　　C.兴高采烈

3.请在以下情景中用“兴致勃勃”造句。

（1）（学生们体验3D打印制作）：

____。

（2）（看完一部好电影，大家谈论）：

____。

（3）（朋友们一起出发旅游）：

____。

幸灾乐祸 xìng zāi lè huò

学一学

【语义解释】 幸：高兴。指人缺乏善意，在别人遇到灾祸时感到高兴。

【语法解释】 1. 语法功能：在句子中作谓语、定语、状语；2. 语法结构：联合式。

【感情色彩】 含贬义。

【语用解释】 在别人遇到灾祸时，表现出一种高兴、庆幸的心情，指人没有善意和同情心。一般用来表示批评，否定句中常用。搭配：幸灾乐祸地笑；幸灾乐祸的表情；不要做幸灾乐祸的人；幸灾乐祸的心理。

【近义成语】 落井下石。

【反义成语】 同病相怜。

情景例句

（一个人不小心摔倒了，一个孩子在旁边笑）

孩子：哈哈哈，他摔倒的样子真搞笑。

妈妈：你不能这样幸灾乐祸地取笑别人，不能拿别人的痛苦开玩笑。

用一用

1. 对于遇到困难的人，我们应该伸出援手，不应该幸灾乐祸。

2. 飞机失事后，网上居然出现了一些幸灾乐祸的言论。

3. 英国科学家最新公布的一份研究报告指出，当看到别人遭受痛苦时，男人比女人显得更加幸灾乐祸。

练一练

1. 在“幸灾乐祸”中“幸”和__________是近义词，“灾”和__________是近义词。

2. 以下哪种情况不属于“幸灾乐祸”？（　　）

A. 竞争对手病了，自己很高兴

B. 前女友离婚了，觉得开心

C. 朋友的汉语发音不准，闹笑话

D. 同学没通过考试，自己通过了，很庆幸

3. 用成语“幸灾乐祸”完成下面的句子。

（1）对于别人的失误，____。

（2）一看到他那幸灾乐祸的表情，______________________________________。

（3）网上经常有一些人，他们对别人的错误不是同情，__________________________。

3. 讨论：生活中还存在哪些“幸灾乐祸”的情形？

胸有成竹 xiōng yǒu chéng zhú

学一学

【语义解释】 胸：心里；成竹：完整的竹子。画竹子之前心里已经有了竹子完整的样子。比喻做事之前已经有了完整的主意、办法，也比喻做事熟练或者很有把握。

【语法解释】 1. 语法功能：作谓语、定语和状语；2. 语法结构：主谓式。

【感情色彩】 含褒义。

【语用解释】 指在做事之前对问题已经有全面的考虑和解决办法，表示有信心，有把握。书面语。搭配：胸有成竹地安排；胸有成竹的计划。

【近义成语】 心中有数。

【反义成语】 束手无策。

情景例句

（孩子第一次独自旅游前）

孩子：你放心吧，我都准备好了。

妈妈：看你胸有成竹的样子，我就放心了。

用一用

1. 老师很厉害，他对目前所开展的这个项目胸有成竹。
2. 因为准备充分，李兵在比赛中显得胸有成竹。
3. 作为一位经验丰富的医生，他对这个手术胸有成竹。

练一练

1. 请选择“胸有成竹”的正确解释（　　）。

A. 胸口有一个好主意

B. 心里有完整的竹子

C. 心里有完整的主意

D. 胸口有成熟的竹子

2. 以下哪个情况不能用“胸有成竹”？（　　）

A. 面试前，准备得非常充分的人

B. 表演前，排练了很多遍的演员

C. 考试前，没有复习好的学生

D. 上课前，经验丰富的老师

3. 用成语“胸有成竹”完成下面的句子。

(1)在慌乱的时候，大家一看经理很有信心的样子，就马上安静下来了。

改写：____。

(2)谈判前做好充足的准备，__________________________________。

4. 讨论：怎么样才能对某件事做到“胸有成竹”？

循序渐进 xún xù jiàn jìn

学一学

【语义解释】 循：按照；序：次序；渐：逐渐。指学习、工作等按照一定的步骤逐渐深入或提高。

【语法解释】 1. 语法功能：在句子中作宾语、定语；2. 语法结构：偏正式。

【感情色彩】 含褒义。

【语用解释】 指遵循一定的次序，还可指教学原则，多用于学习和工作方面。搭配：循序渐进的方法。

【近义成语】 按部就班，循规蹈矩。

【反义成语】 一步登天，欲速不达。

情景例句

（一位刚做过手术的患者问医生）

患者：医生，我天天锻炼，注意饮食，为什么身体恢复得这么慢呀？

医生：身体的恢复是一个循序渐进的过程，需要时间。

用一用

1. 我们在实际生活和学习中，做一件事情，学一种技术，都应该循序渐进、一步一步地进行。

2. 学习是一个循序渐进的过程，我们一定要有耐心。

3. 对自己最感兴趣的东西，只有由浅入深，循序渐进地学，才会有所成就。

练一练

1. “循序渐进”的反义成语是（　　）。

A. 按部就班　　B. 循规蹈矩　　C. 一步登天

2. “循序渐进”中“循”的正确解释是（　　）。

A. 按照　　B. 发现　　C. 规律

3. 用成语“循序渐进”完成下面的句子。

(1)任何事物都是慢慢发展的。

改写：____。

(2)锻炼身体不能要求太急、太高，________________。
(3)学习不能一步登天，________________。
(4)教育是有规律的，________________。
4.讨论：做哪些事情需要“循序渐进”？

掩耳盗铃 yǎn ěr dào líng

学一学

【语义解释】 掩：遮蔽，遮盖；盗：偷。把自己的耳朵捂住偷铃铛，以为自己听不见，别人也不会听见。

【语法解释】 1.语法功能：作谓语、定语、状语；2.语法结构：连动式 。

【感情色彩】 含贬义。

【语用解释】 比喻自己欺骗自己，却欺骗不了别人。搭配：掩耳盗铃的做法；真是掩耳盗铃。

【近义成语】 自欺欺人。

【反义成语】 开诚布公。

情景例句

(两名留学生在对话)

A：你听过中国成语“掩耳盗铃”的故事吗？

B：听过。这个成语告诉我们不要做自欺欺人的事。

用一用

1.在事实面前，这种掩耳盗铃的鸵鸟式说法显然缺乏说服力。
2.不想办法解决问题，只是安慰自己，这等于掩耳盗铃。
3.一个人做了坏事，还编出一套理由来掩饰，那就是掩耳盗铃。
4.这种掩耳盗铃式的做法实在是没什么效果。

典故

春秋时，有个人趁机跑到别人家里想偷点东西，看见院子里挂着一口大钟。大钟的造型和图案都很精美。他就想把这个大钟背回自己家去。可是钟又大又重，他怎么也搬不动。他想了一个办法，找来一把大锤，想把钟砸下来，可是巨大的声音把他吓了一大跳，他马上捂住自己的耳朵。“咦，钟声变小了，听不见了！”他高兴起来，“太好了！把耳朵捂住，不就就听不见钟声了吗！”他立刻找来两个东西把耳朵塞住，心想，我听不见钟声，别人也就听不见了。于是就放心地用力继续砸起钟来。可是响亮的钟声传到很远的地方，人们听到钟声后纷纷赶来，把砸钟的那个人捉住了。

——《吕氏春秋·自知》

练一练

1.“掩耳盗铃”中“掩”和“盗”的意思分别是(　　)。

A. 抓住　强盗　　B. 捂住　偷　　C. 提起　偷　　D. 捂住　强盗

2. 以下属于“掩耳盗铃”的做法是(　　)。

A. 属机被抓住,把自己的车牌号用纸遮住。

B. 骗子给老年人打电话骗取钱财。

C. 小王想换一款新手机,骗他老婆说自己手机坏了。

3. 请用成语“掩耳盗铃”完成下面的句子。

(1)上课的时候,他把手机放在书下面玩,______________________________。

(2)这件事你一个人明显完成不了,确实需要别人帮助,你却坚持说自己完全可以,______________________________。

(3)当对方真的不爱你了,你就不要再相信他还是爱你的。这样其实就是自己欺骗自己。

改写:______________________________。

3. 讨论:你能想到现实中类似“掩耳盗铃”的人或事吗?

眼花缭乱 yǎn huā liáo luàn

学一学

【语义解释】 缭乱:纷乱。眼睛看着复杂纷繁的东西而感到眼花、迷乱。也比喻事物复杂,无法辨清。

【语法解释】 1. 语法功能:在句子中作谓语、定语和补语;2. 语法结构:主谓式。

【感情色彩】 中性义。

【语用解释】 常指因为眼前的东西繁多而感觉烦乱,事情多,物品杂乱,无法辨清。搭配：让人眼花缭乱；看得眼花缭乱。

【近义成语】 扑朔迷离。

【反义成语】 一目了然。

情景例句

（两个朋友一起购物）

A：你选好要买哪个了吗？

B：还没有，这么多东西，让我眼花缭乱，不知道该选哪个。

用一用

1. 大家不要随便相信大街上让人眼花缭乱的商品广告。
2. 魔术师那些眼花缭乱的动作把人都看呆了。
3. 这场表演看得人眼花缭乱。

练一练

1.“眼花缭乱”中“缭乱”的意思是________________________________。

2. 以下不会让人“眼花缭乱”的是（　　）。

A. 城市夜晚的灯光　　　　B. 看朋友打电子游戏

C. 市场上的商品　　　　D. 名胜古迹

3. 用成语“眼花缭乱”完成下面的句子。

(1)小张打网络游戏特别厉害，光看他打游戏，________________________。

(2)夜晚的西安灯火辉煌，车水马龙，____________________________。

4. 讨论：生活中还有哪些情况会让你“眼花缭乱”？

扬长避短 yáng cháng bì duǎn

学一学

【语义解释】 扬：发挥；避：避开。意思是发挥或发扬优点或有利条件，克服或回避缺点或不利条件。

【语法解释】 1. 语法功能：在句子中作谓语、定语；2. 语法结构：联合式。

【感情色彩】 含褒义。

【语用解释】 指发扬长处，回避短处。常用在工作中或分句中。

【近义成语】 取长补短。

【反义成语】 因陋就简。

情景例句

（两个妈妈聊让孩子学习什么艺术课）

A：我觉得钢琴不错，我想让她学钢琴。

B：在这件事情上你得扬长避短，要看她的特长是什么。

用一用

1. 正确的搭配衣服，可以扬长避短，穿出好身材！

2. 每个人都要根据自身的特点，扬长避短，寻找适合自己的风格，盲目模仿别人的做法是愚蠢的。

3. 面对足球强队，我们球队只有扬长避短，才能战胜他们。

4. 你一定要扬长避短，把特长和职业结合在一起。

练一练

1. “扬长避短”中，“扬”的意思是____________，“避”的意思是____________。

2. 以下分别属于“扬长”和“避短”的做法是(　　)和(　　)。

A. 高个子的人选择打篮球

B. 数学不好就不当会计

C. 嗓子不好的人非要唱歌

D. 让兔子去参加跑步比赛

3. 用成语“扬长避短”完成下面的句子。

(1)找工作时，一定要清楚自己的特长和不足，________________________。

(2)这家酒店的餐厅比客房受欢迎，为了____________________________。

(3)在团队合作中，一定要对每个成员全面分析，扬长避短，____________________。

洋洋得意 yáng yáng dé yì

学一学

【语义解释】 洋洋：得意的样子。形容得意时神气十足的样子。

【语法解释】 1. 语法功能：在句子中作谓语、定语；2. 语法结构：偏正式。

【感情色彩】 含贬义。

【语用解释】 形容人神气十足，非常得意；也表示人非常骄傲，多用来批评。搭配：洋洋得意的样子；洋洋得意的表情。

【近义成语】 得意洋洋。

【反义成语】 垂头丧气。

情景例句

（丈夫下班回家）

妻子：你这么高兴，今天有什么好事？

丈夫洋洋得意地说："我的工资又涨了。"

用一用

1. 学生应该谦虚，不要因为考试得了一次一百分就洋洋得意。
2. 小明在比赛中拿了第一名，在大家面前他变得洋洋得意。
3. 看他一脸洋洋得意的样子，就知道老板奖励他了。
4. 我一次就顺利通过了所有驾校的相关考试，拿到驾驶证时我洋洋得意。

练一练

1. "洋洋得意"中"洋洋"的意思是（　　）。

A. 难过的样子　　B. 漂亮的样子　　C. 高兴的样子　　D. 得意的样子

2. 以下哪个成语不是 AABC 式的？（　　）

A. 洋洋得意　　B. 小心翼翼　　C. 欣欣向荣　　D. 面面俱到

3. 用成语"洋洋得意"完成下面的句子。

(1) 他因为一条视频受到了大家的欢迎，________________。

(2) 听了经理的称赞，________________。

(3) 比赛结束后，赢了的球员并没有表现得________________。

4. 讨论：你会在朋友面前表现得"洋洋得意"吗？为什么？

咬牙切齿 yǎo yá qiè chǐ

学一学

【语义解释】 切齿：咬紧牙齿，表示痛恨。形容十分痛恨和愤怒的表情或样子。

【语法解释】 1. 语法功能：在句子中作谓语、定语、状语；2. 语法结构：联合式。

【感情色彩】 含贬义。

【语用解释】 表达讨厌、痛恨的状态或表情；可以用于自己，也可以用于别人。多作口语。搭配：咬牙切齿地看着；咬牙切齿地说。

【近义成语】 磨牙凿齿，恨之入骨。

【反义成语】 笑容可掬。

情景例句

（火车上，一个小伙子坐在了一个女孩的座位上）

小伙子：你可以去坐别的座位。

气得女孩儿咬牙切齿地说:“你要是不起来,我就去找工作人员。”

用一用

1.看到别人浪费粮食,我妈就气得咬牙切齿。
2.我瞧着她得意的样子,心里恨得咬牙切齿。
3.想起这些可恶的骗子,李爷爷就恨得咬牙切齿。
4.王先生家的窗户玻璃被一群孩子用石头打碎了,气得他咬牙切齿。

练一练

1.请找出成语“咬牙切齿”中的两个动词:__________和__________。
2.请选择可能会使用成语“咬牙切齿”的情境(　　)。
A.紧张的时候　　B.高兴的时候　　C.休息的时候　　D.生气的时候
3.用成语“咬牙切齿”完成下面的句子。
(1)老板批评他,他又不能和老板吵,____________________。
(2)他在街上无缘无故地被一个醉汉打了一个耳光,____________________。
(3)房东又给他涨了房租,____________________。

叶公好龙 yè gōng hào lóng

学一学

【语义解释】 叶公:春秋时楚国的一个人;好:爱好。比喻表面上爱好某种事物,但并非真正地爱好。

【语法解释】 1.语法功能:作定语、宾语;2.语法结构:主谓式。

【感情色彩】 含贬义。

【语用解释】 比喻自称爱好某种事物,其实并不真爱好,甚至是惧怕、反感。用来讽刺那些虚伪的做法,或者揭露那些表里不一的人。

【近义成语】 言不由衷。

【反义成语】 名副其实。

情景例句

(妻子和丈夫争论)
妻子:你天天说自己热爱运动,我让你去跑步你一次都不去,这不是叶公好龙嘛!
丈夫:那你天天说要减肥,可是每顿饭照样吃,也是叶公好龙!

用一用

1.小王学习古筝是叶公好龙,他内心其实并不真的喜欢。

2. 叶公好龙的人只是嘴上说说，心里不一定是真的。
3. 不要学叶公好龙，喜欢一件事就要坚持做下去。

典故

春秋时期，楚国有一个贵族，自称叶公。他对别人说："我最喜欢龙。"他把家里的厅堂、屋梁、房柱、门窗及墙壁上全都刻画上了龙的形象。天上的真龙听说了，非常高兴，也很感动，就从天而降，来到叶公家里，它把头伸进窗户里望，把尾巴拖在厅堂上。叶公看见了真龙，吓得脸色发白，浑身发抖，回头就跑。真龙感到莫名其妙，很是失望。其实那叶公并非真的喜欢龙，只不过是形式上、口头上喜欢罢了。

——《新序·杂事》

练一练

1. "叶公好龙"中"好"的意思是（　　）。

A. 很好　　B. 喜欢　　C. 不错

2. 成语"叶公好龙"讲述了（　　）。

A. 叶公好龙是名副其实的　　B. 叶公好龙，说到做到　　C. 叶公好龙，口是心非

3. 用成语"叶公好龙"完成下面的句子。

（1）有人说喜欢狗，但真正见到狗又害怕，________________。

（2）喜欢一件事不能只是叶公好龙，要________________。

（3）他说他最喜欢攀岩了，可是________________。

4. 讨论：你还知道哪些"叶公好龙"的事儿？

夜郎自大 yè láng zì dà

学一学

【语义解释】 夜郎：汉代西南地区的一个小国；自大：骄傲。比喻无知而又狂妄自大。

【语法解释】 1. 语法功能：作定语、谓语；2. 语法结构：主谓式。
【感情色彩】 含贬义。
【语用解释】 用来批评那些骄傲又无知的人。搭配：犯了夜郎自大的毛病。
【近义成语】 妄自尊大。
【反义成语】 虚怀若谷。

情景例句

（公司技术人员在交流）

A：我们公司的技术现在是最好的了，别人都比不了！

B：咱们可不敢夜郎自大，现在技术发展快，随时都会被超越的。

用一用

1. 夜郎自大的人，让人感到既可笑又可怜。
2. 要避免夜郎自大，就得扩大视野，虚心学习别人的长处和经验。
3. 由于夜郎自大，这次商业竞争中，他们公司失败了。
4. 他这种夜郎自大的思想导致比赛失败。

典故

汉朝的时候，在西南方有个名叫夜郎的小国家，它虽然是一个独立的国家，但是国土面积很小，人口数量也少，物产更是少得可怜。由于邻近地区以夜郎这个国家最大，从没离开过国家的夜郎国国王就以为自己统治的国家是全天下最大的国家。有一次，汉朝派使者来到夜郎，骄傲又无知的夜郎国王因为不知道自己统治的国家其实只和汉朝的一个县差不多大，便问使者："汉朝和我的国家哪个大？"

——《史记·西南夷列传》

练一练

1. 成语"夜郎自大"的正确解释是（　　）。

A. 夜郎觉得自己的年龄很大　　B. 夜郎觉得自己很了不起

C. 夜郎觉得自己的国家很大　　　　D. 夜郎觉得自己很高大

2. 成语“夜郎自大”的反义成语是（　　）。

A. 目中无人　　B. 谦虚谨慎　　C. 井底之蛙　　D. 自命不凡

3. 用成语“夜郎自大”完成下面的句子。

(1)你只是学校的歌唱冠军，出去参加比赛，________________。

(2)想要进步，就要看到自己的不足，________________。

(3)夜郎自大不仅让人觉得可笑，更________________。

一帆风顺 yī fān fēng shùn

学一学

【语义解释】　船挂着满帆一路顺风行驶。比喻非常顺利，没有任何阻碍。

【语法解释】　1. 语法功能：在句子中作谓语、定语、宾语；2. 语法结构：紧缩式。

【感情色彩】　含褒义。

【语用解释】　指事情非常顺利，常用来表示对朋友事业、生活以及旅行时的祝语。搭配：生活一帆风顺；旅途一帆风顺；事业一帆风顺。

【近义成语】　一路顺风。

【反义成语】　一波三折。

情景例句

（毕业了，小王去机场送朋友）

小王：祝你在新的工作和以后生活中一帆风顺。

朋友：你也一样，我的朋友。

用一用

1. 生活的道路不会总是一帆风顺的，困难和挫折在所难免。

2. 你第一次出国，路上要小心，多保重，祝你一帆风顺。

3. 因为生活不可能一帆风顺，所以做人一定要学会勇敢面对。

4. 祝你们身体健康，一帆风顺。

5. 人的一生不可能总是鲜花和掌声，不可能总是一帆风顺的。

练一练

1. 以下不能用作送别祝语的是（　　）。

A. 一路顺风　　B. 一帆风顺　　C. 万事如意　　C. 一路平安

2. 请用成语“一帆风顺”完成下面的句子。

(1)“万事开头难”，________________。

(2)她许了一个愿望,希望____。

(3)艾玛回国前,小李送了她一份礼物,______________________________。

3.讨论:好朋友离别时,你会和好友说一些什么样的道别语?

一干二净 yī gān èr jìng

学一学

【语义解释】 十分彻底,一点也不剩。

【语法解释】 1.语法功能:作补语;2.语法结构:联合式。

【感情色彩】 含褒义。

【语用解释】 形容十分彻底或完全,也可以用来形容很干净。口语词。搭配:忘得一干二净;打扫得一干二净。

【近义成语】 干干净净。

【反义成语】 乱七八糟。

情景例句

(今天是妈妈的生日)

姐姐:你给妈妈买了什么生日礼物?

妹妹:啊! 我忘得一干二净,怎么办?

用一用

1.每个星期天,我就把房间打扫得一干二净。

2.一场大火把那个房子烧得一干二净。

3.我太饿了,把米饭和菜吃得一干二净。

4.电脑中了病毒,我的文件被删除得一干二净。

练一练

1.请选出搭配不对的一项(　　)。

A.忘得一干二净　　B.打扫得一干二净　　C.吃得一干二净　　D.学得一干二净

2.请用成语"一干二净"改写下面的句子。

(1)为了找护照,他把包里的东西全部都拿出来了。

改写:____。

(2)一回到家,看到家人,他一天的疲劳就全部消失了。

改写:____。

(3)他把每个月的工资都会花完。

改写:____。

3. 讨论：成语"一干二净"可用于形容现实生活中的哪些场景？

一概而论 yī gài ér lùn

学一学

【语义解释】 一概：同一标准，一律。指不分性质，不加区别地用同一个标准来处理事情或解决问题。

【语法解释】 1. 语法功能：作主语、谓语、宾语；2. 语法结构：偏正式。

【感情色彩】 含贬义。

【语用解释】 形容不加区别地用一个标准来看待。后来常用此比喻对问题不做具体分析，笼统地把同类事物看成一个样子。常用于否定句中。搭配：别一概而论；不要一概而论。

【近义成语】 相提并论。

【反义成语】 天壤之别。

情景例句

（在谈到恋爱问题的时候）

A：我觉得介绍认识的男、女朋友不可能有爱情。

B：你可不能一概而论。我给朋友介绍过女朋友，他们感情很好，现在都结婚了。

用一用

1. 我们对具体问题要具体分析，决不能一概而论。

2. 网络文化有进步的，也有落后的，要全面看待，不能一概而论。

3. 他认为一个人的生活永远是不会改变的，他这样的想法真是一概而论。

练一练

1. "一概而论"中"一概"的意思是(　　)。

A. 一起　　　　B. 一律　　　　C. 一直

2. 请用成语"一概而论"完成下面的对话。

(1) A：中国人都喜欢喝茶。

B：______________________________。

(2) A：我不喜欢在网上买东西，因为我觉得网上的东西质量都不好。

B：______________________________。

(3) A：不想当将军的士兵都不是好士兵。

B：______________________________。

3. 讨论：生活中还有哪些"一概而论"的看法或观点？

一哄而散 yī hòng ér sàn

学一学

【语义解释】 哄:吵闹。形容聚在一起的人一下子吵吵嚷嚷地散开了。

【语法解释】 1.语法功能:在句子中作谓语、定语;2.语法结构:偏正式。

【感情色彩】 含贬义。

【语用解释】 形容聚在一起的人或(鸟、猫、狗等动物)突然一下子在吵闹声中散开了。

【近义成语】 作鸟兽散。

【反义成语】 蜂拥而至,趋之若鹜,纷至沓来。

情景例句

(体育课上)

学生:我们可以自己练习足球吗?

老师:可以,现在每两个人一个足球,不要一哄而散,要有顺序的散开。

用一用

1. 几个青年人在一起打架,看到警察过来,马上一哄而散。
2. 只要人一靠近,广场上的鸽子就一哄而散。
3. 突然下起雨来,在游乐场玩耍的孩子们一哄而散,各自回家了。

练一练

1. 选择"哄"在成语"一哄而散"中的正确读音(　　)。

A. hōng　　B. hóng　　C. hǒng　　D. hòng

2. "哄"在成语"一哄而散"中的正确意思是(　　)。

A. 高兴　　B. 吵闹　　C. 热闹　　D. 热情

3. 以下哪种情况会出现"一哄而散"?(　　)

A. 把一群孩子带到游乐场

B. 会议结束的时候

C. 人们下地铁的时候

一技之长 yī jì zhī cháng

学一学

【语义解释】 技:技能,本领;长:擅长、长处。指人掌握一种技能或特长。

【语法解释】 1.语法功能：在句子中作宾语、定语；2.语法结构：偏正式。

【感情色彩】 含褒义。

【语用解释】 一般用在要求或劝说时，指生活能力的最基本要求。搭配：学会一技之长。

【近义成语】 才有所长。

【反义成语】 一无所长。

情景例句

（奶奶希望孙女学习传统剪纸）

孙女：这手艺有什么用呢？

奶奶：别小看这一门手艺，学会了就有一技之长，至少能够靠它生活。

用一用

1.只要你有一技之长，就不怕找不到工作。

2.他觉得只有在医院才能充分发挥自己的一技之长。

3.有能力选择自己人生的人，都至少有一技之长。

4.不论何时，企业都更愿意招聘有社会经验和一技之长的人。

练一练

1.“一技之长”中“长”的意思是（　　）。

A.不短　　　　B.长久　　　　C.特长

2.用成语“一技之长”完成下面的句子。

(1)小李高中毕业了，因为没有一技之长，________________。

(2)有的年轻人常问，怎么才能实现人生价值呢？其实很简单，________________。

(3)对有的人来说，拥有一技之长只是为了生存，________________。

3.讨论：你觉得人需要有哪些一技之长？

一举两得 yī jǔ liǎng dé

学一学

【语义解释】 举：做事。做一件事得到两方面的好处。

【语法解释】 1.语法功能：在句子中作谓语、定语；2.语法结构：联合式。

【感情色彩】 含褒义。

【语用解释】 指做一件事的同时可以得到两种利益，收获很大。一般形容人的做法很有效，很巧妙。搭配：一举两得的好事；一举两得的计划。

【近义成语】 一箭双雕，一石二鸟。

【反义成语】 事倍功半。

情景例句

（两个同事在讨论交通问题）

A：最近的交通太差了，总是堵车，开车上班都迟到。

B：我有一个一举两得的建议，骑自行车既能按时上班又能锻炼身体，怎么样？

用一用

1. 这种教学方式使我们在玩游戏的过程中巩固了所学的知识，真是一举两得。
2. 他建议在荒山上种果树，这样既能增加收入，又能美化环境，可以一举两得。
3. 这个秋游活动既让我们开阔了视野，又让我们锻炼了身体，真是一举两得。
4. 有的学生一边工作，一边学习，既可以保证生活，又能继续学业，可以说是一举两得。

练一练

1.“一举两得”中“举”的意思是（　　）。

A. 举高　　B. 举起　　C. 做事　　D. 做人

2. 请用成语“一举两得”完成下面的句子。

（1）他喜欢玩网络游戏，毕业后去了一家游戏公司，＿＿＿＿＿＿＿＿＿＿＿＿＿＿＿＿＿＿。

（2）他第一次出差去泰国，＿＿＿＿＿＿＿＿＿＿＿＿＿＿＿＿＿＿＿＿＿＿＿＿＿＿＿＿＿＿＿。

（3）骑自行车既环保又能锻炼身体，＿＿＿＿＿＿＿＿＿＿＿＿＿＿＿＿＿＿＿＿＿＿＿＿。

3. 讨论：你对生活中的哪些难题有“一举两得”的好办法？

一路平安 yī lù píng ān

学一学

【语义解释】 指旅途平安、顺利，没有出现任何麻烦和问题。

【语法解释】 1. 语法功能：在句子中作谓语、定语、状语；2. 语法结构：主谓式。

【感情色彩】 含褒义。

【语用解释】 常用作送别时的祝福语，也可以在到达后告诉对方时用。搭配：祝你一路平安。

【近义成语】 一路顺风。

【反义成语】 险象迭生，风尘仆仆。

情景例句

（B要回国了，A向B道别）

A：你明天就要回国了，不知道以后什么时候才能再见面，祝你一路顺风！

B：谢谢！我们一定会再见的。

用一用

1. 火车开了，送行的人们一边对亲友招手，一边喊着："一路平安！"
2. 弟弟到北京上学，姐姐祝他一路平安。
3. 少年离开家乡前，父母总会依依不舍，并发自内心地祝他们的孩子一路平安。

练一练

1. 以下用"一路平安"不太合适的情形是（　　）。

A. 朋友回国前　　B. 朋友旅行前　　C. 朋友下课回家

2. 用成语"一路平安"完成下面的句子。

(1)这次你出国留学，我们______________________________。

(2)机场的送行的人们一边招手，______________________________。

(3)爸、妈，我已经到了，放心吧，______________________________。

3. 讨论：除了"一路平安"，和朋友送别时还可以用哪些成语？

一目了然 yī mù liǎo rán

学一学

【语义解释】 目：看；了然：清楚、明白的样子。一眼就看得很清楚。

【语法解释】 1. 语法功能：在句子中作谓语、定语；2. 语法结构：主谓式。

【感情色彩】 中性义。

【语用解释】 指一眼就看得很清楚，偏重表示十分容易就可以了解，不表示一看就懂的意思。搭配：让人一目了然。

【近义成语】 一望而知，不言而喻。

【反义成语】 雾里看花，管中窥豹。

情景例句

（公司小王向小李要资料）

小李：你等等，这里资料太多了，我找一找。

小王：你可以先给资料分类，然后贴上不同颜色的标签，找的时候就能一目了然了。

（两个朋友聊一款手机健康 App）

A：这个 App 有什么功能啊？

B：它会记录你一天的运动情况和身体状况，只要打开 App 这些信息可以一目了然。

用一用

1. 从上海的高塔往下看，整个城市的风光一目了然。

2. 第一次汉语课，老师将拼音表挂在墙上，看起来一目了然。
3. 机场的告示牌上有所有航班的信息，可以让乘客一目了然。
4. 我总是用红笔改作业，这样可以使错误的地方一目了然。

练一练

1.“一目了然”中“目”的正确解释是(　　)。

A. 眼睛　　　　B. 目标　　　　C. 目光

2. 请用成语“一目了然”完成下面的句子。

(1)他把市场调查做成了一个表格，________________。

(2)每个旅行社给自己的客人发了相同颜色的T恤衫，________________。

(3)如果你想很快了解一本书的内容，可以先看目录，________________。

一如既往 yī rú jì wǎng

学一学

【语义解释】 一：完全；如：像。既往：从前，过去。指态度没有变化，完全像从前一样。

【语法解释】 1. 语法功能：在句子中作谓语、定语、状语；2. 语法结构：动宾式。

【感情色彩】 含褒义。

【语用解释】 有“一直不改变”的意思，表示和从前一样，没有改变，用在肯定句中。搭配：一如既往地努力；一如既往地认真；对……一如既往。

【近义成语】 如终如一，自始至终。

【反义成语】 一反常态。

情景例句

(留学的女儿给妈妈打电话)

女儿：最近家乡的天气怎么样？

妈妈：还是和往常一样的热，你知道的。

女儿：爸爸还去公园打太极拳吗？

妈妈：是啊，一如既往，天天去。

用一用

1. 张老师虽身患重病，但他仍然一如既往地坚持给学生上课。
2. 虽然他们分手了，可是他还是一如既往地爱着她。
3. 妈妈每个月都一如既往地给我寄钱。
4. 无论何时何地，我都会一如既往地支持你。

练一练

1.“一如既往”中“既往”的意思是(　　)。

A. 从前　　B. 既然　　C. 常常

2. 请选择搭配错误的一项(　　)。

A. 一如既往地热爱他的事业　　B. 对音乐的爱一如既往

C. 过着一如既往的生活　　D. 一如既往地改变

3. 请用成语“一如既往”完成下面的句子。

(1)虽然毕业后我再也没见过他,________________。

(2)退休后,老王________________。

(3)虽然 Ronaldo 已经是一个球星了,可他________________。

4. 讨论:你有哪些习惯和以前一样? 试用成语说一说。

一丝不苟 yī sī bù gǒu

学一学

【语义解释】 苟:苟且,马虎。指做事认真细致,一点儿不马虎。

【语法解释】 1. 语法功能:在句子中作谓语、定语、状语;2. 语法结构:主谓式。

【感情色彩】 含褒义。

【语用解释】 常用在人工作、学习或科学研究方面。常用“对……一丝不苟”或“在……(方面)一丝不苟”。搭配:一丝不苟的态度;一丝不苟的作风。

【近义成语】 小心谨慎。

【反义成语】 粗枝大叶。

情景例句

(杰克的朋友订了一家酒店)

朋友:你为什么总住这家酒店?

杰克:他们的服务员非常专业,对我提出的所有要求,都会一丝不苟地完成。

用一用

1. 父亲对我很严格,他要求我对学习一丝不苟。

2. 我的爸爸是位工程师,他在工作上一丝不苟。

3. 她是个一丝不苟的会计,把公司的账管理得一清二楚。

4. 上课的时候,他总是认真地听课,一丝不苟地做好笔记。

练一练

1."一丝不苟"中"苟"的意思是________________。

2.以下最需要"一丝不苟"的情境是(　　)。

A.科学实验　　B.旅游参观　　C.聊天闲谈　　D.做饭烧菜

3.用成语"一丝不苟"改写下面的句子。

(1)医生认真地完成了工作。

改写:________________。

(2)那位女士的穿着打扮非常精致。

改写:________________。

(3)他的工作态度非常细心、认真,给人留下了深刻的印象。

改写:________________。

3.讨论:还有哪些事情需要"一丝不苟"的态度?

一心一意 yī xīn yī yì

学一学

【语义解释】 只有一个心眼,没有别的想法和考虑。形容做事专心,一心只做一件事。

【语法解释】 1.语法功能:作定语、状语;2.语法结构:联合式。

【感情色彩】 含褒义。

【语用解释】 指对待事情或感情十分认真、专注,可以用在学习、工作或感情方面。搭配:一心一意地工作;一心一意的学生。

【近义成语】 全心全意。

【反义成语】 三心二意。

情景例句

(老师叫学生在办公室谈话)

老师:如果你上课的时候不能一心一意地听讲,一定学不好。

学生:我不会三心二意了。

用一用

1.最近他正一心一意地学英语。

2.姐姐从小到大一心一意只想当画家,努力多年后,终于实现了愿望 。

3.结婚后,他一心一意地工作,一心一意地爱着妻子。

练一练

1. 你还知道哪些"A 心 B 意"的成语，试着填一填。

____心____意、____心____意、____心____意。

2. 请用成语"一心一意"照样子进行搭配。

一心一意地工作、一心一意地__________、一心一意地__________。

3. 请选择属于"一心一意"的情况(　　)。

A. 一边看手机一边写作业　　B. 听着音乐跑步

C. 看着风景画画　　D. 认真地看书

一言为定 yī yán wéi dìng

学一学

【语义解释】 一句话说定了，不再改变。比喻说话算数，决不反悔。

【语法解释】 1. 语法功能：作谓语，作分句；2. 语法结构：主谓式。

【感情色彩】 含褒义。

【语用解释】 常用在约定或承诺的时候。表示双方说好了就会遵守承诺，就不会改变。口语词。

【近义成语】 一诺千金。

【反义成语】 言而无信。

情景例句

(两个朋友约见面)

小张：最近太忙了，约了几次都没见面，今天怎么样？

小王：今天咱们一言为定，明天晚上八点在校门口见，不见不散。

(小张想借小王的汽车)

小张：我周末能用一用你的车吗？

小王：可以。

小张：好，那一言为定。

用一用

1. 一言为定，这次你请我吃饭，下次就让我请你。

2. 他们商量好之后，握了握手，表示一言为定。

3. 小王对老板说："这个价格说定了，咱们一言为定！"

练一练

1. 以下对“一言为定”解释正确的是(　　)。

A. 一句话说定了,不能再改变　　B. 一说话就确定了

C. 一说话就能决定　　D. 一句确定的话

2. 以下哪个成语的意思和其余三项不一样(　　)。

A. 一言为定　　B. 说一不二

C. 一诺千金　　D. 言而无信

3. 讨论:和你的朋友做一个对话,试着约定一件事,要使用“一言为定”。

移风易俗 yí fēng yì sú

学一学

【语义解释】 移:改变;易:变换;俗:长期积累、沿袭下来的风俗习惯等。指改变传统的风俗习惯。

【语法解释】 1. 语法功能:作谓语、定语、宾语;2. 语法结构:联合式。

【感情色彩】 含褒义。

【语用解释】 一般指改变旧的不良风俗和习惯。搭配:移风易俗的作用;移风易俗的效果。

【近义成语】 推陈出新。

【反义成语】 因循守旧。

情景例句

(有的地区,人们很迷信)

A:我们老家的人很迷信,生了病不找医生,却要去寺庙求神。

B:所以我们移风易俗的任务很重,要用科学来教育大家。

用一用

1. 空气污染这么严重,大家应该移风易俗,禁止春节放鞭炮。

2. 移风易俗虽然很困难,却是政府的重要任务。

3. 优美的音乐具有移风易俗的作用,值得大力推广

4. 用太阳的温暖去移风易俗,要比用暴风骤雨的方式好。

练一练

1. “移风易俗”中__________和__________是近义词,意思是“改变”。

2. 用成语“移风易俗”完成下面的句子。

(1)A：那个地方的人都习惯打麻将，常常不顾家庭和工作，影响很不好。

B：____。

(2)这种形式的婚礼不仅浪费钱，而且让人很辛苦，________________________。

(3)在中国推广垃圾分类，这种做法________________________________。

3. 讨论：你觉得你们国家或中国有哪些风俗需要改变？

以身作则 yǐ shēn zuò zé

学一学

【语义解释】 身：自身；则：准则，榜样。以自己的行动做出榜样或规则。

【语法解释】 1. 语法功能：作谓语、宾语；2. 语法结构：偏正式。

【感情色彩】 含褒义。

【语用解释】 一般用于为了严格要求别人，自己先做出榜样。常用于父母、老师、领导等年龄大、地位高的人。搭配：要以身作则。

【近义成语】 身体力行，言传身教。

【反义成语】 以身试法。

情景例句

（两位父母讨论教育问题）

A：我希望孩子少玩 iPad 和手机，多看书，可他一点儿也不想看书。

B：我们要以身作则，这样孩子才能变成我们希望的样子。

用一用

1. 他要求员工严格遵守公司的规定，自己更是以身作则。
2. 父母教育子女应该以身作则，不能只要求孩子。
3. 作为一位班长，他处处能以身作则，所以得到同学们的拥护。
4. 教育人最好的方法就是以身作则。

练一练

1.“以身作则”中“则”的意思是________________________________。

2. 请用成语“以身作则”完成下面的句子。

(1)作为青少年的偶像，________________________________。

(2)如果父母能以身作则，________________________________。

(3)作为公司经理，你都不能以身作则，________________________。

3. 讨论：你认为什么人“以身作则”很重要？

异口同声 yì kǒu tóng shēng

学一学

【语义解释】 异:不同。不同的嘴说出相同的话。指大家都同时说出。

【语法解释】 1.语法功能:作谓语、状语;2.语法结构:主谓式。

【感情色彩】 中性义。

【语用解释】 指不同的人说同样的话,形容意见或评价是一致的。一般用于询问大家的意见时得到完全相同的说法。

【近义成语】 众口一词。

【反义成语】 众说纷纭。

情景例句

(今天是米亚的生日)

米亚的朋友A:大家准备好,等她一进来,我们就异口同声地大喊"生日快乐"!

其他朋友:我们听你的安排。

(爸爸妈妈想带孩子们去博物馆)

爸爸:孩子们周末愿意参观博物馆吗?

妈妈:他们都异口同声地反对这个计划。

用一用

1. 表演结束后,所有的观众都对表演异口同声地发出赞叹。
2. 大家异口同声地赞叹他的能力。
3. 我们异口同声地说出了这个问题的答案。

练一练

1."异口同声"中,__________和__________是反义词。

2.请选择成语"异口同声"的正确解释(　　)。

A.相同的嘴巴喊出不同的声音

B.不同的嘴巴喊出相同的声音

C.相同的嘴巴喊出相同的声音

D.不同的嘴巴喊出不同的声音

3.请判断下面句子的对错,错的请改正。

(1)大家异口同声地说出了各自的想法。(　　)

改正:____。

(2)每个人都是不同的独立个体,允许思想上存在异口同声。(　　)

改正:____。

因地制宜 yīn dì zhì yí

学一学

【语义解释】 因:依据;制:制定;宜:适当的措施。根据各地的具体情况,制定适宜的办法。

【语法解释】 1.语法功能:在句子中作谓语、宾语、状语;2.语法结构:偏正式。

【感情色彩】 含褒义。

【语用解释】 做事情要符合并利用实际的情况。一般用在制定政策、发展方向或处理事情时。搭配:因地制宜地发展;因地制宜地创造条件。

【近义成语】 因势利导。

【反义成语】 一成不变。

情景例句

(一个学生问老师)

学生:什么是"因地制宜"?

老师:"看菜吃饭,量体裁衣""到什么山上唱什么歌",就是做什么事情都要因地制宜。

用一用

1.他们因地制宜,在花园的一角安装了游乐设施,作为儿童游乐区。

2.我们要因地制宜地发展适合本地特色的产业。

3.那个地方的桔子长得非常好,当地人因地制宜地建起了果汁工厂,进行加工和销售。

练一练

1.解释成语"因地制宜"中的词义:因:________;制:________;宜:________。

2.用成语"因地制宜"完成下面的句子。

(1)各个城市情况不同,所以要想找到发展之路,要________________。

(2)市政府________________,在这条河边建一个公园。

(3)这里原本是片荒废的山坡地,我们________________。

3.讨论:生活中还有哪些"因地制宜"的例子?

迎刃而解 yíng rèn ér jiě

学一学

【语义解释】 东西碰着锋利的刀口就被切分开了。比喻事情容易处理,问题容易解决。

【语法解释】 1.语法功能:作谓语、定语、宾语;2.语法结构:偏正式。

【感情色彩】 含褒义。

【语用解释】 形容处理事情、解决问题非常顺利。书面语。搭配:只要……,就能迎刃而解。

【近义成语】 顺理成章。

【反义成语】 相持不下。

情景例句

(小王的电脑坏了)

小王:我的电脑不能用了,不知道谁会修?

朋友:你去找小李啊,他很厉害,任何电脑问题在他面前都能迎刃而解。

用一用

1. 只要你不轻易放弃,所有的困难都会迎刃而解。
2. 凡事都有一定的规律,只要你抓住了问题的根本,其他问题就会迎刃而解。
3. 只要我们大家团结一致、齐心协力,任何问题都能迎刃而解。
4. 生活中人们会发生很多争执,只要彼此理解、相互包容,这些矛盾就能迎刃而解。

练一练

1. 选择以下书写正确的成语(　　)。

A. 迎刀而解　　B. 逢刃而解

C. 迎刃而触　　D. 迎刃而解

2. 请用成语"迎刃而解"完成下面的句子

(1)无论多难的问题,只要选对方法,____________________________。

(2)A:我们怎么才能扩大公司的规模呢?

B:只要解决了资金问题,____________________________。

(3)如果能制订合理的技术方案,这个项目目前所面临的问题将会______________。

引人注目 yǐn rén zhù mù

学一学

【语义解释】 引:引起,吸引;注目:注视。形容人或事物很具特色,能引起人们的注意。

【语法解释】 1.语法功能:作谓语、定语、状语;2.语法结构:兼语式。

【感情色彩】 含褒义。

【语用解释】 吸引大家的注意。说明很精彩或有特色,可用于人和物。搭配:引人注目的行为;引人注目的打扮。

【近义成语】 备受关注。
【反义成语】 默默无闻。

情景例句

（两个同事在公司）
A：你下午开会了吗？我怎么没看到你。
B：我去了，不过迟到了，为了不引人注目，我从后门进去坐在后面了。

用一用

1. 晚会上，姐姐穿着一身红色的旗袍，十分引人注目。
2. 这次晚会的表演，他们的舞蹈非常引人注目。
3. 展览会上，那个智能机器人特别引人注目。

练一练

1. 请选择书写正确的一项（　　）。
A. 引人主目　　B. 引人注泪　　C. 吸人注目
2. 请选出搭配错误的一项（　　）。
A. 引人注目的大字　　B. 引人注目的举动
C. 引人注目的成就　　D. 引人注目的唱歌
3. 请用成语“引人注目”完成下面的句子。
（1）________________________，迟到的同学常常从后门进教室。
（2）他又高又帅，唱歌跳舞都很棒，________________________。
（3）为了引人注目，网友________________________。
4. 讨论：如果想要在众多应聘者中“引人注目”，你有什么建议？

应有尽有 yīng yǒu jìn yǒu

学一学

【语义解释】 尽：全部。该有的全都有，形容很齐全。
【语法解释】 1. 语法功能：作谓语、宾语；2. 语法结构：主谓式。
【感情色彩】 含褒义。
【语用解释】 形容物品很齐全，什么都有。一般用在肯定句中。书面语。
【近义成语】 一应俱全。
【反义成语】 一无所有。

情景例句

（一个留学生在学校外面租房子）

学生：这套房子都配有什么？

房东：这套房子家具和家电应用尽有，你可以直接住。

用一用

1. 你不需要带太多的东西，我们开会的那个酒店应有尽有。
2. 这个大商场从吃的到穿的，从玩儿的到用的，应有尽有。
3. 他从一无所有到应有尽有，离不开他的努力工作。
4. 这个图书馆里有9万多册书，从文学书到科学著作，应有尽有。

练一练

1. “应有尽有”的反义成语是（　　）。

A. 无所不有　　B. 有说有笑　　C. 一应俱全　　D. 一无所有

2. 以下可以用“应有尽有”来形容的是哪两项？（　　）

A. 网上的各种产品　　B. 各种各样的人

C. 很多地方　　D. 自助餐厅的美食

3. 用成语“应有尽有”完成下面的句子。

（1）如果你想自己做饭，可以去菜市场，＿＿＿＿＿＿＿＿＿＿＿＿＿＿＿＿。

（2）听说Facebook公司的工作环境特别好，＿＿＿＿＿＿＿＿＿＿＿＿＿＿＿＿。

（3）你想看什么电影就上网，＿＿＿＿＿＿＿＿＿＿＿＿＿＿＿＿＿＿＿＿。

应运而生 yìng yùn ér shēng

学一学

【语义解释】 应：顺应；运：原指天命，泛指时机。以前指顺应天命而产生的人或事物，现在的意思是顺应适当的时机或时代要求而出现的人或事物。

【语法解释】 1. 语法功能：作谓语、定语；2. 语法结构：偏正式。

【感情色彩】 中性义。

【语用解释】 形容新事物在一定的环境和条件下产生。书面语，多用在肯定句中。

【近义成语】 应时而生。

【反义成语】 生不逢时。

情景例句

（小李的手机上安装了各种App）

朋友：你的手机上安装了什么？

小李：现在智能手机的发展让很多学习 App 应运而生，于是我装了很多学习 App。

用一用

1. 环境越来越恶劣的今天，不少呼吁环保的公益广告应运而生。
2. 不同的文化背景下应运而生了不同的生活方式和思想观念。
3. 随着手机越来越智能化，各种应用软件应运而生。
4. 随着网络经济的发展，各种快递服务公司应运而生。

练一练

1.“应运而生”中“运”的正确解释是(　　)。

A. 时机　　B. 运输　　C. 运气　　D. 时候

2. 用成语“应运而生”改写下面的句子。

(1)本地新建了一所学校，附近就出现了很多兴趣班。

改写：____。

(2)人们喜欢用智能手机拍照片，于是很多拍照 App 就出现了。

改写：____。

3. 讨论：每个时代在发展的过程中，曾经出现过哪些新事物？

应接不暇 yìng jiē bù xiá

学一学

【语义解释】 暇：空闲。形容好看的风景或者东西太多，来不及观看，也可以指人、事物太多，来不及接待、应付。

【语法解释】 1. 语法功能：作谓语、定语；2. 语法结构：主谓式；

【感情色彩】 含褒义。

【语用解释】 可以用来说风景、东西、人、事情太多，让人无法应对。书面语。搭配：让人应接不暇；应接不暇的美景。

【近义成语】 目不暇接。

【反义成语】 应付自如。

情景例句

(春节前的机场，两名乘客在交谈)

A：今天托运行李办理得太慢了。

B：没办法，节日期间，旅客太多，让机场都应接不暇了。

用一用

1. 坐在火车上，窗外美丽的风景让人应接不暇。
2. 小李今天结婚，来的客人太多了，忙得小李应接不暇。
3. 考试前，学生提出的问题很多，让老师都应接不暇了。

练一练

1. “应接不暇”中“暇”的意思是(　　)。

A. 空间　　B. 空闲　　C. 悠闲　　D. 空隙

2. 请用成语“应接不暇”完颇下面的句子。

(1) 刚来到中国留学，MIKE要办理一堆事情，他都忙不过来了。

改写：________________________________。

(2) 小王想租房子，他在网上发了租房信息，随后很多人打来电话，让他很难应付。

改写：________________________________。

(3) 表演结束后，演员收到了很多观众送的鲜花，让他一时接收不过来。

改写：________________________________。

(4) 到中午的时候，饭店的生意特别好，________________________________。

勇往直前 yǒng wǎng zhí qián

学一学

【语义解释】 勇敢地一直向前进。形容毫不害怕地面对困难，不达目的决不放弃。

【语法解释】 1. 语法功能：作谓语、定语、状语；2. 语法结构：联合式。

【感情色彩】 含褒义。

【语用解释】 形容人勇敢地向前，迎接困难和挑战。书面语。多用在鼓励时。搭配：勇往直前的英雄；勇往直前的精神。

【近义成语】 一往无前。

【反义成语】 畏缩不前。

情景例句

(小张喜欢一个女孩，但是不敢说)

小张：我不敢告诉她，万一她不喜欢我怎么办？

朋友：在感情的问题上，你一定要勇往直前，要不然你会后悔的。

用一用

1. 年轻人做事情要勇于挑战，青春就要勇往直前。

2. 做正确的事情，一定要无所畏惧，勇往直前。

3. 做决定之前仔细考虑，一旦做了决定就要勇往直前、坚持到底。

4. 梦想是助人成功的阶梯，梦想是勇往直前的动力。

练一练

1. “勇往直前”中“勇”和“前”的意思分别是（　　）。

A. 勇士　前面　　B. 勇士　向前进　　C. 勇敢　前面　　D. 勇敢　向前进

2. 用成语“勇往直前”完成下面的句子。

(1)不管遇到任何困难和危险，消防员____________________。

(2)在机会面前不要犹豫，____________________。

(3)如果你做了决定，就不要轻易放弃____________________。

3. 讨论：在哪些事情上，人需要“勇往直前”？

优胜劣汰 yōu shèng liè tài

学一学

【语义解释】 指生物在生存竞争中适应能力强的保存下来，适应能力差的被淘汰。这是达尔文进化论的一个基本论点。

【语法解释】 1. 语法功能：在句子中作谓语、宾语；2. 语法结构：联合式。

【感情色彩】 中性义。

【语用解释】 是指优的得以胜出，劣的将被淘汰。多用于自然竞争和社会竞争中。搭配：优胜劣汰的法则。

【近义成语】 优胜劣败。

【反义成语】 弱肉强食。

情景例句

（两个朋友在看一个电视选秀节目）

A：我很喜欢这个选手，可惜他被淘汰了。

B：我也喜欢他，没办法，这就是节目的规则——优胜劣汰。

用一用

1. 一个人遇到对手确实是件值得庆幸的事情。遇到对手，人才会明白优胜劣汰；遇到对手，人才会不断地进步和强大。

2. 无论在社会还是在学校，竞争都是存在的。所以，学生们提前认识到了优胜劣汰的残酷现实。

3. 如果没有竞争，就没有好与坏；如果没有竞争，就没有优胜劣汰；如果没有竞争，就没有进步。

4. 一方面公司要给大家提供平等的机会，另一方面员工也得遵守公司优胜劣汰的制度。

练一练

1. 请指出成语“优胜劣汰”中存在的反义词：＿＿＿＿＿＿和＿＿＿＿＿＿；＿＿＿＿＿＿和＿＿＿＿＿＿。

2. 成语“优胜劣汰”的意思是＿＿＿＿＿＿＿＿＿＿＿＿＿＿＿＿＿＿＿＿＿＿＿＿＿＿。

3. 请用成语“优胜劣汰”完成下面的句子。

(1) 这个世界充满了竞争，＿＿＿＿＿＿＿＿＿＿＿＿＿＿＿＿＿＿＿＿＿＿＿＿＿＿。

(2) 人类能成为自然界的主人，＿＿＿＿＿＿＿＿＿＿＿＿＿＿＿＿＿＿＿＿＿＿＿＿。

(3) 比赛就是要选出最好的，＿＿＿＿＿＿＿＿＿＿＿＿＿＿＿＿＿＿＿＿＿＿＿＿＿。

有口无心 yǒu kǒu wú xīn

学一学

【语义解释】 嘴上说了，心里可没那样想。一般指不是有心说的。

【语法解释】 1. 语法功能：在句子中作谓语、定语、状语；2. 语法结构：联合式。

【感情色彩】 中性义。

【语用解释】 指无意的行为，有时有讽刺的意思。口语词，在道歉或劝说的时候使用。

【近义成语】 言不由衷。

【反义成语】 肺腑之言。

情景例句

（小李向朋友小王道歉）

小李：我昨天说你不好的话都不是有意的，你千万别生气啊！

小王：我没生气，我知道你是有口无心的。

用一用

1. 恋爱时你说了很多"会爱我一生一世"的话，现在才发现，那只不过是你有口无心的承诺。

2. 她其实是个有口无心的人，或者说是一个刀子嘴、豆腐心的人。

3. 爱若有口无心，是可耻的；爱若有心无口，是可悲的。

练一练

1. 在“有口无心”中，＿＿＿＿＿＿＿＿和＿＿＿＿＿＿＿＿是反义词。

2. 以下不属于“有口无心”的是(　　)。

A. 恋人吵架时说要分手

B. 爸爸生气时让儿子别回家

C. 好朋友说改天约我吃饭

D. 老板严肃地告诉一个员工以后别来上班了

3. 请用成语“有口无心”完成下面的句子。

(1)A:你说话太过分了!

B:对不起,你别生气,________________。

(2)有的人说话很随便,但是________________。

有气无力 yǒu qì wú lì

学一学

【语义解释】 气:气息,声音;力:力气,精神。形容说话声音微弱或者精神疲惫,有时也形容做事没有精神。

【语法解释】 1. 语法功能:在句子中作谓语、状语;2. 语法结构:联合式。

【感情色彩】 中性义。

【语用解释】 也可形容身体很弱、没有力气,用在生病或心情差、很累或没兴趣的时候。搭配:有气无力地说话;有气无力地坐起来。

【近义成语】 没精打采。

【反义成语】 精神焕发。

情景例句

(上课的时候)

A:你今天怎么有气无力的?

B:我的肚子特别难受,头也疼,只想睡觉。

用一用

1. 爸爸躺在病床上,身体虚弱,说话有气无力。
2. 跑完步,他有气无力地坐在地上大口喝水。
3. 夏天的中午,一只狗有气无力地爬在树下。
4. 玩的时候这孩子精神百倍的,一说写作业,他马上变得有气无力的。

练一练

1. 在以下成语中,与其他两项意思完全不同的是(　　)。

A. 有气无力　　B. 人困马乏　　C. 吃苦耐劳

2. 以下哪种情况用“有气无力”最合适(　　)。

A. 生病的时候　　B. 喝醉的时候　　C. 打架的时候

3. 请使用成语“有气无力”完成下面的句子。

(1)天气太热了,＿＿＿＿＿＿＿＿＿＿＿＿＿＿＿＿＿＿＿＿。

(2)忙了一整天,回到家,＿＿＿＿＿＿＿＿＿＿＿＿＿＿＿＿＿＿。

(3)生病一个月,他还是没有恢复,＿＿＿＿＿＿＿＿＿＿＿＿＿＿。

有目共睹 yǒu mù gòng dǔ

学一学

【语义解释】 睹:看见。大家的眼睛都能看得见。形容极其明显。

【语法解释】 1. 语法功能:在句子中作谓语、定语;2. 语法结构:兼语式。

【感情色彩】 中性义。

【语用解释】 形容事情非常明显,人人都能看见,一般用来指积极的事情。搭配:有目共睹的成绩;有目共睹的表现。

【近义成语】 众所周知。

【反义成语】 有目无睹。

情景例句

(在奖学金评选会议上)

老师:大家说说选举马克(Mike)的理由?

学生:他学习认真努力,热心帮助同学,这些大家都是有目共睹的。

用一用

1. 2018年世界杯,法国(French)足球队在俄罗斯(Russian)赢了,这是球迷有目共睹的。

2. 他们俩的感情很深,这是我们这些朋友有目共睹的。

3. 妈妈这么多年的辛苦,这么多年的付出是家人有目共睹的。

4. 中国改革开放40多年取得的成就已经是有目共睹的事实。

练一练

1. 成语“有目共睹”中“睹”的意思是(　　)。

A. 比赛　　B. 看见　　C. 赌博

2. 请用成语“有目共睹”改写下面的句子。

(1)大家都看到了他今天的表现,给了他很高的评价。

改写:＿＿＿＿＿＿＿＿＿＿＿＿＿＿＿＿＿＿＿＿＿＿＿＿＿＿。

(2)全世界都看到了中国经济发展的成就。

改写:＿＿＿＿＿＿＿＿＿＿＿＿＿＿＿＿＿＿＿＿＿＿＿＿＿＿。

(3)2020 年的春天，每个人都看到了医护人员的努力和付出。

改写：____。

3. 讨论：请说说你知道的“有目共睹”的人和事。

有声有色 yǒu shēng yǒu sè

学一学

【语义解释】 声：说话时的语气；色：脸上的表情。形容说话或表演精彩、生动的样子。

【语法解释】 1. 语法功能：作定语、状语、补语；2. 语法结构：联合式。

【感情色彩】 含褒义。

【语用解释】 指人在说话、表演时非常精彩、形象、生动、有意思。也可以指把事情做得很好，肯定句多用。搭配：有声有色的表演；活动办得有声有色。

【近义成语】 绘声绘色。

【反义成语】 平淡无奇。

情景例句

（两个朋友）

A：听说小李和几个朋友合伙开了网络自媒体“We media”公司，他们现在做得怎么样？

B：挺不错的，可以说干得有声有色。

用一用

1. 这些年轻人把一个枯燥的故事表演得有声有色。
2. 他俩有声有色地唱了一段，唱得非常精彩。
3. 想不到他的第一部小说就写得有声有色，深受读者喜爱。
4. 一本书就像一束阳光、一处风景，不仅可以提高我们的生活情趣，而且可以使我们的生活变得有声有色。

练一练

1. 请用成语“有声有色”回答问题。

(1)在国际文化节上，你怎么才能让别人对你们国家的传统文化感兴趣？

____

(2)如果让你给 5 岁的孩子讲故事，你怎么才能吸引他们？

____

2. 请选出搭配错误的一项（　　）。

A. 有声有色地介绍　　B. 非常有声有色

C. 一场有声有色的活动　　D. 表演得有声有色

3. 讨论：你还知道哪些包含“有”字的成语？

有条不紊 yǒu tiáo bù wěn

学一学

【语义解释】 紊：乱。形容有条有理，一点不乱。

【语法解释】 1. 语法功能：在句子中作谓语、定语、状语；2. 语法结构：联合式。

【感情色彩】 含褒义。

【语用解释】 形容工作、说话、做事、写作方面，也可用于在思维活动等方面很有条理。搭配：有条不紊地处理；说话有条不紊。

【近义成语】 有条有理。

【反义成语】 乱七八糟。

情景例句

（双十一过后，快递员与顾客）

顾客：我总怕双十一期间我的快递会被弄丢，没想到你们的工作这么有条不紊。

快递员：您放心，快递交给我们，一定丢不了。

用一用

1. 地震后的几个小时里，各种救援活动在最短的时间里有条不紊地展开了。
2. 2021年的全运会即将到来，西安的各项准备工作都在有条不紊地按计划进行。
3. 妈妈可以把一切都处理得很好，她做事情永远是有条不紊的。
4. 面对突发火灾，消防员们毫不惧怕，大家相互之间配合得有条不紊。

练一练

1. 在成语“有条不紊”中，“条”的意思是________________，“紊”的意思是________________。
2. 请用成语“有条不紊”完成下面的句子。

(1)节日里的游客很多，不过因为景区安排得非常周到，________________________________。

(2)这位老教授虽然80多了，____。

(3)在飞机发生故障的时候，那位经验丰富的机长________________________________。

3. 讨论：如果做事情想“有条不紊”，需要哪些能力？

愚公移山 yú gōng yí shān

学一学

【语义解释】 愚公：故事中的主人公；移：移动，挪走。比喻人做事有十分坚强的毅力和不怕困难、不怕牺牲的精神。

【语法解释】 1.语法功能:作主语、宾语、定语;2.语法结构:主谓式。

【感情色彩】 含褒义。

【语用解释】 常和“精神”“志向”等搭配使用,多用于鼓励、提倡、赞扬。书面语。

【近义成语】 持之以恒。

【反义成语】 半途而废。

情景例句

(两名留学生课间交流)

A:你听过成语“愚公移山”的故事吗?

B:我知道这个成语故事。愚公为做成一件事坚韧不拔的毅力值得我们年轻人学习。

(导游给游客介绍沙漠绿化情况)

游客:沙漠里的这片树林真是一道别样的风景啊!

导游:是啊,这里的人们发扬了愚公移山的精神,年年种树,才有了现在这样的沙漠绿洲!

典故

传说古代有个老人叫愚公,他家门前有“太行”和“王屋”两座大山,出门很不方便。他决心带领全家挖掉这两座大山。有个叫智叟的老头,笑他太傻,认为不可能成功。可是愚公说:“我死了有儿子,儿子死了有孙子,子子孙孙没有穷尽,这山却不会再长高了,终有一天会被挖平的。”山神见愚公他们挖山不止,便向上帝报告了这件事。上帝被愚公的精神感动,派了两个大力神把两座山背走了。

——《烈子·汤问》

用一用

1. 我们要用愚公移山的精神治理环境，不达目的决不放弃。
2. 有了精卫填海、愚公移山的精神，还有什么困难不能克服！
3. 你要想独力完成这件事，恐怕非得要有愚公移山的精神不可。

练一练

1. “愚公移山”中“愚”的正确解释是(　　)。

A. 老的　　B. 笨的　　C. 难过的

2. 以下与成语“愚公移山”搭配不对的是(　　)。

A. 愚公移山的精神　　B. 愚公移山的决心

C. 愚公移山的历史　　D. 愚公移山的故事

3. 用所给的词和短语完成下面的句子。

(1)奋斗的精神　只要有　人　顽强的毅力　和　最终完成　自己的目标

愚公移山这个成语告诉我们，______________________________。

(2)的精神　重要的　这份　愚公移山　发扬　完成了　工作

他带着大家______________，______________________________。

4. 讨论：请你评价一下愚公的做法。如果是你，你会用什么办法来解决愚公所面临的问题。

与日俱增 yǔ rì jù zēng

学一学

【语义解释】 与：跟着，随着；日：时间；俱：一起。随着时间的增长而增长。

【语法解释】 1. 语法功能：作谓语、定语；2. 语法结构：偏正式。

【感情色彩】 中性义。

【语用解释】 常用于人的思想感情。书面语。搭配：与日俱增的感情；与日俱增的经验。

【近义成语】 日积月累。

【反义成语】 每况愈下。

情景例句

（两个中学老师聊学生的成长）

A：成长是一件多么美好的事呀！

B：是啊，对这些孩子来说，成长带来的烦恼也是与日俱增的。

用一用

1. 他们原来只是同事，但随着时间的推移，他俩的感情与日俱增。
2. 广告一播出，产品的销量就与日俱增。
3. 随着时代的进步，提供给人们的各种阅读方式也与日俱增。
4. 男孩子们相互学习球技，他们的篮球水平真是与日俱增。
5. 这么多天过去了，我对妈妈的思念不但没有减少，反而与日俱增。

练一练

1. 在成语“与日俱增”中“日”指的是(　　)。

A. 时间　　　　B. 周日　　　　C. 太阳

2. 请用成语“与日俱增”改写下面的句子。

(1)这家公司发展得越来越好，它的产品销售量一天比一天增加。

改写：____。

(2)还有一周就要考试了，我越来越紧张。

改写：____。

(3)她们之间越来越深的感情让她们舍不得分开。

改写：____。

再接再厉 zài jiē zài lì

学一学

【语义解释】 再：继续；接：接触，接战；厉：即"砺"，磨快，引申为努力。原指公鸡相斗时，每次打架以前先磨磨嘴。现在比喻一次又一次地继续努力。

【语法解释】 1. 语法功能：作定语、状语；2. 语法结构：联合式。

【感情色彩】 含褒义。

【语用解释】 多用于已经取得了成绩或有好的表现时，鼓励下次继续努力。多用在肯定句。

【近义成语】 百尺竿头，更进一步，踔厉奋发。

【反义成语】 得过且过。

情景例句

(考试以后)

儿子：妈，这次考试我考了全班第七。

妈妈：不错，不错！能取全班第七已经很不错了，儿子你可千万要再接再厉。

用一用

1. 取得好成绩也不能自满，你要再接再厉，不断进取。
2. 这个好成绩和你的努力是分不开的，功夫不负有心人，今后你一定要再接再厉。
3. 你今天的表现确实很好，希望你再接再厉，取得更好的成绩。

练一练

1. 成语“再接再厉”中，“接”的意思是________，“厉”的意思是________。
2. 请选择成语“再接再厉”的正确解释（　　）。

A. 指一再很严厉

B. 指继续努力，再次加油

C. 指一次比一次厉害

3. 请用成语“再接再厉”完成下面的句子。

(1) 妈妈，你看我第一次做的蛋糕还不错，________________。

(2) 学生：老师，我的成绩怎么样？

老师：这次考试的成绩很不错，________________。

(3) 教练对队员说：“上次比赛我们队发挥得不错，________________。”

斩钉截铁 zhǎn dīng jié tiě

学一学

【语义解释】 斩：砍断；截：切断。砍断钉子切断铁。比喻做事或者说话坚决果断、干脆、不犹豫。

【语法解释】 1. 语法功能：作定语、状语、补语；2. 语法结构：联合式。

【感情色彩】 中性义。

【语用解释】 形容态度明朗爽快，做事干脆、毫不犹豫。搭配：斩钉截铁地回答。

【近义成语】 刚毅果决。

【反义成语】 拖泥带水。

情景例句

（一位顾客买东西和老板讲价）

顾客：便宜点儿，一百块，行不行？

老板：绝对不行！（老板斩钉截铁地回答）

用一用

1. 他斩钉截铁地对我说他要出国。

2. 小王办事斩钉截铁，十分值得信任。

3. 他说得这么斩钉截铁，这件事应该与他没关系。

4. 我们老师做事从来不犹豫，他是一个斩钉截铁的人。

练一练

1.“斩钉截铁”中“斩”和“截”的意思分别是________________、________________。

2. 请用成语“斩钉截铁”改写下面的句子。

(1)我爸爸说话很干脆，从不多说。

改写：____。

(2)他没有犹豫，一下子就拒绝我了。

改写：____。

(3)我不喜欢去酒吧，他约我的时候我马上就拒绝了。

改写：____。

朝三暮四 zhāo sān mù sì

学一学

【语义解释】 原指玩弄手法欺骗人。后用来比喻常常变卦，反复无常。

【语法解释】 1. 语法功能：作谓语、定语、状语；2. 语法结构：联合式。

【感情色彩】 含贬义。

【语用解释】 指做事情反复无常，特别是在感情方面。一般用于批评，常用在否定句中。

【近义成语】 反复无常，见异思迁。

【反义成语】 一成不变。

情景例句

(学生们听了“朝三暮四”的成语故事以后讨论)

A：那些猴子太愚蠢了！

B：我们笑“朝三暮四”的猴子愚蠢，其实有时候我们和它们一样。

用一用

1. 你一旦有了目标就要坚持做下去，千万不能朝三暮四，否则最后只会一事无成。

2. 他是个朝三暮四的年轻人，总是换女朋友。

3. 你一会儿学舞蹈，一会儿又改学钢琴，这样朝三暮四很可能一样也学不好。

4. 朝三暮四的爱，是不负责任的爱。

典故

宋国有一个养猕猴的人，因为养的猕猴太多而家财匮乏，于是养猕猴的人就打算限制猕猴的食物。他对猴子说："早上给你们吃三个橡子，晚上给你们吃四个橡子。"所有的猴子听了都急了，不停吼叫着。直到他对猴子说："早上给你们吃四个橡子，晚上给你们吃三个橡子。"所有的猴子才又都高兴得又蹦又跳。

——《庄子·齐物论》

练一练

1. 成语"朝三暮四"中，"朝"的意思是________________，"暮"的意思是____________。

2. 请用成语"朝三暮四"完成下面的句子。

(1)她以为男朋友只爱自己，后来才发现，____________________。

(2)公司一般不喜欢经常换工作的人，____________________。

(3)他一会儿学钢琴，一会儿又学吉它，____________________。

3. 讨论：你觉得让人"朝三暮四"的原因可能是什么？如何避免这种情况？

朝气蓬勃 zhāo qì péng bó

学一学

【语义解释】 朝气：早上的空气，就像新生的力量，努力向上的气象；蓬勃：旺盛的样子。形容充满了生命和活力。

【语法解释】 1. 语法功能：谓语、定语、状语；2. 语法结构方式：主谓式。

【感情色彩】 中性义。

【语用解释】 形容生机勃勃的样子。常用于形容人、春天或其他新事物。用在肯定句中，书面语。搭配：朝气蓬勃的样子；朝气蓬勃的孩子。

【近义成语】 生气勃勃。

【反义成语】 死气沉沉。

情景例句

（早上，公司楼下）

A：你看到刚才从你身边跑过去的那个人了吗？

B：看到了，他是谁？

A：他是我们公司新来的经理，他喜欢运动，每天都是一副朝气蓬勃的样子。

用一用

1. 这群朝气蓬勃的孩子在操场上开心地跑来跑去。
2. 她朝气蓬勃，开朗热情，头脑灵敏，想到什么就说什么。
3. 公司拥有一批朝气蓬勃的年轻人，他们富有理想，朝气蓬勃，是公司的未来。
4. 每天都能朝气蓬勃地投入生活的人，都有一颗乐观的心态。

练一练

1. 请解释成语“朝气蓬勃”中“蓬勃”的意思（　　）。

A. 很乱的样子　　B. 旺盛的样子　　C. 开心的样子

2. 成语“朝气蓬勃”不可以用于（　　）。

A. 运动的人　　B. 很有信心的人　　C. 生病的人　　D. 青少年

3. 请用成语“朝气蓬勃”完成下面的句子。

(1)每年九月，新学生进入大学校园。

改写：____。

(2)西安交通大学中国西部创新港的建成，标志着新的事业开始发展。

改写：____。

(3)我最喜欢的季节是春天，因为________________________________。

针锋相对 zhēn fēng xiāng duì

学一学

【语义解释】 针锋：针尖。针尖对针尖。比喻双方的意思、观点、策略、行动等方面尖锐地对立。

【语法解释】 1. 语法功能：作谓语、定语、状语；2. 语法结构：主谓式。

【感情色彩】 含贬义。

【语用解释】 在辩论的时候使用，也可以用于双方在斗争中针对对方的言行等采取行动、措施。搭配：针锋相对的观点；针锋相对的立场。

【近义成语】 格格不入。
【反义成语】 臭味相投。

情景例句

（小张和同事之间出现了问题）
小张：他总和我作对，我就反对他的一切意见。
朋友：你们总是针锋相对地互相指责，怎么能做好工作呢？
（两家公司是竞争对手）
A：这两家公司的关系怎么样，可以合作吗？
B：他们就像猫和老鼠、白天和黑夜，是针锋相对的关系，是不可能合作的。

用一用

1. 这场谈判，双方代表针锋相对，迟迟不能达成协议。
2. 我们喜欢辩论，都参加了这场针锋相对的辩论比赛。
3. 他们的意见不同，在会议上总是针锋相对，互不相让。
4. 两位律师在法庭上针锋相对。

练一练

1. 请选择以下对成语“针锋相对”解释正确的选项（　　）。
A. 两人面对面
B. 两人的观点或行动相反，互不相让
C. 两人拿刀面对面
2. 请判断下面句子的对错，错的请改正。
(1)他在会议上提出了与对方针锋相对的意见。（　　）
改正：____________________。
(2)小张不喜欢我，他总是和我针锋相对。（　　）
改正：____________________。
3. 请用成语“针锋相对”完成下面的句子。
(1)一般的辩论双方____________________。
(2)有竞争关系的公司都不会太友好，____________________。
(3)在这场总统竞选中，双方____________________。
(4)青春期的孩子很叛逆，他们总是____________________。
4. 讨论：试着举出生活中有哪些“针锋相对”的情况。

争先恐后 zhēng xiān kǒng hòu

学一学

【语义解释】 恐：害怕、担心。争抢着向前，只怕落后。

【语法解释】 1. 语法功能：谓语、状语；2. 语法结构方式：联合式。

【感情色彩】 含褒义。

【语用解释】 一般指大家都为了同一件事，同一个目标而着急争抢。多用在行为动作方面。搭配：争先恐后地报名；争先恐后地提问。

【近义成语】 箭步如飞。

【反义成语】 姗姗来迟。

情景例句

（小张和朋友在谈一个球星）

朋友：这个球星很受球迷欢迎吗？

小张：是的，每次比赛一结束，球迷们都争先恐后地跑到他身边，想让他签名或合影留念。

用一用

1. 比赛的枪声一响，运动员们争先恐后地冲了出去。
2. 演员一出现，记者们就争先恐后地走向他，并提出各种问题请他回答。
3. 今天商场有大型促销活动，一开始营业，大家就争先恐后地冲了进去抢购。
4. 发生地震后，大家并没有争先恐后地乱跑，而是有秩序地快速下楼。

练一练

1. “争先恐后”中“恐”的意思是（　　）。

A. 恐怕　　B. 恐吓　　C. 恐怖

2. 请选择“争先恐后”的正确解释（　　）。

A. 争前面的，害怕后面的。

B. 争着抢着往前面，唯恐落在后面。

C. 争夺前面的，恐吓后面的。

3. 以下哪个选项人们会出现“争先恐后”的情况？（　　）

A. 比赛跑步时　　B. 考试时　　C. 唱歌时　　D. 拍照时

4. 请用“争先恐后”完成下面的句子。

（1）夏令营活动的通知一发下来，同学们都________________。

（2）一看到演员走出航站楼，等候已久的影迷们________________。

（3）这个话题很有意思，大家________________。

知足常乐 zhī zú cháng lè

学一学

【语义解释】 知道满足，就总是快乐。形容对已经得到的利益和地位感到满足、满意。

【语法解释】 1. 语法功能：谓语、宾语；2. 语法结构方式：偏正式。
【感情色彩】 含褒义。
【语用解释】 指人的一种处世态度，对生活没有过多的要求。
【近义成语】 自得其乐，心满意足。
【反义成语】 巴蛇吞象，得陇望蜀。

情景例句

（两个朋友见面聊天）

A：你最近怎么样？

B：不太好，感觉生活和工作的压力很大。

A：别这么想，你的工作不错，孩子也懂事儿，生活稳定，要知足常乐呀。

用一用

1. 他是一个知足常乐的人。
2. 人们常常对自己的生活不满足，只有小部分人有知足常乐的心态。
3. 谁能知足常乐，谁的幸福感就多。

练一练

1.“知足常乐”中“知足”的意思是（　　）。

A. 知道足球　　B. 知道足部　　C. 知道满足

2. 以下哪种情况最接近成语“知足常乐”的意思？（　　）

A. 享受成功带来的快乐　　B. 忍受工作的压力

C. 为家人的幸福努力工作　　D. 为拥有的生活感到快乐

3. 用成语“知足常乐”完成下面的句子。

(1) 虽然老张的收入不高，房子也不大，但是________________。

(2) 幸福是一种感觉，________________，总是和别人比，永远也不会快乐。

(3) 这位作家认为，在物质方面要________________，但是在精神方面必须追求完美。

4. 讨论：你是否认可“知足常乐”的生活态度？谈谈你的看法。

直截了当 zhí jié liǎo dàng

学一学

【语义解释】 截：割断，弄断；了当：干脆，爽快。形容人说话做事简单明了、爽快、干脆，

不绕弯子，也形容人很直爽。

【语法解释】 1.语法功能：作状语、定语；2.语法结构：联合式。

【感情色彩】 含褒义。

【语用解释】 形容人在言语、行动等方面简单清楚，不犹豫，很干脆。常用在肯定句中。搭配：直截了当地拒绝。

【近义成语】 斩钉截铁。

【反义成语】 拐弯抹角。

情景例句

（杰克和朋友聊中国人的说话方式）

杰克：我发现中国人不喜欢直截了当地拒绝人，刚开始我常常不明白他们是愿意还是不愿意。

朋友：那是因为他们想给你面子，不想伤害你。

用一用

1.他在表达自己的意见时总是直截了当，从不拐弯抹角。

2.他向父亲借这辆汽车，但是他父亲直截了当地拒绝了。

3.她直截了当地对我说，她再也不想与我说话了。

4.公司董事长对这问题采取直截了当的方法。

练一练

1.“直截了当”中的“截”意思是____________________。

2.请用成语“直截了当”完成下面的句子。

(1)我去面试，他们直接拒绝了我。

改写：____________________。

(2)你有什么问题别不好意思，____________________。

(3)如果你不爱他，____________________。

(4)如果你要告诉朋友一个关于他的坏消息，____________________。

3.讨论：你喜欢这种“直截了当”的方式吗？哪些情况适合用这种方式处理，哪些不适合？

指手画脚 zhǐ shǒu huà jiǎo

学一学

【语义解释】 指说话时做出各种动作。形容说话时特别随意或得意忘形。

【语法解释】 1.语法功能：作谓语、状语；2.语法结构：联合式。

【感情色彩】 含贬义。

【语用解释】 多用来表示批评，常用在否定句中。搭配：对……指手画脚。
【近义成语】 品头论足。
【反义成语】 沉默不语。

情景例句

（小王到学校足球队找教练）
小王：同学，请问教练在哪儿？
学生：在那儿，那个对大家指手画脚的人就是。
（丈夫开车，妻子坐在旁边）
妻子：你从这儿往右拐，开慢一点儿。
丈夫：你别指手画脚了，我知道怎么开车。

用一用

1. 我喜欢安静独立地工作，不喜欢在我工作时有人在旁边指手画脚！
2. 与其对别人的作品指手画脚，不如静下心来做自己的事情。
3. 我们不需要别人对我们指手画脚说你应该做什么，不应该做什么。
4. 如果你朋友再来指手画脚，告诉我们如何教育子女，那我就要叫他别多管闲事。
5. 对别人指手画脚是不文明的行为，也是对对方的不尊重。

练一练

1. 以下哪个人的“指手画脚”不受欢迎？（　　）
A. 交警指挥交通　　B. 乐队指挥指挥音乐会
C. 别人评论你的工作方法　　D. 教练训练球员
2. 请用成语“指手画脚”完成下面的句子。
(1)玩电脑游戏时，我最不喜欢____________________。
(2)A：听说你最近在学习开车，怎么样？
B：我很紧张，____________________。
(3)他觉得父母总是干涉他的生活，所以他最大的希望是____________________。
3. 学习并解释和“手、脚”有关的成语。
轻手轻脚、笨手笨脚、大手大脚、七手八脚。
4. 讨论：什么人在什么情况下会对别人指手画脚？

志同道合 zhì tóng dào hé

学一学

【语义解释】 志：志向；道：道路，信仰。形容彼此志向相同，信仰、志趣一致。

【语法解释】 1.语法功能:作谓语、定语;2.语法结构:联合式。
【感情色彩】 含褒义。
【语用解释】 指彼此之间志向、志趣相同,理想、信念契合。搭配:志同道合的朋友。
【近义成语】 情投意合。
【反义成语】 貌合神离。

情景例句

(日本留学生山田想认识中国朋友)
山田:我怎么才能交到中国朋友?
老师:你可以到大学的学生社团,在那儿能交到志同道合的朋友。

用一用

1.多参加各种活动,就可以找到志同道合的朋友。
2.他们都喜欢音乐,大家志同道合,所以一起创建了一支乐队。
3.我们有共同的理想、共同的目标,我们是因为志同道合才在中国相遇的。
4.孔子说:"有志同道合的人从远方来,不是很快乐的事吗?"

练一练

1.请找出成语"志同道合"中的两对近义词。
"志"和__________是近义词,意思是______________________________。
__________和"合"是近义词,意思是______________________________。
2.请用成语"志同道合"完成下面的句子。
(1)我找朋友有一个标准,______________________________。
(2)虽然他有很多朋友,______________________________。
(3)学校有一个"足球会",______________________________都可以参加。
3.讨论:你交朋友的标准是什么?试着解释"道不同不相为谋"的意思。

众所周知 zhòng suǒ zhōu zhī

学一学

【语义解释】 周:普遍。意思是大家都知道。
【语法解释】 1.语法功能:作谓语、定语、分句;2.语法结构:主谓式。
【感情色彩】 中性义。
【语用解释】 书面语。常用在肯定句中。搭配:众所周知的事;众所周知的消息。
【近义成语】 家喻户晓。
【反义成语】 一无所知。

情景例句

（下雪了，在机场）

旅客：飞机什么时候才能起飞？

工作人员：对不起，由于众所周知的天气原因，我们不得不取消这次航班。

用一用

1. 众所周知，当今社会用手机支付的方式非常方便。
2. 众所周知，西安是中国历史文化名城。
3. 工业发展对环境的影响是众所周知的。
4. 大熊猫已经成为了一个众所周知的中国形象。

练一练

1. 请选出“众所周知”的反义成语（　　）。

A. 无人不知　　B. 有目共睹　　C. 家喻户晓　　D. 一无所知

2. 请选择以下不太适用“众所周知”的情况（　　）。

A. 有名的人　　B. 节日

C. 你的生日　　D. 流行的电影或歌曲

3. 请用成语“众所周知”改写下面的句子。

(1)大家都知道，教育对一个国家是非常重要的。

改写：________________________________。

(2)每个中国人都清楚，2019年新中国成立70周年。

改写：________________________________。

(3)中国是“一带一路”的倡导者和推动者，这是大家都知道的。

改写：________________________________。

诸如此类 zhū rú cǐ lèi

学一学

【语义解释】 诸：一些，许多；如：像；此：这，这样。许多像这种、这样的。指与上面说的是同类的。

【语法解释】 1. 语法功能：作状语、分句；2. 语法结构：主谓式。

【感情色彩】 中性义。

【语用解释】 常用来表示概括说明。有时也跟“不可胜数”“举不胜举”“不胜枚举”等连用。搭配句式：A、B、C等诸如此类的……。

【近义成语】 依此类推。

情景例句

（一个朋友被骗以后）

A：听说他被骗子用电话骗了十几万元，你知道吗？

B：诸如此类的事，新闻上已经报道了不少，他怎么还能相信呢？

（在图书馆）

学生 A：你一般喜欢借什么书？

学生 B：我喜欢借文学、历史、传记等诸如此类的书。

用一用

1. 我们公司销售电视、冰箱等诸如此类的家电。
2. 这条路很难走，诸如此类的交通事故已经发生了十几次了。
3. 我工作太忙了，没有时间去听音乐、看电影等诸如此类的娱乐活动。

练一练

1. 成语“诸如此类”中“此类”的意思是______________________________。

2. 请用“诸如此类”完成下面的对话。

（1）A：你每个月的花费有哪些？

B：______________________________。

（2）A：你觉得哪些习惯是坏习惯？

B：______________________________。

（3）A：你喜欢在网上看什么内容的小视频？

B：______________________________。

专心致志 zhuān xīn zhì zhì

学一学

【语义解释】 致：尽、极；志：意志；致志：一心一意。用心专一，聚精会神，丝毫不马虎，把心思全放在一件事上。形容非常认真地去做某件事。

【语法解释】 1. 语法功能：作谓语、状语、定语；2. 语法结构：联合式。

【感情色彩】 含褒义。

【语用解释】 形容非常认真地去做某件事，一般是积极的正面的事情。搭配：专心致志地学习；专心致志的态度。

【近义成语】 全神贯注。

【反义成语】 三心二意。

情景例句

（爸爸回家）

爸爸：我儿子在哪儿呢？让我看看。

妈妈：别打扰他，他正在专心致志地看书呢，一会儿再去叫他。

用一用

1. 无论干什么都不能三心二意，只有专心致志地去做，才有可能成功。

2. 如果你专心致志于你的工作，很快就会把它干完。

3. 比赛时，不仅得靠专心致志的能力，也得靠点运气。

4. 孔子在齐国听到了韶（sháo）乐（一种音乐），非常喜欢，在三个月的学习过程中，他每次吃饭时竟不知肉是什么味道，而是专心致志去研究这种音乐，后来终于学会了。

5. 一个人不能骑两匹马，骑上这匹，就要丢掉那匹。聪明人会集中精力，只专心致志地去做一件事，并会把它做好。

练一练

1. 请在以下成语中选出表示“最不专心”之意的一个成语（　　）。

A. 聚精会神　　B. 三心二意　　C. 一心一意　　D. 一丝不苟

2. 以下哪种事情不需要“专心致志”？（　　）

A. 学习　　B. 做手术　　C. 旅游　　D. 驾车

3. 请用成语“专心致志”完成下面的句子。

(1)在图书馆，看到的都是________________________。

(2)开车的时候，________________________，别看手机了。

(3)他的演讲特别精彩，所有________________________。

4. 讨论：做什么事时需要“专心志致”？

卓有成效 zhuó yǒu chéng xiào

学一学

【语义解释】 卓：卓越，突出。形容成绩或者效果显著突出。

【语法解释】 1. 语法功能：作谓语、定语；2. 语法结构：动宾式。

【感情色彩】 含褒义。

【语用解释】 形容有突出的成绩和效果。也指做事效率很高，办事方式很有效果。搭配：卓有成效的研究；卓有成效的工作。

【近义成语】 立竿见影。

【反义成语】 无济与事。

情景例句

（两位留学生讨论中国的自然环境）

A：你觉得最近几年中国的环境怎么样？

B：中国政府采取了卓有成效的措施，环境有了明显的改善。

用一用

1. 目前，世界各国对这种疾病都开展了卓有成效的研究。
2. 在保护知识产权方面，我们与很多公司的合作卓有成效。
3. 两国为了世界和平，维护发展中国家的利益，在国际事务中进行了卓有成效的合作。
4. 面对茫茫无尽的宇宙，人类进行了一次又一次卓有成效的探索。
5. 养成良好的习惯对于卓有成效的学习极为重要。

练一练

1. 在以下几个表示“有效果”之意的成语中，表达“效果最快、最明显”的是（　　）。

A. 行之有效　　B. 立竿见影　　C. 卓有成效　　D. 效果显著

2. “卓有成效”中“卓”的意思是（　　）。

A. 卓越　　B. 优秀　　C. 出色　　D. 特别

3. 请用成语“卓有成效”改写下面的句子。

(1)40 多年来，中国进行了非常有效的改革。

改写：____。

(2)由于他努力而有效的工作，这次任务完成得很好。

改写：____。

(3)科学家对这种疾病开展了非常有效的研究。

改写：____。

自负盈亏 zì fù yíng kuī

学一学

【语义解释】 自己负责盈利和亏损。

【语法解释】 1. 语法功能：作谓语、定语；2. 语法结构：主谓式。

【感情色彩】 中性义。

【语用解释】 常用于企业和单位，说明对自己经营情况负经济责任。

情景例句

（小李在一家旅游纪念品商店）

小李：老板，便宜点吧。

老板：不能便宜了，我这小店是自负盈亏，再便宜就亏本了。

用一用

1. 作为自负盈亏的企业，我们自然会把经济利益放在第一位。
2. 国家不能让医院和学校完全自负盈亏，要不然会有很大的问题。
3. 这是一家自负盈亏的养老院，可以满足不同群体的需要。

练一练

1. 请选择对成语“自负盈亏”正确的解释(　　)。

A. 很骄傲取得盈利

B. 自己承担盈利和亏损

C. 自己开心伤心

2. 成语“自负盈亏”适合于以下哪种对象？(　　)

A. 商店老板　　B. 学校的学生　　C. 公务员　　D. 公司的员工

3. 讨论：在你的国家，哪些单位是自负盈亏的？

自以为是 zì yǐ wéi shì

学一学

【语义解释】 为：认为；是：对，正确。自己总认为自己是对的。形容骄傲，不虚心。

【语法解释】 1. 作谓语、定语、状语；2. 语法结构：主谓式。

【感情色彩】 含贬义。

【语用解释】 常用在批评时，多用于人，否定句中多用。

【近义成词】 夜郎自大。

【反义成语】 自暴自弃。

情景例句

(小王给朋友提了一些修改计划的建议)

小王：我给他提了一些建议。

小李：你提这些建议都是多余的，他这个人一直自以为是，是不会听你的。

用一用

1. 你要多听取别人的意见，不要自以为是。
2. 小王是一个自以为是的人，觉得没有人能比得上他。

3. 学会用理解的、欣赏的眼光去看对方，而不是自以为是地教育别人。

4. 世人往往自以为是，自夸其能。

练一练

1. 成语“自以为是”的意思是____________________________________。

2. “自以为是”的人不会（　　）。

A. 自高自大　　B. 骄傲自满　　C. 谦虚谨慎　　D. 得意洋洋

3. 请用成语“自以为是”完成下面的句子。

(1)你要多听别人的意见，____________________________________。

(2)人类认为自己是地球的主人，所以随意地改变自然。

改写：____。

自给自足 zì jǐ zì zú

学一学

【语义解释】 给：供给；足：满足。依靠自己的生产，满足自己的需要。

【语法解释】 1. 语法功能：作谓语、定语、宾语；2. 语法结构：联合式。

【感情色彩】 含褒义。

【语用解释】 不依靠别人或外界的帮助。可以用于人、单位、集体和国家等。搭配：自给自足的生活；实现了自给自足。

【近义成语】 自力更生。

【反义成语】 仰给于人。

情景例句

（小明要去看一个乐队的演唱会）

朋友：你怎么这么喜欢这支乐队？

小明：这个乐队演唱、演奏的都是他们自己创作的歌曲，完全自给自足，特别棒！

用一用

1. 墨西哥(Mexico)在石油方面可以自给自足。

2. 在这个偏远的小山村，人们吃的、用的都是自给自足的。

3. 幸福在于自给自足。

4. 沙特阿拉伯(Kingdom of Saudi Arabia)由于没有充足的水资源，政府放弃了自给自足的农业发展道路。

练一练

1. 成语“自给自足”中“给”的意思是(　　)。

A. 递给　　B. 被　　C. 送给　　D. 供给

2. 选出以下属于“自给自足”的生活方式(　　)。

A. 宅在家里不出门,靠快递和外卖生活

B. 自己独立生活,不依靠别人

C. 男耕女织,不用买东西

D. 不使用现代各种交通工具的出行方式

3. 请用成语“自给自足”完成下面的句子。

(1)在城市,人们的生活是互相依靠、互相服务,而在农村,________________。

(2)听说他为了艺术创作搬到山里住,________________________。

(3)那位老人在院子里种了一些菜,________________________。

(4)生活在现代社会,人的衣食住行都离不开他人的服务,________________。

4. 讨论:你听过乐活的生活方式吗? 请了解并讨论这种生活方式。

自力更生 zì lì gēng shēng

学一学

【语义解释】 更生:重新获得生命,比喻振兴起来。依靠自己的力量,重新获得生命。比喻依靠自己的力量把事业发展得兴旺。

【语法解释】 1. 语法功能:作谓语、宾语、定语;2. 语法结构方式:主谓式。

【感情色彩】 含褒义。

【语用解释】 主要指不依靠别人,一般用于人、单位或国家的发展方面。书面语,用在肯定句中。

【近义成语】 自食其力。

【反义成语】 坐享其成。

情景例句

(老王开了一家手机修理技术培训班)

朋友:老王是做什么工作的?

小张:他主要培训一些没有技术的年轻人,使他们以后能够自力更生。

(小张在国外留学)

朋友:你学习和生活的费用是怎么来的?

小张:学费是家人给的,生活费是我自力更生赚来的。

用一用

1. 要想国家富强、人民富裕，唯一的办法就是自力更生。
2. 无论做什么事都要靠自己的努力，自力更生，才能解决生活中遇到的各种问题。
3. 人要学会自力更生，自己的事情自己做。
4. 父母不要事事为孩子操心，而剥夺孩子自力更生的权利。

练一练

1.“自力更生”中“更生”的意思是（　　）。

A. 更生动　　B. 更生硬　　C. 更加生活　　D. 重新获得生命

2. 请用成语“自力更生”改写下面的句子。

(1) 虽然她失去了双腿，但是仍然靠自己的能力生活。

改写：____。

(2) 对新女性来说，保持经济独立，靠自己生活是基本的能力。

改写：____。

(3) 他的家庭条件不好，所以只能像野草一样自己努力生活。

改写：____。

3. 讨论：你的生活中还有哪些事情不能“自力更生”？

自强不息 zì qiáng bù xī

学一学

【语义解释】 自强：自己努力向上；息：停止。自觉地努力向上，永不停步。

【语法解释】 1. 语法功能：作谓语、宾语、状语；2. 语法结构：偏正式。

【感情色彩】 含褒义。

【语用解释】 指人在生活或事业上不断努力，有很大的决心。搭配：自强不息的精神；自强不息地努力。

【近义成语】 自力更生。

【反义成语】 自暴自弃。

情景例句

（小张在网上看到了 Nick Vujicic 的故事，问朋友）

小张：你知道 Nick Vujicic 吗？

朋友：我不知道，他是谁？

小张：他是一个澳大利亚的残疾人，他自强不息的精神真让人感动啊！

用一用

1. 一个自强不息的人，总是越挫越勇，不会轻易放弃。
2. 观看了残疾人运动会后，我非常敬佩他们自强不息和勇于拼搏的精神。
3. 梦想使你起跑，而自强不息却可使你跑完全程。
4. 中华民族的精神就是团结统一、独立自主、爱好和平、自强不息。

练一练

1. “自强不息”中“息”的正确解释是（　　）。

A. 呼息　　B. 休息　　C. 停止　　D. 熄灭

2. 以下哪个成语表达“最不努力”之意（　　）。

A. 自轻自贱　　B. 发奋图强　　C. 自强不息　　D. 闻鸡起舞

3. 请用成语“自强不息”完成下面的句子。

(1)____________________，才能赢得别人的尊重。

(2)在经济环境恶化的时候，大家____________________。

(3)在我们的身边，有很多身处困境的人，但____________________。

4. 讨论：你听过哪些“自强不息”的故事？请和大家分享。

自然而然 zì rán ér rán

学一学

【语义解释】 自由发展，必然这样。指非人力干预而自然如此。

【语法解释】 1. 语法功能：作状语；2. 语法结构：复杂式。

【感情色彩】 含褒义。

【语用解释】 指天然的，非人为的或不做作，不拘束，不呆板。搭配：自然而然地成了……。

【近义成语】 顺其自然。

【反义成语】 事在人为。

情景例句

（小丽和男朋友分手了）

小华：你和男朋友感情那么好，怎么就分手了？

小丽：毕业后我们分别去了不同的城市，不常见面，这段感情就自然而然地结束了。

用一用

1. 写毛笔字没有捷径可言，只有苦练，熟能生巧，自然而然字就写好了。

2. 当你爱上一个人的时候，你会自然而然想为他(她)付出一切。

3. 看着满山的红叶，自然而然地使人想到“霜叶红于二月花”的诗句。

练一练

1. 请选择成语“自然而然”的正确解释(　　)。

A. 自然变成的　　B. 自然发生　　C. 特别自然　　D. 自然的样子

2. 请用成语“自然而然”完成下面的句子。

(1)A：我的身体很差，经常生病，怎么办？

B：只要你坚持锻炼，______________________________。

(2)他对人友好、热情，大家都喜欢他。

改写：______________________________________。

(3)爱上一个人没有理由，因为____________________________。

自私自利 zì sī zì lì

学一学

【语义解释】 只为自己打算，只顾自己利益。形容私心重。

【语法解释】 1. 语法功能：作主语、宾语、定语；2. 语法结构：联合式。

【感情色彩】 含贬义。

【语用解释】 用于人，形容只顾自己利益，多用来批评，否定句多用。搭配：自私自利的人；自私自利的做法。

【近义成语】 损人利己。

【反义成语】 大公无私。

情景例句

(有的共享自行车被人骑回家了)

小王：占用公共资源，这样做实在太不应该了！

小张：没办法，总有一些自私自利的人。

用一用

1. 自私自利的人是不会受到别人尊敬的。

2. 说一个人自私自利，不只是因为他只图自己的利益，而是因为他不顾邻人的利益。

3. 小兰非常友善、大方，但她的丈夫却有点自私自利。

4. 我想对你们每个人说声对不起，我对我自私自利的行为表示深深的歉意。

练一练

1. 以下哪种情况是“自私自利”的表现？（　　）

A. 关心别人　　B. 帮助朋友　　C. 只想自己的利益　　D. 爱家人

2. 请选择“自私自利”的近义成语（　　）。

A. 损人利己　　B. 大公无私　　C. 舍己为人　　D. 见义勇为

3. 请用成语“自私自利”完成下面的句子。

(1)A：你为什么不和他做朋友了？

B：____。

(2)做事别只顾自己，____。

(3)我们不能要求每个人都大公无私，但是______________________________。

4. 讨论：“自私自利”的人会有哪些表现？

自始至终 zì shǐ zhì zhōng

学一学

【语义解释】 从开始到结束。表示一贯到底。

【语法解释】 1. 语法功能：作定语、状语；2. 语法结构：联合式。

【感情色彩】 中性义。

【语用解释】 表示从开始到结束始终如一，一直不改变。搭配：自始至终都/也……。

【近义成语】 始终如一。

【反义成语】 半途而废。

情景例句

（在毕业典礼上，两位老师谈论一位学生）

张老师：他是今年的优秀毕业生。

李老师：大学四年，他自始至终都很努力，确实优秀。

（早上，两个球迷聊比赛）

A：昨晚的比赛真无聊。

B：是呀，两支球队，自始至终都没有踢进一个球，太没意思了。

用一用

1. 这部电影自始至终都很精彩。

2. 我自始至终不知道这件事。

3. 开会的时候，他自始至终都没有说话。

4. 孩子病了以后，她没有上班，自始至终都在医院照顾孩子。

练一练

1."自始至终"的反义成语是(　　)。

A. 从头到尾　　　B. 始终如一　　　C. 有始无终

2. 请用成语"自始至终"改写下面的句子。

(1)他一直没有告诉我这件事。

改写：＿＿＿＿＿＿＿＿＿＿＿＿＿＿＿＿＿＿＿＿＿＿＿＿。

(2)昨天晚上吃饭,他从开始到最后一句话都没说。

改写：＿＿＿＿＿＿＿＿＿＿＿＿＿＿＿＿＿＿＿＿＿＿＿＿。

(3)空姐为客人服务的时候一直保持微笑。

改写：＿＿＿＿＿＿＿＿＿＿＿＿＿＿＿＿＿＿＿＿＿＿＿＿。

(4)那年冬天,从头到尾都没有下一场雪。

改写：＿＿＿＿＿＿＿＿＿＿＿＿＿＿＿＿＿＿＿＿＿＿＿＿。

自食其力 zì shí qí lì

学一学

【语义解释】 食:依靠。依靠自己的能力而生活。

【语法解释】 1. 语法功能:作定语、谓语、状语;2、语法结构:主谓式。

【感情色彩】 含褒义。

【语用解释】 多用于年轻人,是对年轻人独立生活的期待。搭配:过自食其力的生活;学会自食其力。

【近义成语】 自力更生。

【反义成语】 不劳而获。

情景例句

(妈妈担心孩子上大学不能适应)

妈妈:他还是个孩子,还不能独立生活。

爸爸:他已经十八岁了,我相信他完全可以自食其力了。

用一用

1. 我们每个人不可能一辈子都依靠父母,都要学会自食其力。

2. 因为她父母都走了,所以她只能自食其力,生活得很艰难。

3. 为了减轻家里负担,他自食其力,一边工作一边上学,完成了大学学业。

练一练

1. 以下哪个成语表达了“不靠自己的能力”之意？（　　）

A. 自给自足　　B. 自食其力　　C. 自力更生　　D. 不劳而获

2. 请用成语“自食其力”完成下面的句子。

(1)爸爸：你有什么困难就告诉我，我和妈妈都会帮你的。

儿子：________________。

(2)我终于有了自己的第一份工作，我能独立地生活了。

改写：________________。

(3)那个孩子的父母很早就去世了，________________。

自相矛盾 zì xiāng máo dùn

学一学

【语义解释】 矛：长矛，进攻敌人的武器；盾：保护自己的盾牌。说话、行动前后相反，不一致。

【语法解释】 1.语法功能：作谓语、定语；2.语法结构：主谓式。

【感情色彩】 含贬义。

【语用解释】 只能用于单方面，表示自己说话、做事前后矛盾。搭配：自相矛盾的决定；自相矛盾的逻辑。

【近义成语】 格格不入。

【反义成语】 自圆其说。

情景例句

(爸爸问妈妈)

爸爸：你怎么知道儿子骗我们了？

妈妈：因为他刚才说的话有自相矛盾的地方。

用一用

1. 有的人说他们爱护动物，却又喜欢穿毛皮服装，这是自相矛盾的。

2. 他刚刚说去看电影了，现在又说今晚一直待在家，显然自相矛盾。

3. “圆是正方形”这句话是自相矛盾的。

4. 我们在说话和写文章时，有时会出现自相矛盾的情况，这是逻辑混乱的表现。

典故

有个人既卖矛，又卖盾。卖矛的时候说他的矛无比锋利，什么东西都能刺透；卖盾的时候又说他的盾无比坚固，什么东西都穿不透。有人就问他，要用你的矛刺你的盾会怎么样呢？他无法回答。

——《韩非子·难势》

练一练

1. 请选择以下成语搭配错误的一项（　　）。

A. 自相矛盾的选择　　B. 自相矛盾的想法

C. 说的和做的是自相矛盾的　　D. 自相矛盾地相反

2. 请用成语“自相矛盾”完成下面的句子。

(1)她经常说自己很有爱心、很孝顺，在实际生活中却对身边的人很冷漠，对自己的老人一点都不好，____________________。

(2)刚才他说他有钱，现在又说没钱，____________________。

(3)做人做事都要言行合一，____________________。

3. 讨论：生活中有哪些“自相矛盾”的例子。

总而言之 zǒng ér yán zhī

学一学

【语义解释】 总：总括，归纳；言：说；之：代词。总的说起来。

【语法解释】 1. 语法功能：作分句 2. 语法结构方式：偏正式。

【感情色彩】 中性义。

【语用解释】 常用在分句中，用在总结文章时，起到承上启下的作用。

【近义成语】 归根结蒂，综上所述。

情景例句

（小张旅行回来）

小李：你们这次旅行怎么样？

小张：别提了，天气又坏，吃的又糟……总而言之，这次旅行真是浪费时间和金钱。

用一用

1. 书也是你忠实的朋友，你伤心时安慰你，你高兴时和你一起欢乐！总而言之，书是你生命中的一部分。

2. 我们老板，他一点也不严肃，也不常发火。总而言之，对我们非常好！

3. 你已经做了一半，现在放弃很可惜，你会后悔的。总而言之，你得坚持下去。

练一练

1. 请为下面的句子排列正确的顺序。

(1)正确的顺序是（　　）。

A. 总而言之，她们是最好的朋友

B. 她们俩一起长大

C. 一起上学

D. 一起毕业

(2)正确的顺序是（　　）。

A. 因为我的工作太忙

B. 总而言之，我不是一个好父亲

C. 我没有陪着你长大

D. 也没有在你最需要的时候帮过你

2. 请用成语“总而言之”完成下面的句子。

(1)他们两人你不相信我，我也不相信你，________________________________。

(2)你的办法可以省时间，他的办法能省钱，________________________________。

附　录

经典故事成语

按图索骥
拔苗助长
东施效颦
邯郸学步
画蛇添足
井底之蛙
刻舟求剑
滥竽充数
买椟还珠
盲人摸象
守株待兔
熟能生巧
水滴石穿
铁杵磨针
亡羊补牢
闻鸡起舞
卧薪尝胆
掩耳盗铃
叶公好龙
夜郎自大
愚公移山
朝三暮四
自相矛盾

数字成语

一帆风顺
一干二净
一概而论
一哄而散
一技之长
一举两得
一路平安
一目了然
一如既往
一丝不苟
一心一意
一言为定
丢三落四
朝三暮四
接二连三
三言两语
三番五次
三心二意
四面八方
横七竖八
胡说八道
乱七八糟
七嘴八舌
十全十美
百花齐放
百家争鸣
百折不挠
千方百计

特殊格式成语

AABB 式
断断续续
轰轰烈烈
形形色色
兢兢业业
AABC 式
津津有味
洋洋得意
格格不入
面面俱到
欣欣向荣
滔滔不绝
ABCC 式
小心翼翼
兴致勃勃
ABAC 式
半真半假
不卑不亢
不屈不挠
不知不觉
风言风语
各式各样
合情合理
诚心诚意
全心全意
可歌可泣
随时随地

所见所闻 无穷无尽 再接再厉
无边无际 相辅相成 自给自足
无忧无虑 有声有色 自私自利
无情无义

含有反义词的成语

爱憎分明 供不应求 似是而非
不卑不亢 举足轻重 同甘共苦
半真半假 空前绝后 喜新厌旧
不相上下 苦尽甘来 扬长避短
大惊小怪 欺上瞒下 异口同声
大公无私 前仆后继 优胜劣汰
大同小异 求同存异 争先恐后
得不偿失 思前想后 自始至终
改邪归正

含有近义词的成语

不屈不挠 胡思乱想 弄虚作假
不知不觉 胡言乱语 深情厚谊
称心如意 急功近利 提心吊胆
粗制滥造 鸡毛蒜皮 想方设法
大惊小怪 家喻户晓 心灵手巧
东张西望 谨小慎微 幸灾乐祸
东奔西走 救死扶伤 咬牙切齿
翻天覆地 聚精会神 移风易俗
丰衣足食 开天辟地 针锋相对
各行各业 空前绝后 指手画脚
根深蒂固 面红耳赤 志同道合

参考文献

[1] 徐宗才,应俊玲. 外国人说熟语[M]. 1版. 北京:北京语言大学出版社,2002.

[2] 王景丹. 成语教程[M].1版. 上海:复旦大学出版社,2008.

[3] 国家汉办,孔子学院总部. 新汉语水平考试大纲[M].1版.北京:商务印书馆,2009.

[4] 国家对外汉语教学领导小组办公室. 高等学校外国留学生汉语教学大纲(长期进修)[M].北京:北京语言大学出版社,2002.

[5] 国家汉语水平考试委员会办公室考试中心.汉语水平词汇与汉字等级大纲(修订本)[M]. 北京:经济科学出版社,2001.

[6] 孙德金. 对外汉语词汇及词汇教学研究[M].1版.北京:商务印书馆,2016.

[7] 卢华岩. 试论对外汉语教学中的词语文化内涵[J].北京师范大学学报(人文社会科学版,2002(6):88-91.

[8] 刘艳平. 中、高级对外汉语成语教学的调查与反思[J]. 汉语学习,2013(5):88-96.

[9] 张永芳. 外国留学生使用汉语成语的偏误分析[J]. 语言文字应用,1999(3):25-30.

[10] 张亚茹. 试论高级阶段的成语教学[J]. 语言文字应用,2006(1):119-125.